云南省社会科学院学术名家文集

何耀华文集

（第五编）

何耀华 ◎ 著

中国社会科学出版社

图书在版编目（CIP）数据

何耀华文集/何耀华著. —北京：中国社会科学出版社，2017.8
  ISBN 978 - 7 - 5203 - 0827 - 4

  Ⅰ.①何… Ⅱ.①何… Ⅲ.①社会科学—文集
Ⅳ.①C53

中国版本图书馆 CIP 数据核字（2017）第 194310 号

出 版 人　赵剑英
责任编辑　郭晓鸿
特约编辑　席建海
责任校对　韩海超
责任印制　戴　宽

出　　　版　中国社会科学出版社
社　　　址　北京鼓楼西大街甲 158 号
邮　　　编　100720
网　　　址　http：//www.csspw.cn
发 行 部　010 - 84083685
门 市 部　010 - 84029450
经　　　销　新华书店及其他书店

印刷装订　北京君升印刷有限公司
版　　　次　2017 年 8 月第 1 版
印　　　次　2017 年 8 月第 1 次印刷

开　　　本　710 × 1000　1/16
印　　　张　125.25
字　　　数　1648 千字
定　　　价　538.00 元（全五编）

目　　录

第五编　评说与附录

评　　说

附　　录

第五编

评说与附录

评

说

云南省社会科学院有研究
印度的传统

——与印度总理纳拉亚南座谈时的讲话

尊敬的纳拉亚南总统阁下：

我和我的 14 名同事，非常荣幸地应邀来此与总统座谈。请允许我毛遂自荐，我在云南省社会科学院担任院长，长期从事中国西南少数民族历史文化和经济、社会发展的研究，20 世纪 90 年代以来，着重研究"中、印、缅、孟地区经济合作问题"。请允许我将我的同事一一向总统介绍：

贺圣达：副院长、研究员、缅甸问题专家，研究中缅关系。

任　佳：南亚研究所所长、研究员，研究印度经济及中、印、缅、孟经济合作。

朱昌利：南亚问题专家，研究印度的历史与文化。

王崇理：南亚研究所研究员，研究中国与印度的关系。

陈吕范：泰国问题专家，研究中泰关系。

宋天佑：南亚问题专家，研究印度经济社会问题。

陈铁军：南亚研究所研究员，研究中、印、缅、孟经济合作。

周　昭：南亚研究所研究员，研究中印经济合作。

牛鸿宾：南亚研究所研究员，研究云南地方史及中印公路。

王清华：民族学研究所副所长，研究中印交通史。

朱振明：东南亚所副所长、研究员，研究澜沧江—湄公河次区域合作及中国与东南亚关系。

马树洪：东南亚所副所长、研究员、老挝问题专家。

刘　稚：东南亚所研究员，研究越南经济改革。

郭穗彦：南亚研究所助理研究员，研究中、印、缅、孟经济合作。

云南省社会科学院自来有研究印度的传统，早在中华人民共和国成立初期，在我院的母体云南省历史研究所，就设立了印度研究室，这个研究室曾出版许多有影响的成果，向我国人民介绍印度的历史文化和中印两国的历史关系。我们的研究证明：云南是连接长江、恒河的金桥，是中印两国人民自古以来交往的中心。第二次世界大战期间，数以千吨计的中国抗战所需物资和能源，就是通过著名的驼峰航线、史迪威公路及加尔各答至昆明的输油管，源源不断从印度运来昆明的。

为发挥云南在中印、中缅、中孟交往的中心、桥梁作用，推动中、印、缅、孟地区的经济合作，云南省社会科学院先后建立了南亚研究中心和南亚研究所。1993 年我院联合四川、贵州、广西、重庆的省、自治区直辖市的社会科学院及香港浸会大学，召开以建立中印铁路为主题的"亚欧西南大陆桥国际研讨会"；1996 年，我们的"建立孟加拉湾周边国家和地区产业发展协作系统"课题研究取得了初步的成果；1997 年，我率代表团赴加尔各答大学交流、讲学，并到新德里访问印度外交部、商业部的东亚司、国家旅游局、印度政策研究中心、印度中国研究所等机构，将我们的研究建议广泛地介绍给印度朋友。就在那一年，我们邀请印度中国研究所派团来云南考察；1998 年，我院派团出席在新德里召开的"中印经济发展国际研讨会"，印度政策研究中心主任等来云南进行交流。1999 年，我和任佳所长参加云南人民友好代表团出席在海德拉巴大学召开的"中印经济改革国际研讨会"，我们在新德里、海德拉巴、加尔各答拜访了古杰拉尔前总理等印度政界、学术界、工商界的著名人士，广泛交流了关于建立中、印、缅、孟地区经济合作的主张，并到人民党总部演讲，1999年，我们在昆明成功地召开了"中、缅、孟地区经济合作国际研讨会"，中、印、缅、孟四国高级学术代表团在会议上取得共识，共同签署了愈来愈受四国政府关注的"昆明倡议"。

中、印、缅、孟总人口约24亿，占世界总人口的40%以上，四国毗连的中、印、缅、孟地区面积177.6万平方公里，占全球面积的10%，但整个地区的人均GDP仅为367美元，这个地区四国的经济有巨大的互补性，这个地区各国人民有强烈的地区经济合作意愿。总统阁下今天与我们座谈，带给我院的学者以极大的鼓舞。我们希望得到总统阁下的支持，尽快把"昆明倡议"变为国际的和各国政府的实际行动。

祝总统阁下和印度高级代表团的各位女士、先生健康、愉快！谢谢。

2000年6月2日

云南省社会科学院院长

何耀华

Speech On the Meeting With the President of India, H. E. Mr. Narayanan

His Excellency Mr. K. R. Nareyanan, the President of India

Distinguished Delegation from India,

It is a great honor for me and my 14 colleagues to be invited to meet with the President of India and members of the Indian delegation. I would like to take this opportunity to introduce my colleagues and myself. I am the President of the Yunnan Academy of Social Sciences, have long been engaged in the research of the history, culture and economic and social development for the ethnic groups in Southwest China. Since 1990s, I added into my research interest with issues on regional economic cooperation among China, India, Myanmar and Bangladesh. And my colleagues:

He Shengda	Specialist on Myanmar Studies
Ren Jia	Specialist on Indian Economy
Zhu Changli	Specialist on Agriculture and Rural Economy for India
Wang Chongli	Specialist on Export – oriented Industries in Yunnan
Chen Lvfan	Specialist on Thai Studies
Song Tianyou	Specialist on South Asian Economy and Politics
Chen Tiejun	Specialist on Regional Economy among China, India, Myanmar and Bangladesh
Zhou Zhao	Specialist on Bangladesh Economy

Niu Hongbin   Specialist on China – India road and Air rout during WW II

Wang Qinghua   Specialist on history of China – Indian Transportation

Zhu Zhenming   Specialist on Southeast Asian Economy

Ma Shuhong   Specialist on Laos Studies

Liu Zhi   Specialist on Vietnamese Studies

Guo Suiyan   Researcher on Regional Economic Cooperation among China, India, Myanmar and Bangladesh

Yunnan Academy of Social Sciences has long history of research on India. A division on Indian studies was established in early 50s in Yunnan Institute of History, which was the predecessor of YASS. Many remarkable publications were issued to introduce to our people the history and culture of India as well as its modern achievements. Our research has proved that Yunnan is the link between Yangtze River and Ganges River, and the bridge connecting the people of China and India. During the 2nd World War thousands tons of War supplies were continuously transported from India to Kunming through the Hump, Stilwell Road and the Calcutta – Kunming Oil Pip.

Incomplete the Yunnan's potential of bridging China with India, Myanmar' and Bangladesh, and promote the regional economic cooperation among these countries, YASS has established the Center of South Asian Studies and afterwards the Insitute for South Asian Studies. The Center for South Asian Studies organized the International Conference on Southwest Asian Continental Bridge in 1993 with the main theme of reviving the ancient Silk Road stretching from Yunnan to India; In 1996 the research project "Building Cooperation System in the Regional Arund the Bay of Bengal" achieved initial accomplishment; In 1997, as the leader of Yunnan Academic Delegation I lectured in Calcutta University and introduced our proposals on regional economic cooperation to friends in the Ministry of External Affairs East Asian Sector of Ministry of Commerce, Ministry of Tourism, Center for Policy Research and Institute for Chinese Studies; In 1998 a delegation was sent by YASS to New Delhi for the Seminar on Regional Development in India and China; In 1999, as members of the Yunnan Goodwill Delegaion, Ren Jia and I participated the International Seminar on Economic Reform in India and China by Hyderabad University and communicated the initiative on establishing regional economic cooperation aming China, Myanmar and Bangladesh with important people in political, academic and business circle in India including former prime minister H. E. Mr. Gujral. In 1999 we successfully organised the International Conference on Regional Cooperation among China, India , Myanmar and Bangladesh in Kunming. The four delegations reached mutual understanding on the conference and signed the Kunming Initiative whcvh is internationally catching growing attention.

The total population of China , Indian, Myanmar and Bangladesh is 2400 milion, taking 40% of the world population. The region possesses an area of 1700 thousand sp. kilometer, while the GDP per capita is only US $367. The four countnies in the region have great complementarity, and the people have strong desire of cooperation. We are greatly encouraged by today's meeting with Your Excellency, and we expect that with interest from Your Excellency, the Kunming Initiative wold soon be bring into action by the concerned govemments and organisations.

Best wishes to Your Excellency Mr. Narayanan and honorable members of Indian Delegation. Ladies and gentlemen, thank you!

He Yaohua

President

Yunnan Academy of Social Sciences

June 2, 2000

附件一：

印度驻华大使南威哲致何耀华的来信

尊敬的何耀华教授：

印度纳拉亚南总统将于 5 月 28 日—6 月 3 日对中国进行国事访问。在总统对华访问期间，他将在 2000 年 6 月 1—3 日对昆明进行访问。他对将要进行的访问十分重视。

我很荣幸地邀请您和云南省社会科学院的 14 名学者于 2000 年 6 月 2 日（星期五）16：30—18：00 在昆明佳华酒店与总统和代表团成员座谈。具体安排如下：

16：30　　　　云南省社会科学院代表团到达佳华酒店

16：30—16：50　招待会（向印度代表团高级成员介绍云南学者）

16：50　　　　向云南学者介绍印度总统

17：00—18：00　印度总统与云南省社会科学院学者座谈

座谈开始时，您可以向总统简要介绍 14 位学者及他们的研究领域，然后您可以做一个 5 分钟的简要介绍，内容包括社科院正在推进的关于印度和南亚的研究，以及在推进区域经济合作方面所做的工作。而后邀请一些学者对以上问题发表见解。总统可能会问一些问题。我们希望座谈持续 60 分钟。

18：00 总统离席。

我们的总统期待着与您和其他学者会面。我相信这次座谈对于总统和您，以及您的同事都将是一次重要的经历。

我们期待着在 6 月 2 日 16：30 与您和下列学者会面。

1. 何耀华教授

2. 贺圣达教授

3. 任佳女士

4. 王崇理先生

5. 陈吕范先生

6. 朱昌利先生

7. 陈铁军先生

8. 周昭先生

9. 牛鸿宾先生

10. 郭穗彦女士

11. 宋天佑先生

12. 王清华先生

13. 朱振明先生

14. 马树洪先生

15. 刘稚女士

致以诚挚的问候！

真诚的南威哲大使
2000 年 5 月 27 日

附件二：

中方学者的提问

何耀华、贺圣达、任佳、王崇理、陈吕范、朱振明、朱昌利

1. 介绍中印友好关系的历史，突出云南的作用。

提问：总统对云南与印度经济关系发展的前景怎么看？

2. 中、印、缅、孟会议 1999 年在昆明召开，各国代表反应积极，形成了"昆明倡议"。我们希望在旅游、贸易、科技、信息等领域开展合作，希望总统能关心和支持这个地区的经济合作。

提问：a. 总统是否已经了解这个情况，您对这一地区的合作有何看法？

b. 南亚研究所作为这一地区一个重要的研究机构，在推动地区经济合作和学术交流方面做了大量的工作。我们希望同贵国相应的研究机构建立长期稳定的交流关系，使云南成为中国研究南亚、推动我们与印度等南亚国家开展经济合作的基地。总统能否给我们提出一些好的建议和帮助？

3. 中印两国都是世界上最大的发展中国家，而且今后还会在国际事务中发挥重大作用，如果两国能加强合作，对于推动"南南合作"和世界多极化发展一定能够做出积极的贡献。

提问：总统是否同意这个观点？在这个方面印度政府是否还有进一步的考虑？

4. 历史上有一条著名的南方丝绸之路通过云南到达印度，"二战"时期从云南通往印度的著名的史迪威公路再次把中国和印度连接起来。我们认为今天中印经济合作的发展同样需要有一条陆上通道。

提问：总统认为中印两国重开陆上通道如铁路、高速公路有没有可能？

5. 澜沧江—湄公河次区域合作给这个地区的发展带来了很好的前景，云南在这方面发挥了重要作用，现在正在推进泛亚铁路等一批合作建设项目，引起了世界的关注。

提问：印度方面与东南亚国家的合作有哪些方面的考虑？

6. 中泰关系在近十年来发展很快，尤其是与云南在旅游、商贸等方面的经济合作发展迅速。

提问：总统是否可以介绍印泰经济合作的情况？您对今后在中、印、泰之间开展三边合作（尤其是旅游合作）的前景作何估计？

7. 印度过去几十年在农业方面取得了很大的发展，现在面临 10 亿人口，印度在农业发展和政策方面有何新打算？

中国的贫困与脱贫问题：在印度
海德拉巴大学的演讲*

中国改革所取得的显著成绩之一，就是减少了贫困人口。根据国家统计局统计，1978 年中国有 2.5 亿农民，占农村人口的 30% 生活在贫困中。到 1985 年，收入低于贫困线 200 元（1985 年价格）的农村人口，已降到 1.25 亿人，占农村人口的 14.4%，这表明平均每年减少 1800 万人。世界银行估计的结果，甚至认为中国的脱贫进展比这还要快，估计 1984 年贫困人口数量为 8900 万人，短短 6 年中已有 1.71 亿人摆脱了绝对贫困状态。至 1998 年，贫困人口下降至 4200 万人。

世界各国没有这种先例，能在如此短的时间里，让如此多绝对贫困人口的绝对收入超过可接受的最低水平。这一巨大成绩的取得得益于如下的经济改革：

首先，早期的一项改革政策，把主要农产品的收购价在 1979 年提高了 20%，粮食收购配额完成之后再增收的部分，加价 30%—50%。直到 1985 年，收购价仍持续上升。与此同时，政府减少了强制收购范围内农产品的种类和数量，允许农民将更多的产品拿到市场上出售，这也提高了农民出售农产品的平均价格。

其次，在改革农业体制方面，有两点十分成功：第一，土地是均等地分配给村民的，每人都有自己的一份农田，直到今天土地的分配

---

* 1999 年 3 月 12 日，印度在安德拉那海德拉巴大学召开"中国印度经济改革国际学术研讨会"，此文是在这个会上的演讲稿。

还极为平均，失去土地的现象在中国几乎不存在；第二，实行农村家庭联产承包责任制，使农民的劳动付出及其收入之间建立直接联系，同时使农民获得更大的自由，使他们可根据市场需求选择和经营自己的资源和产品。由于新体制和高价格的激励，并有不断增加的现代化投入，1978 年至 1984 年，农业生产以惊人的速度发展，在 1979—1985 年农业的国内生产总值年均增长率为 6.69%。这使农村收入在全国范围内有很大提高。

20 世纪 80 年代后期，随着农业发展速度放慢，消除贫困的速度也有所减慢，中国政府看到这种形势，正式负起使 1.25 亿人民脱贫的责任，扶贫战略写进了 1986—1990 年的"八五"计划，国务院和省、地、县都建立了贫困地区经济发展领导小组，使扶贫成为政府经常的工作。政府把地区发展措施作为扶贫战略的内容。贫困县由中央政府和省级政府根据农村收入底线确定。1986 年，国家在确定贫困县时使用三个"贫困线"标准。把 1985 年农村人均收入 150 元作为一般标准；少数民族自治县的标准定为 200 元；300 元标准适用于革命老区。1986 年，在国务院领导小组正式确定的 258 个贫困县中，其中有 73 个属于第一种情况，92 个和 93 个分别属于第二种和第三种情况。1990 年贫困县总数增加到 273 个。同时，还有 351 个省级贫困县接受省里的扶贫基金。"贫困线"标准是根据当地生活费用的需要而不断变化的。1994 年把年收入 500 元定为"贫困线"，按此标准 592 个贫困县被确定为到 20 世纪末最后几年中全国扶贫计划的重点目标。世界银行在确定中国的贫困人口数量的时候，使用的是每天一美元（1985 年的 PPP 美元价）的统一标准，而不是中国自己确定的"贫困线"标准（约合 0.60 美元 PPP 价）。根据每天一美元的标准，中国的贫困人口和贫困县的数量还会更多。

中国政府在改革后实行的扶贫政策主要有两种：第一，坚持开发性扶贫，促进贫困地区经济发展，做法是用以工代赈项目进行推动，如 1985—1995 年在贫困地区修建公共道路 21.4 万公里；公共道路连接 1500 个乡和 1 万个行政村；建造桥梁 2 万座；为 4090 万人和 3300 万只动物提供清洁饮用水设施。这些项目直接向许多农村贫困人口提供短期就业机会和额外收入，并使他们得到技术培训。第二，普遍推广孟加拉国吉大港大学经济学教授穆罕默德·尤纳斯在 20 世纪 80 年代初创立的小额信贷扶贫到村到户的经验，使贫困户直接受益。1998 年，中央政府的扶贫资金总量达到 183 亿元，是历年最高的一年，各地方政府的扶贫资金增幅也大。这些资金的相当一部分用于小额信贷。1998 年上半年云南省实行小额信贷扶贫的县 113 个，累计发放贷款 95602 万元，获贷农户 83633 户，还贷率在年底为 99%，脱贫效果良好。

记赴印度的两次学术交流

为打开云南省与印度交流的渠道，构建云南与印度进行经济文化交流的平台，1997年，应印共（马列）西孟加拉邦一位议员的邀请，我率中国云南学术代表团赴加尔各答大学访问，并由加尔各答去新德里，访问印度外交部、商业部的东亚司、国家旅游局、印度政策研究中心、印度中国研究所。我在1993年通过召开"亚洲西南大陆桥国际研讨会"，与尼赫鲁大学的谭忠、黄绮淑教授结下了深厚的友谊，通过他们认识印度前驻华大使任嘉德、印度外交部东亚司司长阮瑞山，这一次访问印度的上述机构，就是通过任、阮两位先生实现的。这次访问收获甚巨，为进一步进行官方和民间的交流打下了基础。

1999年3月8—18日应印度中国研究所、印度管理学院及海德拉巴大学的邀请，我参加王天玺副书记率领的云南友好代表团，对印度进行了第二次友好访问。在为期10天的访问中，代表团先后与印度外交部、商业部、计划委员会及德里邦、安德拉邦、西孟加拉邦的官员和主管进行座谈，并出席在海德拉巴大学召开的"中国—印度经济改革国际研讨会"。代表团成员有省社科院院长何耀华教授、省对外贸易经济合作厅副厅长邓季达、云南民航管理局党委副书记周凯、省社科院南亚研究中心副主任任佳、省外办翻译魏自华及秘书任治忠。此次访问对发展云南与印度的经济合作及科技、教育、文化交流具有重要意义。云南省友好代表团是当时访印级别最高的中国代表团，所以，印方对此次访问十分重视。印驻华大使馆24小时内破例为代表团发了签证。印度外交部东亚司司长、副司长在我方代表团到印前两日（3月5日）由北京赶回新德里，研究接待云南省友好代表团访问事项。3月9日上午，东亚司司长郎格加瑞，代表印度外交部出席了印度工业联合会及印度国际经济关系研究委员会为云南代表团召开的大型座谈会，并在当天以印度外交部的名义设宴欢迎云南代表团。印方原以"对等原则"安排德里邦首席部长迪克斯特和安德拉邦邦督C. 朗格拉简及首席部长昌德拉·巴布·乃都与王天玺团长会谈。后来又提高接待规格和礼仪，安排前总理古杰拉尔及国家计委副主任K. C. 潘特、商业部部长赫格德、副部长普拉托会见王天玺团长和代表团成员。执政的印度人民党也在该党总部召开欢迎会，邀请王天玺团长发表演讲，欢迎会由该党前副主席、现上议院议员马尔坎尼主持，出席会议的有人民党总部负责人阿罗拉等该党的元老派人物和议会议员。

前总理古杰拉尔在官邸会见代表团，在听取代表团介绍云南的建设成就后说："云南是接近印度的中国省份，云南取得的建设成就令人钦佩，发展印度与云南的经济合作和文化交流对印中关系非常重要。'二战'时期史迪威公路的开通，早就表明了进行地区性合作的重要性，现在应促进中、缅、印东北部之间的公路和铁路的修复和建设。如果云南能把这一交通问题解决好，就能加快这一地区经济合作。"会谈在亲切友好的气氛中进行，古杰拉尔对华友好的讲话给代表团留下了很深的印象。

印度计划委员会副主任K. C. 潘特（原任国防部部长），与总理瓦杰帕伊（兼国家计委主任）和现任国防部部长是印度政府的主要决策者，他们与王天玺为首的我方代表团探讨了云南与印度在经贸、技术、航空、交通、旅游及科学、教育、文化等方面的合作构想，并赞同双方就有关合作项目进行具体的协商，赞同在座的印度政策研究中心主任派·潘南迪克博士关于当年8月派印度学术代表团、企业家代表团、歌舞团前往中国出席"中、印、缅、孟地区经济合作与发展国际研讨会"，在昆明举行"印度文化周"，让云南人民了解印度，为世界园艺博览会出力添彩的建议。

印度商业部部长赫格德访问孟加拉国刚回国，就提出要与代表团会面。在座谈中，赫格德部长说："印度与云南的商贸交往很有潜力。中印贸易关系不断发展，商业交往日渐增加，作为发展中的两个大国，经贸合作是两国发展的需要。印度的企业界人士非常希望去昆明看看，中国的工业发展令人瞩目，相信双方的交往是互利互惠的。印度的市场也正在开放，中国商品也进口到印度，希望云南与印度的企业家能就扩大双方的合作做实质性的磋商。"

在印度人民党欢迎中国云南省友好代表团的欢迎会上，王天玺团长根据中国共产党"十五大"提出的跨世纪宏伟纲领和云南的建设成就，就云南与印度开展经济文化合作的现实意义发表了演讲，并与何耀华教授一起回答了印方人士提出的有关问题，从而进一步消除了印方对中国改革的疑虑。德里邦首席部长迪克斯特（女，属国大党）、安德拉邦邦督 C. 朗格拉简和首席部长昌德拉·巴布·乃都也与代表团进行了座谈，双方就进一步推进交往和合作事宜交换了看法。

印度工业联合会（CII）是全印企业界的龙头组织，也是印度进行国际经济技术合作的职能机构。3月9日上午，在印度外交部东亚司司长的参与下，该会组织了大型企业的代表与我方代表团进行座谈。王天玺团长在座谈会上就云南与印度的合作发表了讲话，邓季达副厅长和周凯副书记介绍了云南可与印度合作的具体项目。印度工业联合会负责人综合与会企业家的意向后，提出拟在制药、软件、通信、机械、纺织、化工、玩具、旅游等领域与云南进行合作。印前航空部主任、埃派克斯公司总裁 V. K. 巴哈博士在发言中说："我有一个梦想，中印有最大的航空、汽车市场，中国已在汽车制造方面同西方合作。是否能在印度建立生产汽车零配件的工厂，从西方争取技术转让，双方进一步扩大在飞机、汽车制造领域的合作。关于开通航线问题，两国已有协议，当时确定的通航点是孟买—德里—北京—上海。云南可向中国国家民航总局建议，把昆明作为一个通航点，我方则可把加尔各答增加为航站。航空合作是很有前景的，因为两国都有很大的市场需求。"

印度工商业联合会（FICCI）是仅次于印度工业联合会的全国性法人机构，该会负责人、秘书长艾米特·米特拉博士，副秘书长、环印度洋经济圈业务部主任阿肖克·尤玛特女士与代表团进行了座谈。米特拉在致辞中说："中国是我的心灵，我目睹了中国的基础设施建设，令人震惊。中国在硬件上超过印度10年，印度在软件上超过中国8年，中印之间可以互补。我们渴望和云南建立长远而不是暂时的关系，云南已成为中国发展的热土，我们希望与云南合作。"

在与安德拉邦工商界人士座谈中，该邦工商界领导人表示寻求与云南在小水电建设、皮革加工、食品加工、汽车制造、购置飞机等方面进行合作。

在西孟加拉邦的加尔各答市，代表团与印度东部工业联合会进行的座谈中，该联合会主席、副主席和国际合作部主任提出，希望与云南省在食品加工、皮革加工方面进行合作，引进云南的技术。

印度政策研究中心是印度政府支持的高层次智囊性研究机构。该中心主席派·潘南迪克和高级研究员维吉斯曾应云南省社会科学院的邀请来云南考察，受到牛绍尧副省长的接见。这个中心以最高规格的礼仪在新德里五星级大酒店设宴欢迎代表团一行。该中心提出，要与云南省社会科学院南亚研究中心建立定期的学术交流关系。

在访问印度中国研究所及印度英迪拉·甘地艺术研究中心过程中，印度中国研究所所长莫罕蒂表示，他要亲自组团前来昆明参加"中、印、缅、孟地区经济合作与发展国际研讨会"。英迪拉·甘地艺术研究中心提出要派该中心的青年学者来云南省社会科学院进修或攻读博士学位，希望云南省社会科学院为其解决短期进修的食宿、交通费用，使其成为推进印度与云南发展合作关系的实际工作者。

在与海德拉巴大学校长等教育界人士座谈中，该校校长提出，他的大学希望与云南大学和云南省社会科学院建立姐妹院校关系。定期互派学者、留学生，互换资料，互派学术代表团进行访问。

总之，印度经贸与学术、教育机构与我方代表团的接触是积极务实而富有诚意的，他们与我方的座谈都是在印度外交部的指导或参与下进行的。看来我方与印方建立实质性的合作是可能的。

由于我国20年来改革开放和现代化建设取得了巨大的成就，综合国力增强，国际地位空前提高，代表团在印度才受到超常规的接待。长期以来，相当一部分印度人歧视中国人，一部分人视中国为敌。这种状况因我国改革的成功、国力的增强而发生了巨大的变化。印方这次在海德拉巴大学召开的"中印经济改革国际研讨会"，虽然邀请了美国、法国等国的中国问题专家和法国驻印使馆外交官出席，但印方仍把它作为一般性的学术会议来对待，未安排安德拉邦的邦督出席。当得知中国云南代表团将要出席此次会议后，即提高会议规格，由邦督来为会议揭幕，并发表长篇演讲，同时诚邀王天玺团长在开幕式上作题为"中国改革的成功之路"的演讲，安排何耀华院长作《中国的贫困和脱贫问题》的首篇学术报告，并邀请何耀华主持首场大会发言。印方对中国代表团如此突出的安排，美、法等国与会专家感到出乎预料。

为使这次访印取得成功。我方代表团赴印前在学术与经贸合作项目上做了认真研究和精心准备，广泛查阅了印度政治、经济等方面的相关材料，拟出了云南与印度在经济、科技、教育、文化等领域的可行性分析和合作项目意向，并撰写了5篇论文和材料，翻译后提交给会议。印方专家认为这些论文有很高的学术价值和可借鉴性，他们认为中国的改革经验和扶贫政策是印度应该借鉴的。我们深深体会到，学术上的国际竞争同样是十分激烈的。今后我省学术代表团的出访，都必须在学术上做认真的有针对性的准备，特别是要委派知识渊博、政治素质高的专家出访，才能提高我国在国际上的学术地位。随学术团出访的经贸界官员或企业家，必须具有进行国际经济技术合作的知识并精通业务，才能有效地促进我国与世界各国在诸多领域的深入交流与广泛合作，从而推进我国对外开放事业的发展。

印方和与会者普遍认为，我方代表团对中印交往的历史和现状有深刻的认识，所以在与印度政界、学界、商界的会谈中能进行高水平的对话。印度人民党副主席深有感触地说："历史和现实都说明，印中两国人民只能世世代代友好下去，才能取长补短，走扩大交流与合作、实现共同繁荣的道路。"

加强合作促进两岸共同发展[*]

——在海峡两岸经济文化交流研讨会上的讲话

　　海峡两岸经济文化交流研讨会，经过台湾"中山大学"和云南省社会科学院的共同筹备，今天在这里隆重举行。我代表云南省社会科学院，对以台湾"中山大学"社会科学院院长洪墩谟教授为首的台湾学术代表团 17 位学者的光临表示热烈的欢迎。高雄师范大学的王惟新教授是这次会议的穿针引线人，台湾"中山大学"大陆研究所的周世雄所长，则是这次会议在台湾的具体组织者与联络者。周所长不但对会议进行了很好的设计，而且联络组织了"中山大学"、中正大学、成功大学、高雄师范大学等台湾中南部的著名学者来参会，值此会议成功举行之际，我代表云南学者，对王、周两位教授表示衷心的感谢。两岸学术交流需要以务实的态度进行，需要有更多的学者为之奉献，两位教授为推动两岸学术交流的务实精神和奉献精神，是值得我们大家学习的。

　　自 1979 年以来，大陆执行的改革开放政策，给由于台湾内部经济社会因素激烈变化（如工资高涨、地价昂贵、台币升值、环保品质降低及治安恶化等）而面临歇业命运的台湾企业带来了生机。尽管在台湾严格实行"三不政策"，两岸只能通过中国香港、日本、新加坡等地搞间接贸易的情况下，两岸的经贸仍呈不断增长的趋势（见表 1）。

---

[*] 这是 1998 年 3 月 16 日在海峡两岸经济文化研讨会上的开幕词。这次讨论会是云南省社会科学院召开的涉及台湾中南部的一次高端的学术研讨会。

表1 　　　　　　　　**台湾两岸转口贸易情况** 　　（单位：百万美元）

年　份	台湾对大陆出口		台湾自大陆进口		台湾顺差	
	金　额	成长率（%）	金　额	成长率（%）	金　额	成长率（%）
1979	21	—	56	—	−35	—
1980	235	994.4	76	35.4	159	—
1981	384	63.5	75	−1.4	309	94.3
1982	194	−49.4	84	11.8	110	−64.4
1983	158	−18.8	90	6.9	68	−38.2
1984	425	169.6	128	42.2	297	336.8
1985	987	132.0	116	−9.3	871	193.3
1986	811	−17.8	144	24.4	667	−23.4
1987	1227	51.2	289	100.4	938	40.6
1988	2242	82.8	479	65.7	1763	88.0
1989	2896	29.2	587	22.6	2309	31.0
1990	3278	13.2	765	30.4	2513	8.8
1991	4667	42.4	1126	47.1	3541	40.9

資料来源：高希均、李诚、林祖嘉：《当前两岸经贸关系探讨——台商投资大陆调查报告》，1992年4月，第38页。

从表1可以看出：1979年台湾对大陆贸易有0.35亿美元的逆差，第二年就变为有1.59亿美元的顺差，且顺差金额逐年扩大。1989年顺差达23.09亿美元，1991年猛增至35亿多美元。根据台湾提供的资料，1991年，前往台湾主管部门报备其已在大陆投资的台商至少有2503家，投资金额至少为7.5亿美元。海峡两岸经贸关系的这种急剧发展，是以两岸经济的互补性为基础进行的。从下表可以看出，台湾出口至大陆的商品结构，以制造性材料为大宗。

表2 台湾出口至大陆商品结构 （单位:%）

年 份	制造性材料	机械与运输设备	杂项制品	化学产品	非公用性原料	其 他
1979	86	9	0.3	4	0.1	0.6
1980	85	25	3	1	6	0
1981	72	22	3	1	2	0
1982	79	13	4	2	2	0
1983	68	16	13	1	1	1
1984	59	27	8	2	3	1
1985	54	35	8	2	1	0
1986	60	27	7	3	2	1
1987	55	28	7	7	2	1
1988	44	35	6	12	2	1

资料来源：高希均、李诚、林祖嘉：《当前两岸经贸关系探讨——台商投资大陆调查报告》，1992年4月，第38页。

表2显示：1980年台湾出口大陆的制造性材料高达总出口的85%，其后虽有下降，但到1988年时仍为44%，居第一位。机器与运输设备也是台湾出口至大陆的主要商品，且比例有增加的趋势，1988年时比重高达35%。台湾出口工业原材料及机器设备到大陆，而大陆则出口农业原料到台湾，说明两岸贸易属于产业间的贸易。这种贸易，是建立在互惠互利基础上的，所以充满生机与活力。台商到大陆投资办厂，对台湾产业升级有积极的促进作用，一位台湾学者分析说：台湾厂商"前往大陆投资之际，虽然会结束台湾的工厂，但大部分都还会留下一个50人左右的总公司于台湾。总公司负责的主要工作有：开发海外市场，接受海外订单，财务调度，新产品研究开发及大陆工厂的生产技术指导，而在大陆的工厂只负责生产与出口。因

此，以前在台湾的厂商是总公司在台北，工厂可能设在中南部，现在只是总公司仍在台北，但工厂则可能在厦门或深圳。譬如以前需要总公司 30 人与工厂 200 人一年做 5000 万美元的中小企业，目前则以总公司的 50 人加上大陆的 2000 人工厂，每年做 1 亿美元的生意。以前平均台湾每人每年做的外销值为 22 万美元，现在台湾每人每年平均可做的外销值为 200 万美元。如果这样，这难道不是另一种‘产业升级’吗?”① 这个台湾学者的分析是有说服力的。

进入 20 世纪 90 年代后，两岸经贸关系迅速发展。如今已初步形成了两岸经济相互促进、互利互惠的格局。从 1994 年以后台资即成为大陆吸引境外民间投资的重要来源，与日、美、中国香港、中国澳门、韩等国家和地区同列前几位。反之，大陆（包括香港转口）是台湾贸易顺差的主要来源，大陆成为仅次于美国的台湾第二大出口市场。

两岸经贸关系的发展，促进了双方特别是台湾的发展和繁荣。台资成为大陆吸引境外投资的重要来源，推进了大陆现代化建设的进程，同时，祖国大陆已成为台湾经济增长的最大动力，有研究表明，台湾经济年均 6% 的增长率中有近两个百分点来自两岸经贸交流和合作。据统计，10 年来，台湾对祖国大陆的贸易顺差已达 800 多亿美元，相当于台湾目前的外汇储备 831 亿美元，它体现着参与两岸经贸关系的台湾商家获得了巨大的利润，使台湾经济实力空前增强，极大地抗御了东南亚金融风暴的袭击。有专家指出：祖国大陆实行对外开放政策，大力吸引外商投资，扩大与世界的经贸往来，为台湾经济发展提供了巨大的商机；台湾保持与持续扩大与祖国大陆的经贸往来，大大拓展了台湾在世界经济中的生存与发展空间；800 多亿美元贸易顺差既是台湾抵御风险的“稳定器”，是一笔可以经营增值的财富；又确立了台湾在国际上投资者的地位，以 800 多亿美元为标志的经济

---

① 高希均、李诚、林祖嘉：《当前两岸经贸关系探讨——台商投资大陆调查报告》，1992 年 4 月，第 44 页。

实力，有利于台湾同一些国家和地区的民间经济文化往来。

事实证明，扩大两岸的经贸关系，是造福两岸人民的大业。但是由于两岸至今未实行"三通"，且交往的形式也不够多样，两岸间的经贸往来还处于低水平的发展阶段。因此，两岸学者应加强合作研究，提供更多有价值的研究成果，为增进和提升两岸的经济文化交流释疑解难，为两岸共同发展不断做出贡献。

这次会议以增进共识，加深友谊，推动两岸经济文化交流为宗旨。我们期望以这次会议为契机，扩大双方合作。

祝本次会议取得圆满成功，祝台湾学者在云南的考察取得丰硕的成果。

1998 年 3 月 16 日于昆明

《邓小平理论与云南发展》后记

　　《邓小平理论与云南发展》上、中、下三册，由何耀华、苗启明主编，计 16 个专题，140 多万字，1998 年 10 月云南民族出版社出版。作为献给我国各族人民敬爱的领袖邓小平同志，献给中国共产党十一届三中全会召开 90 周年和新中国成立 50 周年的纪念品，本书的编委、著者和编者，无不为它的及时付梓感到由衷的喜悦。

　　中共云南省委书记、本书编委会主任令狐安同志亲自为本书撰写题为《关于〈邓小平理论与云南发展〉丛书的编写问题》的导言，对编写本书的指导思想、内容、方法、文字表述和编委会的组成、主编的选定等，曾做过多次重要的指示，他说："解放思想，实事求是马列主义、毛泽东思想的精髓，同样也是当代马克思主义—邓小平理论的精髓，因此，我们一定要把这一点贯穿于全书，这是写好这本书的总纲。解放思想、实事求是的思想路线必须贯彻改革开放的全过程，贯彻云南建立社会主义市场经济的全过程"，"有一个非常重要的方面，就是党的建设和精神文明建设的经验值得认真总结，包括队伍建设、班子建设、文化教育、思想教育、卫生体育。没有这一条不行。特别是我省很早就确定了科教兴滇的重要方针，值得大书特书"。本书的著者、编者深深体会到，只有系统、全面、准确、深刻地学习和领会党的"十五大"精神和江泽民主席关于邓小平理论的精辟论述，才能真正掌握邓小平理论的科学体系、立场、观点和方法；只有认真贯彻省委领导的指示，把"解放思想，实事求是"作为写好这本书的总纲，才能真正从省情出发，把云南各族人民以邓小平理论为指导，进行改革开放和社会主义现代化建设的伟大实践经验总结好。在具体的调研和编写过程中，本书的著者、编者都是努力这样去做的。如果说本书取得了一定的成功的话，那么，这就是取得成功的关键。

　　编委会副主任王天玺同志为敦促写好本书，亲自题写书名，编委会副主任孟继尧同志在审阅本书初稿后给予很高的评价，他说："全书理论性实践性都很强，内容全面、丰富、深刻，观点正确，重点突出，特色鲜明；结构严谨，体例合理，文字简洁明快，确是一本难得的好书。该书的出版发行对于总结过去，开创未来，推进我省改革开放大业，迈向新世纪必将起到积极的作用。"在总结本书编写经验的时候，我们深深感到，由于著者，特别是编者理论水平和知识水平的限制，调研得不够深入，本书所能达到的水平是有限的，诚望读者对书中存在的缺点错误给予批评指正。

　　本书理论卷由云南省社会科学院邓小平理论研究中心承担，实践卷由中共云南省委宣传部、组织部和云南省社会科学院的部分研究者承担。省委宣传部写的"思想路线"专题，省委组织部写的"党建"专题，省委政研室科教处与省新闻出版局写的"教育出版文化"专题，在理论和实践经验总结方面都有很深的开凿。省社会科学院写的11个专题则富有较强的理论色彩。苗启明研究员承上启下，在全书的章节框架设计和课题组协调及书稿的撰写、编审方面做出了突出的贡献。贺圣达、苗启明、向翔三位研究员在一审时各审一册，二审由苗启明负责，参加三审、四审的有苗启明、张寿孙、贺圣达同志。终审由我进行。云南民族出版社左玉堂、李安泰同志在付印前又做过精审。另外，许多地方和单位为本书的调研提供了卓有价值的材料，并给予具体的指导，谨在此表示深深的感谢。

　　学习邓小平理论是我们党面向21世纪推进伟大事业的战略需要，是全面提高干部队伍特别是领导干部队伍思想政治素质的需要。在社会主义现代化建设的新时期，有邓小平理论的指导，这是我们党最大的思想政治优势。当前，我们党处在改革开放和发展社会主义市场经济的条件下，处在世界各种思想文化相互激荡的背景下，处在进一步对外开放和改革攻坚的条件下，在许多深层次矛盾逐步显现，在各方面的矛盾和困难比较多的情况下，能不能及时识别和排除各种干扰，坚定不移地坚持党的基本路线和基本纲领，最根本最重要的是靠邓小平理论武装全党。希望本书出版之后，能在推动全省人民深入学习邓小平理论，能在推动全省各级干部和全省人民以邓小平理论指导改革开放和两个文明建设方面发挥积极的有益的作用。

1998 年 8 月 31 日

邓小平理论与社会主义的前途命运*

——在世界马克思主义2000年大会上的演讲

社会主义在全世界兴盛，是20世纪中最引人瞩目的重大事件。一些学者利用世纪末期，苏联和东欧社会主义国家社会主义的瓦解，断言社会主义必将被资本主义取代。然而，他们没有料到，邓小平理论竟会如此地使社会主义在中国充满空前的生机与繁荣。

邓小平理论是当代的马克思主义，就它的科学社会主义的理论内涵而言，可概括为以下几点。

（1）邓小平对社会主义的本质做出了富有时代特点的新的科学界定。他说："社会主义的本质，是解放生产力，发展生产力，消灭剥削，消除两极分化，最终达到共同富裕。"在传统的对社会主义本质的界定中，公有制、按劳分配、计划经济被马克思、恩格斯、列宁、毛泽东作为为社会主义所规定的本质特征。邓小平从社会主义国家生产力长期发展缓慢，人民生活富裕程度提高缓慢中做出上述界定，这是对马克思科学社会主义理论的一个重大发展。它使社会主义各项事业在中国空前兴盛。

为了解放生产力，中国一方面对传统的经济体制进行改革，另一

---

* 这是何耀华9月22日在马萨诸塞州阿姆赫斯特马萨诸塞大学一个论坛上发表的演讲稿。2000年9月21日至24日美国"重思马克思主义"（Rethinking Marxism）杂志社在波士顿附近的阿姆赫斯特麻省大学（University of Massachusetts at Amherst）举办第四届国际马克思主义学术研讨会，名为"马克思主义2000年"（Marxism 2000），这是美国历史上规模较为盛大的一次国际性马克思主义及左派学者的学术会议，共有1000多人参会，设190个分会场。中国有武汉大学哲学系代表团、中国社科院马列所代表团、云南省社科院代表团。

方面进行对外开放，广泛吸收各国的经验和成果，特别是积极引进西方国家的资金、科学技术和管理制度，并让一部分人先富起来，最终达到共同富裕。

为了改革阻碍生产力发展的上层建筑，他主张以"生产力标准"判断一切是非，他说："判断标准，应该主要看是否有利于发展社会主义社会的生产力，是否有利于增强社会主义国家的综合国力，是否有利于提高人民生活水平。"

（2）邓小平指出，在社会主义制度建立后，改革是推动社会主义经济发展的动力。要通过改革革除一切不适应生产力发展的上层建筑，使社会主义永葆青春和优越性。

马、恩、列、斯、毛的伟大功绩，是通过"革命"的方式以社会主义制度代替资本主义制度，使生产力得到解放，而邓小平则是以"改革"的方式，使社会主义真正成为解放生产力，使人民走向富裕的最理想的制度，他说："改革也是解放生产力""改革是一场革命""改革是中国的第二次革命"。

（3）邓小平提出，社会主义应该建立市场经济体制。他批判把社会主义等同计划经济，把资本主义等同市场经济的传统理论，认为资本主义也有计划，社会主义也有市场。在社会主义社会中，"计划和市场都得要"，市场是资源配置的主要手段，计划只是市场的补充。也就是说，政府可用计划在高层次上对经济进行宏观调控。

（4）邓小平说："发展才是硬道理"，"贫穷不是社会主义，发展太慢也不是社会主义，否则社会主义有什么优越性呢？"他把发展速度视为社会主义有没有优越性的试金石，要求把速度和效益统一起来，他说："世界上一些国家发生问题，从根本上说，都是因为经济上不去、没有饭吃、没有衣穿、工资增长被通货膨胀抵销、生活水平下降、长期过紧日子。""人民现在为什么拥护我们？就是这十年有发展，发展很明显。假设我们有五年不发展，或者是低速发展，例如百分之四、百分之五，甚至百分之二、百分之三，会发生什么影响，这不是经济问题，实际是个政治问题。"他认为没有效益的速度，只能像中国"大跃进"和"人民公社"时期那样，给国家和人民带来灾难。因此，必须实现高速度和高效益的统一，因此，就必须进行改革。

中国的实践证明，邓小平理论是使社会主义在全世界永具光辉、永具活力、永具生命力的理论，是对马克思主义的新发展。

2000 年 9 月 22 日于美国马萨诸塞州阿姆赫斯特

推进马克思主义的不断创新

马克思主义最近 20 年来在中国所取得的伟大成就之一，就是它加速了中国社会、经济的现代化进程，并在中国的社会主义现代化建设的伟大实践中得到了创新。邓小平提出的建设有中国特色的社会主义理论，以江泽民同志为核心的党中央第三代领导集体提出的深化中国改革开放的一系列理论，包括共产党要始终代表先进生产力的发展要求，代表先进文化的前进方向，代表广大人民群众的根本利益的重要思想，都是对马克思主义理论进行创新发展的具体体现。中国经济的快速发展，使中国不断减少贫困现象。据早期的一项统计，1978年，我国有 2.5 亿农民，占农村总人口的 30.7%，生活在贫困中，到1985 年收入低于贫困线 200 元人民币（1985 年价格）的农村人口已降到 1.25 亿人，占农村人口的 14.4%，这表明平均每年减少 1800 万人。至 1998 年贫困人口下降至 4200 万人。世界银行的研究报告说，1984 年中国的贫困人口为 8900 万人，短短的 6 年有 1.71 亿人摆脱了绝对贫困状态。这一脱贫速度，比上面提供的数字的说明还快。到2000 年，我国已基本消除了农村的贫困。

世界各国没有这种先例，能在如此短的时间里，让如此多的绝对贫困人口的绝对收入超过可接受的最低水平。这一巨大成就的取得应归功于马克思主义在中国的新发展，归功于邓小平创立的建设有中国特色的社会主义的理论，归功于以江泽民为核心的中国共产党第三代领导人坚持马克思主义指导地位，坚持邓小平理论，坚持在实践中对马克思主义进行不断丰富和创新的伟大创举。

马克思主义 2001 年国际学术研讨会在中国召开，充分反映了我们要在中国加强马克思主义指导地位的志向，充分反映了我们要在中国人民现代化建设中推进马克思主义不断创新的强烈愿望。会议期间，中国和外国学者发表的种种见解，对我们提出的各种有价值的建议，使我们深受教益，深受鼓舞。

2001 年 6 月 23 日下午于昆明

附记：

这是何耀华在云南省社会科学院与武汉大学 2001 年 6 月21—23日在昆明召开的马克思主义国际研讨会上的一次讲话。国内参会学者50 人，国外参会学者 18 人（其中美国 13 人，意大利 2 人，以色列 1 人，英国 1 人，日本 1 人），为国内马克思主义理论界所举办过的国际学术会议中参会外国学者较多、规模较大的一次，也是云南省首次在国际上引起了广泛关注的一次会议。美中友好协会副会长悉德尼·格拉克（Sidney Gluck）发来贺电，并提交了论文；旅美中国学者洪俊豪（Junhao Hong, State University of New York at Buffalo）、英国学者菲利普·罗斯（Philip Ross, College of Ripon and York St. John）、美国学者约翰·斯特切尔（John Stachel, Boston University）等发来贺电。印度学者（Ranganayakamma）因为经费问题不能到会，应其请求，会议展示了他的研究成果《马克思〈资本论〉导论》（三卷）。这个讲话在会议代表中，特别是在国外代表中获得好评。

《中国国情丛书：百县市经济社会调查通海卷、路南卷、曲靖市卷》序*

　　建设有中国特色的社会主义，需要正确认识国情。只有正确认识国情，中国的现代化建设和改革开放，才能从中国的实际出发，使之富有中国的特色。1982 年 12 月 25 日，邓小平在中央工作会议上指出："走什么样的路子，采取什么样的步骤来实现现代化，这要继续摆脱一切老的和新的框框的束缚，真正摸准、摸清我们的国情和经济活动中各种因素的相互关系，据以正确决定我们的长远规划的原则。"[①]

　　调查研究是认识国情的一个主要方法。在调查通海县情的过程中，我们采用普遍调查与典型调查、宏观调查与微观调查、定性调查与定量调查相结合的方法，通过抽样调查、文献分析、实地观察、座谈询问及问卷等多种方式获取资料，其中又特别重视实地考察。恩格斯在《英国工人阶级状况》的序言中说："我寻求的并不仅仅是和这个题目有关的抽象的知识，我愿意在你们的住宅中看到你们，观察你们的日常生活，同你们谈谈你们的状况和你们的疾苦。"本书中的许多材料，都是作者深入农户和工人住宅，深入少数民族山寨，直接访问与观察记录下来的，是真正的第一手材料。资料的可信

---

　　* 《通海卷》《路南卷》《曲靖市卷》由何耀华主编，中国大百科全书出版社 1991 年、1996 年、1997 年先后出版。《通海卷》获中国社会科学院科研成果二等奖，何耀华获先进个人奖。

　　① 《邓小平文选》，人民出版社 1983 年版，第 315 页。

程度取决于被访问者提供的情况的真实性与准确性。为此，我们对用以说明问题的每一条资料，都经过反复的核实验证才加以采用，并通过文字上的不断推敲，使县情得到真正切合实际的准确表述。县级各部门历年形成和积累的各种档案、统计资料、工作总结等文献，是我们对事物进行纵向描述的重要依据。一般地说，文献记录是可靠的、真实的，但是我们并不盲目地相信文献的可靠性。在使用之前，一是要弄清楚文献的作者是谁，他是根据传闻写的还是亲身经历；二是要根据自己的实地调查进行判断，直至排除文献中存在的所有疑点，才谨慎地加以采用。

县情的内涵十分广泛。本书的资料调查及最后的撰写，完全按照《中国国情丛书——百县市经济社会调查》编委会制定的提纲进行。纵的方面，从远古写到1989年，着重描述中华人民共和国成立40年来特别是最近10年的发展变化；横的方面，着重描述当前的社会结构、生产力发展水平、商品经济发展程度、产业结构、农村剩余劳动力向非农业转移、生态环境、教育与科技、文化发展状况、居民生活水平、社会风尚、民俗、宗教、民族关系等方面的发展、变化和存在的问题。在处理共性和个性的问题上，特别重视突出个性，以求使本书具有所调查县、市的特色。作为一本以描述为主的资料性、学术性著作，在撰写过程中，我们既着眼于使全书具有学术研究价值和保存价值，又着眼于使其能在通海的现代化建设、改革开放和各项实际工作中发挥作用。

1991 年 8 月 15 日于通海

新中国成立以来民族研究
工作的成就

　　中华人民共和国成立到现在，党和国家在解决国内民族问题方面做了大量的工作，并取得了伟大而辉煌的成就。值此 35 周年国庆之际，仅就民族研究工作的进展做一简要的评述，以便在已有成绩的基础之上，进一步开创民族研究工作的新局面，为实现党的总路线、总任务服务。

一

　　新中国成立以来民族研究工作的成就，首先表现在我们党运用马克思主义关于解决民族问题的普遍原理解决国内的民族问题，并在实践中丰富和发展这一原理方面。

　　什么是马克思主义关于解决民族问题的原理呢？

　　列宁指出："民族问题和'工人问题'比较起来，只有从属的意义。"[1] 斯大林强调了这一观点，认为列宁"宣布民族殖民地问题是总的国际无产阶级革命问题的一个组成部分"[2]。他说："我们共产党

---

[1] 《列宁选集》第 2 卷，人民出版社 1962 年版，第 548 页。
[2] 《斯大林全集》第 10 卷，人民出版社 1954 年版，第 90 页。

员看得很清楚，我们全部工作的基础是巩固工人政权的工作，只有在这个前提下我们才能谈另一个问题——民族问题，这是一个很重要的问题，但它是从属于前一问题的。"① 这些论述集中地反映了马克思主义在解决民族问题上的总的思想。也就是说，马克思主义要求我们把民族问题放到无产阶级革命和无产阶级专政的总问题中去解决。从这个总的思想出发，我们党领导我国各族人民进行了长期的反帝、反封建、反官僚资本主义的新民主主义革命，并在 1949 年建立中华人民共和国后，立即宣布废除国内的民族压迫制度，实行各民族一律平等的政策。1951 年至 1952 年，党在一部分少数民族地区进行土地改革，取消封建地主所有制，1955 年至 1959 年，又以和平协商的方式，在未进行土地改革的其他少数民族地区废除农奴主或奴隶主的所有制。接着又从实现社会主义、共产主义的总目标出发，领导各族人民进行社会主义改造，变生产资料的私有制为社会主义的公有制，同时进行社会主义的经济、文化建设，使所有的民族都得到发展和繁荣。十年"文革"期间，党旨在解决国内民族问题的努力遭到林彪、"四人帮"的严重破坏。粉碎"四人帮"以后，特别是在党的十一届三中全会以后，党把民族问题放到实现我国社会主义四个现代化的目标中去解决，从而才使党和国家解决国内民族问题的努力得到恢复，使民族工作出现生机勃勃的崭新局面。

党和国家运用马克思主义关于解决民族问题的普遍原理解决我国民族问题的实践，为我国民族研究工作者研究马克思主义的民族理论开辟了广阔领域。他们的研究使这一理论得到了下列几方面的发展。

第一，在统一的多民族的社会主义国家内，只有实行民族区域自治，才能巩固国家的统一和发展平等、团结、互助的社会主义民族关系。

应该指出：马克思主义经典作家对在多民族国家建立统一的共和

---

① 《斯大林全集》第 5 卷，人民出版社 1954 年版，第 214 页。

国，反对分立主义、分散主义、联邦主义，实行民族区域自治是有过论述的。如1850年，马克思、恩格斯在《中央委员会告共产主义者同盟书》中提出了"坚持建立统一而不可分割的德意志共和国"的主张，指出当时德国的资产阶级民主派，"或是直接力求建立一个联邦共和国，或是当他们不能逃避建立一个统一而不可分割的共和国的时候，他们至少也要设法赋予各个乡镇和各个省区以尽量大的独立自主权，借以使中央政府陷于瘫痪状态。工人应该反对这种企图，不仅要坚持建立统一而不可分割的德意志共和国，而且还要坚决使这个共和国的一切权力集中于国家政权的掌握之下"。"实行最严格的中央集权制是真正革命党的任务。"① 列宁说："马克思主义者是反对联邦制和分权制的"，"我们反对分立主义，我们深信，在其他条件相等的情况下，大国比小国更能顺利地解决发展经济的任务，解决无产阶级同资产阶级斗争的任务"。② 斯大林说："我们完全不反对把各民族联合为一个国家整体。我们决不主张把大国分裂成小国。因为不言而喻，把小国联合为大国是促进社会主义实现的条件之一。"③ "毫无疑义，建立拥有完整的、统一的民族成分的自治州，哪怕是最小的自治州，对于消灭任何民族压迫都有极其重要的意义。""自治制是我们建立民主国家的计划"，"是具有复杂民族成分和极不相同的地理等等条件的民主国家的一般普遍原则"。④ 但是，对怎样实行民族区域自治，他们的具体论述则不多。我国的民族研究工作者首先从他们关于反对分立、建立统一的共和国的原则指示出发，用我国的具体情况，说明必须建立集中统一的共和国的必要性，然后总结我国的实践，得出实行民族区域自治必须遵循的具体原则。

什么是我国必须建立集中统一的共和国的必要性呢？这主要是由

---

① 《马克思恩格斯选集》第1卷，人民出版社1972年版，第390页。
② 《列宁全集》第20卷，人民出版社1963年版，第29、217页。
③ 《斯大林全集》第3卷，人民出版社1954年版，第196页。
④ 《列宁全集》第20卷，人民出版社1963年版，第33、442页。

历史情况、民族关系和民族分布的特点所决定的。从历史情况来说，我国自秦汉以来就是一个中央集权的统一的多民族国家，各民族在长期历史发展中所形成的经济、文化上的密切联系，使它们结成了一个血肉不可分割的整体；从民族关系上说，我国各民族在历史上虽有纷争、隔阂与不和，但友好的一面是主流。在反帝、反封建、反官僚资本主义的新民主主义革命中，各族人民团结在中国共产党的领导之下，同呼吸、共命运，没有任何一个民族愿意在革命胜利后再回到革命胜利前遭受帝国主义侵略和民族压迫的老路上去；从民族分布状况来说，我国各民族存在大杂居小聚居的特点，如回族除分布在宁夏回族自治区以外，在全国各省、自治区、直辖市均有分布，聚居在宁夏回族自治区的，其人口也仅约占该自治区人口的1/3，其余2/3是汉族人民，维吾尔族聚居在新疆维吾尔自治区，但这个自治区并非都是维吾尔族，那里尚有其他十二个民族分布着，藏族主要聚居在西藏自治区，但除西藏以外，青海、四川、云南还有相当数量的分布，西藏除藏族以外，也还有门巴、珞巴等族分布。蒙古族、壮族、彝族、苗族等其他各族分布的情况也是这样。这说明，只有实行民族区域自治，分不同情况建立自治区、自治州、自治县，才能使该地方的主体民族享受到自治的权利。迄今为止，我国已建立民族自治地方116个，包括五个自治区，31个自治州，80个自治县（旗）。由于实行民族区域自治，不但使处于大聚居地区的民族实现了自治权利，而且处于小聚居地区的民族也得到了自治权。

什么是实行民族区域自治必须遵循的具体原则呢？

（1）必须正确处理民族自治地方和国家的关系。各民族自治地方都是统一国家的不可分离的部分，必须维护国家的统一，保证国家的统一领导和国家总的方针政策和计划在各民族自治地方的贯彻执行。与此同时，国家应保证民族自治地方自治机关充分行使自治权，照顾各民族自治地方的特点和需要，使自治机关有大于一般地方的自主权。只有这样，才能既保障民族自治地方各少数民族管理本民族内部事务的权利，又保障各民族的平等、团结、互助关系的发展，实现各民族的共同繁荣，以必须实现自治机关的民族化。自治机关在我国是指自治区、自治州、自治县的人民代表大会和人民政府。我国第六届全国人民代表大会第二次会议通过的《中华人民共和国民族区域自治法》规定：自治区主席、自治州州长、自治县县长由实行区域自治的民族的公民担任，其他组成人员要尽量配备实行区域自治的民族和其他少数民族的人员。自治机关的区主席、州长、县长是否由实行区域自治的民族的公民担任，这是关系实行自治的民族能否行使自治权利和密切联系群众的关键。(2) 民族自治地方自治机关的自主权应大于一般地方。我国的具体做法是，自治机关可以制定自治条例和单行条例，在不违背宪法和法律的原则下，有权采取特殊政策和灵活措施，对上级国家机关的决议、决定、命令和指示，如有不适合民族自治地方实际情况的，可以报经上级国家机关批准，变通执行或者停止执行。(3) 上级国家机关应大力帮助少数民族加速经济、文化的发展，以克服历史上遗留下来的民族间事实上的不平等。(4) 民族自治地方的自治机关和它的上级国家机关，要促进各民族平等、团结、互助的社会主义民族关系的发展。为加强和发展社会主义的民族关系，要反对两种民族主义——大民族主义和地方民族主义。因为这两种主义都不利于各民族的团结，但都属于人民内部矛盾的性质，应采取民主的方法、讨论的方法、批评与自我批评的方法去解决。对于背叛和分裂国家的活动，才用解决敌我矛盾的方法去处理。

第二，在社会主义的条件下，无产阶级政党在解决民族问题上的一个重要的任务，就是要帮助经济、文化发展落后的少数民族，尽快地发展自己的经济、文化，以消灭历史上遗留下来的民族间事实上的不平等。民族间事实上的不平等，是多民族国家在建设社会主义的过程中表现出来的反映新时期民族问题的一个主要的矛盾。其含义是指经济、文化落后的民族在政治上、法律上已经获得平等权利以后，在实际上因为本身发展程度低而不能充分享受平等权利的现象。这种现象主要是由于历史上长期存在的民族压迫制度所造成的。俄国十月革命胜利后，列宁、斯大林曾经论述过消灭民族间事实上的不平等的问题，我们党和我国的民族研究工作者在自己的实践与研究中丰富和发展了他们的论述。1953 年，我们党提出要"在祖国的共同事业的发展中，与祖国的建设密切配合起来，逐步地发展各民族的政治、经济、文化……消灭历史上遗留下来的各民族间事实上的不平等，使落后的民族得以跻于先进民族的行列"①。1979 年，叶剑英同志《在庆祝中华人民共和国成立三十周年大会上的讲话》中指出："我国五十多个兄弟民族，在根本利益一致的基础上，形成了团结友爱、平等互助的新型的社会主义民族关系，正在为逐步消除历史上遗留下来的事实上的不平等而努力。"怎样才能消除事实上的不平等呢？根本的就是要帮助各少数民族发展社会生产力，发展经济、文化，使他们尽快赶上先进民族，并共同实现共产主义。

第三，在社会主义条件下，无产阶级政党和爱国的民族上层人士仍然可以而且必须结成为社会主义现代化建设而共同奋斗的统一战线。这条战线是无产阶级政党在社会主义时期所领导的规模广大的爱国统一战线的一个重要组成部分。我国的情况表明，在多民族的统一国家内，处于不同社会发展阶段的民族，都有山官、头人、酋长等一类上层人士，由于受帝国主义的侵略和压迫，他们具有反帝爱国的立场，在新民主主义革命过程中，许多人与我们党结成统一战线，共同进行反帝、反封建、反官僚资本主义的斗争，为革命做出了贡献。能不能因为他们都是本民族的统治者，同劳动人民有着剥削和被剥削、压迫和被压迫的对抗性的阶级矛盾，在民主革命胜利后，在社会主义

---

① 转引自闵言《论历史上遗留下来的民族间事实上的不平等》，《人民日报》1984 年 3 月 26 日。

历史阶段就不与他们结成爱国的统一战线呢？不能！这是因为，各民族的爱国上层人士的绝大多数，是拥护民主改革和社会主义改造的，是拥护社会主义制度的，他们在本民族群众中有一定的影响，与他们结成统一战线，有利于加强同少数民族人民的联系。有利于调动一切积极因素，团结一切可以团结的力量，发展社会主义团结友爱、互助合作的新型的民族关系。

二

新中国成立以来民族研究工作的成就，还集中地表现在我国民族学研究工作者用民族学为民主改革、社会主义改造和社会主义精神文明、物质文明建设服务方面。

民族学是一门以研究现实的民族社会经济形态、现状和文化生活特征为主要任务的科学。其方法是进行实地的调查研究，为无产阶级政党制定和执行民族政策提供科学依据。

我国民族众多，情况复杂，各民族的社会经济文化发展极不平衡，不充分发挥民族学在革命和建设中的积极作用，要真正废除民族压迫制度，改变各民族社会经济发展落后的状况，实现各民族在完全意义上的平等，那是不可能的。因此，我们党对我国马克思主义民族学的建立和发展是十分重视的。通过三十五年的努力，这门学科在自己的发展中在下列几方面，发挥了突出的作用。

（1）它帮助我们科学地确定了我国五十五个少数民族的民族成分。自商周以来，我国就存在华夏、肃慎、胡、羌、狄、戎、蛮、越、濮、夷等多种民族成分。随着历史的发展，各族之间虽有分合，但始终没有改变我国的多民族的结构。新中国成立前，国民党实行大汉族主义的民族压迫和民族同化政策，"否认中国有多民族存在，而把汉族以外的各少数民族称之为'宗族'"①，致使许多少数民族湮没无闻，受尽民族歧视和民族压迫。新中国成立后，在党的民族政策的光辉照耀下，许多丧失民族权利的民族，纷纷提出自己的民族名称，要求承认为单一的民族。而许多名称所反映的都是一个同一的民族共同体，我国民族研究工作者用民族学的理论和科学方法去进行调查研究，正确地确定了各种不同的人们共同体的民族成分。三十五年来，我国已经确定的单一民族有五十六个。由于确定了民族成分，这些民族的人民享受到了民族平等和民族区域自治的权利。通过在实践中发挥作用，民族学本身在我国亦得到了新的发展。拿对斯大林所下的民族定义的理解来说吧，这个定义尽管是根据西欧资本主义上升时期所形成的资产阶级民族的特征做出的，但是，我国的民族识别的实践证明：它对于确定和认识前资本主义社会中的民族共同体，亦具有普遍的指导意义。当然，实践也告诉我们，绝不可机械地去理解这个定义，否则就会得出错误的结论，做出错误的识别。如一个民族必须有一种共同的语言，这是天经地义的。但情况也不尽如此。在我国的景颇族内部，就存在景颇语和载瓦语两种不同的语言，一个民族必须有共同的地域，这也是天经地义的，但我国的绝大多数民族都与其他民族处于杂居状态；一个民族必须有共同的经济生活，但是，我国的民族大多互相杂居，共同的市场使他们的经济生活形成了一个整体。如果我们不对斯大林的民族定义进行具体的正确的理解，那就会得出我国的许多民族不是民族的荒谬结论。

（2）它帮助我们确定了我国各少数民族新中国成立前的社会性质，为党和国家制定在少数民族地区进行民主改革、社会主义改造、社会主义精神文明和物质文明建设的方针提供了科学的根据。

根据我国民族学工作者的调查研究，我国的鄂温克、鄂伦春、独

---

① 《毛泽东选集》第3卷，人民出版社1969年版，第1032页。

龙、怒、傈僳、佤、布朗、德昂、景颇、黎等族，新中国成立前的社会发展尚处于原始公社的末期，或者还保留着浓厚的原始公社制度的残余。在这些民族中，虽已不同程度地出现了私有制和人剥削人的现象，但是，阶级并未产生，人们共同生产，平均分配，过着原始共产主义的生活。其社会经济发展水平极低。比这些民族发展了一步的是，川、滇大小凉山的彝族建立了奴隶制的生产关系。所有社会成员被分为四个不同的等级：黑彝、曲诺、阿加、呷西。黑彝占总人口的7%左右，他们不但占有半数以上的土地，而且还占有其他三个等级的人身。曲诺占凉山彝族总人口的50%左右，其人身在一定程度上隶属黑彝奴隶主，如只能在主子的辖区内迁徙，要向主子送礼和服数量不等的劳役，出卖土地必须征得主子的同意，绝业必须归主子所有等。阿加的来源一是由于曲诺地位下降而产生，二是由呷西婚配，同主子分居分食而成，其人口约占总人口的33%。他们完全没有人身自由，主子可以随时出卖或杀死他们，其所生的子女为呷西，他们是奴隶主剥削重担的主要承担者，是凉山彝族奴隶主血腥剥削者的奴隶。呷西是家内奴隶，占总人口的10%。完全没有人身自由，是典型的奴隶。主子随时都可以对其进行生、杀、予、夺。除处于上述两种社会性质的民族外，藏族、傣族和一部分蒙古族所保存的是封建领主制度。在西藏的藏族领主社会中，官家（指西藏的封建政府）、寺院、贵族三大领主仅占西藏总人口的5%，但他们占有全部土地和大量的牲畜。三大领主将他们的庄园分为自营地和农奴份地两部分。农奴世世代代遭受地租、差税、高利贷和其他名目的残酷剥削。在西双版纳傣族农奴制社会中，大农奴主召片领占有全部的土地，是政治、军事、法权上最高的统治者，农民被分予份地，被束缚于土地上，向领主服劳役和提供贡赋及实物地租，据在勐景洪的调查，各种非农业性的劳役多至106种。如养马、养牛、养象、榨粉、煮盐、织布、煮饭、炒菜、烧菜、点灯、捐扇、守坟、领娃娃、盖房子、修房子、守家、守仓、守犯人、送信、杀人、抬印、抬仪仗、敲锣、打鼓、吹号、放炮等。农民所服的生产性劳役,一是为领主无偿地耕种私庄,二是须种份地(寨公田),向领主缴纳各种官租。农民除服劳役、军役、非生产性的各种劳役以外,还要承担各种超经济的剥削,如承担土司、家臣生孩子、生病、丧葬的费用,节日宗教费用等。因此,这里的农民实际上就是农奴。在内蒙古的一些牧区,存在封建牧奴制度。其社会的主要阶级为贵族和牧奴。贵族包括王、公、台吉和上层喇嘛,所有的牧奴分别隶属于王爷(旗封建政府的头目)、世俗贵族和上层喇嘛。牧场全部属于王府,牧民可以随便放牧,但要对牧主负担赋税和劳役。赋税分定期的和临时摊派两种。我国民族学研究者的调查证明,我国的不少民族,如回、壮、维吾尔、苗、布依、朝鲜、满、侗、白、土家、哈尼等,新中国成立前已建立了比较发达的封建地主经济,而且在不同程度上发展了资本主义的经济成分。

由于确定了各民族或同族不同地区的民族的社会性质,使党和国家能够采取不同的方针政策进行民族地区的社会改革。如对于阶级分化尚不明显,生产发展水平十分低下,保留原始公社残余较多的民族,党和国家采取大力扶助他们发展生产和文化,直接通过合作化的道路进行必要的社会改革,帮助他们逐步地直接过渡到社会主义社会。对于已发展了奴隶制、封建领主制、封建地主制的少数民族,党和国家采取先进行土地改革,分配封建主、奴隶主的土地给贫苦农民,废除封建主、奴隶主的一切特权,解放劳动人民,然后再在土地改革胜利的基础上进行生产资料所有制的社会主义改造,消灭生产资料的私有制,建立社会主义的集体所有制和全民所有制的政策。这些政策实行的结果都达到了预期的目的,这说明民族学所取得的巨大成果,对于国家进行社会主义革命和建设有极大的指导意义。

(3)弄清了各民族的精神文化生活特征。精神文化生活特征是反映民族特点的最重要的东西,它包括居住、衣着、饮食、婚姻、丧葬、交通、节日、庆典、信仰、禁忌等方面。20 世纪 50 年代中期，党和国家组织内蒙古、新疆、西藏、四川、云南、贵州、广东、广西八个少数民族社会历史调查组，对蒙古、藏、维吾尔、壮、苗、傣、彝、黎、景颇、佤、鄂伦春等族进行调查，参加调查的大批民族学工作者，把调查的重点放在各民族的社会形态方面，了解各族的精神文化生活，使党和国家获得了大量的有关民族精神文化生活的资料。这些资料对于执行党的民族政策和进行科学研究具有重要价值。

宗教信仰是反映民族的精神文化生活特征的一个重要内容。以这方面的研究成果来说，我国民族学研究工作者通过不断的调查，弄清了我国少数民族的信教情况。佛教、伊斯兰教、基督教和原始宗教是我国少数民族信仰的宗教的几种类别。信仰佛教的主要有藏族、蒙古族、土族、裕固族、傣族和一部分白族、佤族；信仰伊斯兰教的有回族、维吾尔族、哈萨克族、柯尔克孜族、塔塔尔族、乌孜别克族、塔吉克族、东乡族、撒拉族、保安族；而苗、彝、景颇、拉祜、佤、傈僳、怒、独龙、纳西、京等族的一部分人则信仰基督教或天主教；鄂温克、鄂伦春、赫哲、锡伯、满、达斡尔等族的一部分人信仰萨满教；俄罗斯族信仰东正教；彝、白、藏、纳西、瑶、布依、壮、独龙、怒、佤、布朗等众多民族中的一大部分群众，则信仰原始的多神教。以上各族的信教情况除有专书出版之外，任继愈教授主编的《宗教词典》还将《中国部分少数民族宗教》列为一个独立的部分进行了反映。

总而言之，新中国成立三十五年来我国民族学工作者在民族学研究方面所取得的成就是巨大的，通过民族识别，为党和国家实行民族区域自治政策创造了条件；通过对少数民族新中国成立前的社会性质的调查研究，为进行民主改革、社会主义改造和在民族地区进行四个现代化建设提供了科学的依据和有益的材料；通过对各民族精神文化特征的研究，为增进各民族之间的相互了解和发展平等、友爱、团结、互助的社会主义民族关系做了有益的工作。我国民族学工作者的研究成果，对于丰富人们对历史规律的认识，对于加强历史唯物主义的学习，对于推动整个社会科学的研究，是有重要意义的。

三

新中国成立以来民族研究工作的成就，还突出地反映在少数民族历史的研究方面。

少数民族历史的研究是直接为我国民族工作服务的，它的研究成果有助于各族人民的团结合作，有助于对各族人民进行爱国主义教育，有助于各族人民向共同的目标迈进。1956 年，党和国家提出必须及时地、迅速地完成对我国少数民族社会历史情况进行深入调查研究的任务。当时组织的民族调查组，在着重调查少数民族现状的同时，对少数民族的历史资料进行了广泛的收集。到 1958 年时，所收集到的历史资料就有数千万字。20 世纪 60 年代初，我国民族史学工作者利用这些资料，分别为各少数民族编写"简史""简志"。由于林彪、"四人帮"的破坏，这项工作被迫停止下来，直到粉碎"四人帮"以后，特别是党的十一届三中全会以后，这项工作才得到全面的恢复。目前，少数民族"简史"的工作，已纳入国家民委关于出版"民族问题五种丛书"的计划，而且，已有一些族的简史正式获得了出版。不用几年的工夫，各少数民族的简史就会出齐。

新中国成立以来各少数民族历史的研究，除编写"简史"之外，主要围绕以下问题进行，并在这些方面取得了成就。

一是对历史上中国各民族关系史的研究，包括汉族和各少数民族历史上的关系和各少数民族间历史上的关系的研究。1982 年，国家民委政策研究室精选新中国成立以来我国学者的重要论文，编辑出版《中国民族关系史论文集》，扼要地反映了在这方面所取得的成就。我国学者的研究证明：尽管在我国历史上有过民族矛盾、民族冲突、民族战争，国家不断出现过统一或分裂的局面，但团结友爱友好的一面是我国民族关系史的主流，而斗争的一面只是支流。各民族间互相影响、互相吸收、互相依存，共同缔造和发展了我们伟大的统一的多民族国家。在近代以来我国人民反对帝国主义、封建主义的斗争中，各族人民同命运、共呼吸，在斗争中进一步发展了血肉不可分割的关系。在新民主主义革命中，各族人民团结在中国共产党的领导下，与帝国主义、封建主义和官僚资本主义进行殊死斗争，共同建立了中华人民共和国。蒙古族、回族、壮族、苗族、满族、朝鲜族、黎族等民族的人民，早在第一次国内革命战争时期就做出了重要的贡献。第二次国内革命战争时期，各少数民族支持了革命根据地的建立。如畲族在江西、福建支持了中央苏区的建立，土家族、苗族支持了湘鄂西革命根据地的建立，壮族、瑶族支持了左右江革命根据地的建立，回族等族支持了陕北革命根据地的建立。1935 年红军长征，经过贵州、云南、四川的苗、侗、布依、彝、藏、羌等少数民族地区，这些民族大批参军参战，建立革命政府，使红军取得了长征的胜利……民族关系史的研究成果，用具体的史实和科学的结论，促进我国各族人民的团结合作，使民族之间的团结友好关系、革命关系获得新的不断的发展。

二是对各民族本身的政治、经济、文化史的研究。从古代民族到现代民族，我国民族史学家都把对其政治、经济、文化史的研究放在自己研究工作中的首位。他们不但进行大规模的社会历史调查，探讨新中国成立前各民族的社会性质及其富有特点的政治、经济、文化情况，而且也研究历史上的各族，如对匈奴、鲜卑、吐蕃、维吾尔、满、羌、氐、戎、滇、夜郎、爨、僰、僚、濮等古代民族在有关历史时期的社会性质及其政治、经济、文化进行研究，拿对 6—9 世纪"吐蕃"的社会性质的研究来说，我国民族史学工作者在文献资料、考古资料及传世文物资料非常缺乏的情况下，进行了探索，得出了三种不同的结论：一种认为是奴隶社会；另一种认为是封建社会，在吐蕃以前是奴隶社会；再一种认为是封建社会，在吐蕃以前是原始社会。经过不断研究和争鸣，主张其是奴隶社会的人越来越多，他们的研究也越来越使大多数人信服。又如对于吐蕃的政治、经济、文化制度，如对赞普松赞干布设官授职、建立军政区域、创造文字、制定法律、统一度量衡等也进行了研究，并获得了可喜的成果。这些成果表明，吐蕃时藏族社会获得了相当大的发展，其发展的一个重要原因，是吐蕃与唐朝的接触日益频繁，藏汉关系友好。公元 641 年松赞干布与唐文成公主联婚，公元 710 年，墀德祖赞又与唐金城公主联婚，两位公主将唐朝的高度文明和中原地区的先进生产技术传入吐蕃，使吐蕃的社会经济获得迅速的进步。又如对伊斯兰教与回族形成问题的研究，我国学者有三种不同的看法：第一种看法认为伊斯兰教在回族形成时期曾起到纽带作用，在反抗大民族主义压迫的斗争中起过旗帜的作用，有时又受到它的制约而阻碍民族的发展；第二种看法认为伊斯兰教对回族形成和发展起了决定性的作用，因为回族的产生固然有类似于其他民族的一般规律，但还有它自己的独特之处，这表现在伊斯兰教不仅是一种宗教信仰，而且还作为一种社会制度、生活规范和文化体系渗透到回族人民生活的各个方面，回族不能完全摆脱伊斯兰教而单独存在；第三种看法认为伊斯兰教对回族发生的影响，离不开经济和政治的原因：经济和政治原因是民族形成的基础，宗教只不过在这个基础上加强了它的作用。

三是对少数民族史料的发掘、整理和研究。记载我国少数民族历史的资料十分丰富，有用汉文记载的，有用少数民族文字记载的。以汉文记载的资料来说，早在远古时期，甲骨文字、铜器铭文就记载过少数民族的史事。在"二十四史"中，也都有大量的关于少数民族情况的记载。新中国成立以来，我国民族研究工作者对汉文史籍中有关少数民族的资料，进行了系统的、初步的整理，如他们把散见于史书、政书、类书、方志、游记、笔记诗文中有关少数民族的资料收集起来，编成专书。有的对记载少数民族的专书，则进行系统的校刊和注释，写成供研究使用的专著，如已故向达先生的《蛮书校注》就是这样的一种专著。像这样的专著，在新中国成立以来出版的数量是很多的。关于少数民族文字史料的整理、发掘，新中国成立以来也取得了巨大的成绩。蒙古、藏、维、满、彝、纳西、傣等许多少数民族，都有自己文字记载的史书或史料，这些史料是研究民族史的重要依据。为发掘、整理和研究这些史料，我国建立了许多专门的研究机构，拿西南地区的情况来说，除早年建立的贵州毕节民委彝文翻译组外，近几年还建立了丽江纳西东巴文化研究室和楚雄彝族文化研究所等机构。毕节民委彝文翻译组翻译整理出《西南彝志》等许多老彝文的专书，为彝族历史的研究做出了贡献。楚雄彝族文化研究所出版了《彝文文献译丛》，丽江纳西东巴文化研究室翻译了大量的东巴经，西藏自治区社会科学院的藏文翻译机构翻译了大量的藏文史料。

　　总而言之，新中国成立以来在少数民族历史研究方面取得的成就是巨大的。它充实了中国通史的内容，使中国通史不再仅仅是汉族通史，而变成了以我国各民族的共同的历史为内容的真正的中国通史。

（原载《思想战线》1984 年第 5 期）

有计划的商品经济下的民族关系

有计划的商品经济，正以自给、半自给经济和城市产品经济所不能抗拒的力量，在我国所有民族地区蓬勃发展起来。我国社会主义的民族关系，以商品经济的发展为转机，正以前所未有的姿态，跃向一个新的发展时期。现就它的主要特点做如下粗浅的论述。

一 民族平等的实行正从政治领域转向经济领域

实现各民族之间的平等联合，是马克思主义解决民族问题的一个基本的观点。其内容不仅包括要实现政治上的平等，也包括要实现经济文化上的平等。恩格斯指出："平等不应当仅是表面的，不仅在国家的领域中实行，它还应当是实际的，还应当在社会的经济的领域实行。"[1] 列宁说："在民族问题上，夺得国家政权的无产阶级的政策绝不像资产阶级民主制那样从形式上宣布民族平等"，而必须"帮助以前受压迫的民族的劳动群众达到事实上的平等"。[2] 我国新民主主义革命胜利后，曾立即废除历史上的民族歧视制度，宣布各民族不分大小

---

① ［德］恩格斯：《反杜林论》，《马克思恩格斯全集》第 20 卷，人民出版社 1971 年版，第 116 页。

② 《俄共（布）党纲草案》，《列宁选集》第 3 卷，人民出版社 1962 年版，第 760 页。

强弱，在政治上一律平等，通过在少数民族地区进行的民主改革和社会主义改造，各少数民族在政治上经济上进一步得到发展，随着民族区域自治政策的实行，各民族在政治上又实现了当家作主的权利，可以说我国各民族在政治上的平等早在新中国成立初期就得到了实现，但经济文化上的事实上的不平等却还没有消除。因此，第六届全国人民代表大会第二次会议通过的《民族区域自治法》强调指出，要诚心诚意积极帮助少数民族发展经济文化，逐步消除历史遗留的经济文化事实上不平等的问题。

怎样才能尽快地解决这个问题呢？靠"穷过渡"行吗？不行！靠"输血"行吗？也不行！在历史的现阶段，唯一的办法只有在全国，特别是在少数民族地区充分发展社会主义的商品经济。

党的十一届三中全会以来的实践表明，发展有计划的商品经济，是使各民族尽快摆脱贫困的必由之路，也是使各民族走向完全平等的必由之路。这是因为，商品经济能摧毁自给、半自给的自然经济，打破民族和民族、地区和地区之间的壁垒，使富裕民族和贫困民族、发达地区和不发达地区发生密切的经济联系，在经济上形成一个有机的整体，从而使各民族的经济发展水平逐步接近起来，并最终一致起来。

不久前，笔者去楚雄彝族自治州的武定县调查，发现这样的变化正在那里出现。该县是一个有汉、彝、傈僳、苗、傣、回、哈尼（罗缅）、壮（仲家）八种民族聚居的贫困县，由于几千年来的自然经济的分割，各民族之间很少有经济上的往来。即使在同一个民族之内，也因自然经济的作用而形成许多独立的不同支系，如彝族有红彝、黑彝、白彝、乾彝、密岔、明朗、罗武、凉山八个不同的支系之分，各支系之间的经济联系也十分微弱。自党的十一届三中全会后，县里实行农村家庭联产承包责任制以来，各民族在经济上发生了三个巨大的变化：一是自给、半自给经济向有计划的商品经济转化；二是传统的山地、半山地原始农业向现代化农业转化；三是自种自吃的自然农户向商品农户转化。随着这三大转化的发生，全县初步形成了有明确分工的五个大的商品生产自然区：一是干热河谷粮经区，以傣族、彝（乾彝）族聚居的猛果河、金沙江谷地的部分乡为主，利用属于南亚热带热量充足、降雨稀少的气候特点，发展甘蔗、双季稻和柑橘等喜热作物的商品生产；二是温暖坝子粮、烟、油区，以汉、回和部分彝、苗族聚居的近城、近城镇、九厂三个区镇的大部分乡为主，利用属于北亚热带热量较足、年降雨量多、水资源丰富的特点，发展以粮食、烤烟为主，粮、油菜结合的商品生产；三是温凉高坝粮烟区，以汉、彝、哈尼（罗缅）等族聚居的插甸、高桥、猫街三个区为主，根据其属南温带水利条件好，大春前后热量不足，两头易受低温，荒山及沟河埂水域面积大的特点，发展粮食、烤烟、水果、板栗、肉奶牛、鸡、鸭、蜂、兔、鱼、蚕等的商品生产；四是温凉半山旱粮、林、果、牧区，以插甸、猫街、田心、东坡、万德、己衣区部分彝、苗族聚居，处于坝子、河谷边缘分散地的乡为主，根据气候冷凉、土地分散、森林资源丰富、雨热同季的特点，发展旱粮、林、果、牧业的商品生产；五是冷凉高山林木区，以插甸、发窝、猫街、白露、万德、尼嘎古、环州、己衣八个区彝族聚居的高寒山乡为主，根据海拔高、坡地多、热量不足，但山地广阔、森林和牧草资源丰富的特点，发展以林为主，林、牧结合的商品生产。处于各个经济区的各族商品农民和城镇自主经营的民族工商企业者，在价值规律、自由竞争等商品运动内在规律的支配下，在与社会主义商品经济相适应的价值观念、市场观念、竞争观念、时间观念、效率观念、利润观念、人才观念、信息观念等新观念的作用下，打破了民族和民族支系的壁垒，打破了不同地区之间的界限，把自己的生产与全州、全省、全国乃至国际的市场挂起钩来，不同程度地通过商品生产和商品交换而逐步走上了脱贫致富的道路。彝、苗、傈僳等族农民生产的大白芸豆，粒大质细无斑点，通过外贸部门远销日本等国，生产者获得了较高的经济效益。白露区有个张家乡，全乡 298 户，2016 人，其中彝族 1650 人，苗族 105 人，傈僳族 21 人，1983 年以来种大白芸豆，当年种 300 亩，总产 4 万公斤，收入 3800 元，1984 年种 430 亩，总产 6 万公斤，收入 6.4 万元，1985 年种 680 亩，总产 8 万公斤，收入 9.76 万元；1986 年种 804 亩，总产 16.24 万公斤，收入 194480 元。有个叫李家村的黑彝族队，1986 年种 160 亩，总产 17060 公斤，收入 20472 元，户均收入 682 元，人均 1.49 元。其中有一户户主叫李世能，全家劳动力 2 人，1985 年种 5 亩，产 700 公斤，收入 840 元，1986 年种 7 亩，产 1000 公斤，收入 1200 元，从而过上了富裕的日子。

除了搞大白芸豆的商品生产之外，种植烤烟也是一项重要的商品生产。如白露区以佽佬乡的中村是一个黑彝族聚居的山村，全村 46 户，共 198 人。1986 年全村种烤烟 110 亩，每亩平均产 150 公斤，上、下等烟平均共收入 19198 元，户均 413 元。其中李文仕家 2 人劳动，种 3 亩，收入 1300 元；李文凯家 2 人劳动，种 2.5 亩，收入 1100 多元；李文海家 3 人劳动，种 3 亩，收入 1400 多元；李文宪家 2 人劳动，种 2 亩，收入 1100 元；杨家全家 4 人劳动，种 4 亩，收入 1200 元；李成美家 3 人劳动，种 2.5 亩，收入 1000 元；李成吉家 2 人劳动，种 2 亩，收入 1000 元。种烟收入在千元以上的户比较多。这个乡的中村、大村、马桥村、新寨村共有 140 户，全是黑彝族，除种烤烟进行商品生产之外，还因地制宜，利用地近元谋这个冬早蔬菜基地县的方便条件，用野生竹编竹篮卖给元谋的菜农作蔬菜远销的包装器具，每年可收入 3 万元。山区彝民进行商品生产致富之后，除提高了生活水平之外，还将剩余的钱拿来供子女上学，这使山区劳动者的素质得到提高。我在以佽佬乡小学访问了几个彝族小学生，都说他们上学的钱是靠家里种烤烟得到的收入。其中一名叫苏建华的小朋友告诉我：他家共 4 人，父、母、妹妹及他自己，1985 年、1986 年他家种烤烟收入都为 800 多元，父母亲用这钱来供他和妹妹读书。还说，父母亲告诉他，他家祖祖辈辈都是吃苞谷、洋芋，自种烤烟以后，有钱买米吃，就不再吃苞谷、洋芋了。

因海拔高、气候冷凉而不能种烤烟等经济作物的高寒山区的少数民族，也利用山区有利的自然条件，打破自给自足的自然经济，而走上脱贫的新路。法窝区阿庆争乡有五个苗族村，世世代代不会搞商品生产，这几年观念改变了，村村养母猪繁殖仔猪供应市场。全乡181户，1986年共养185头母猪，每户平均一头至二头，从而使生活获得了迅速的改善。万德区盛德乡有185户，1027人，其中彝族946人，傈僳族64人，汉族17人，1986年全乡养羊3156只，户均19只，人均3.4只。其中大咪支村（乾彝族村）57户，293人，1986年共养羊967只，户均19只。其中一户户主叫傅文开，1986年养羊130只，养黄牛5头，当年卖了30只羊，2头牛，收入1500多元。全乡通过发展商品畜牧业而改变了贫困的面貌。

目前，各族都有一批在商品经济上闯新路的专业户、重点户涌现出来。他们的活动不但改变着各民族封闭性的落后的经济生活，而且还改变着他们的文化生活。商品经济发展的结果，使这个县的各少数民族与汉族之间的经济差距缩小了，共同富裕、共同繁荣的步伐加快了。张家乡、以倮佬乡、万德区盛德乡等彝族、苗族、傈僳族搞商品农牧业的例子说明，由于商品经济的发展，他们在经济生活上不但与坝区的汉族农民进入了一个同等的平台，而且还超过了他们。这些村子所发生的变化，可以说是在有计划的商品经济条件下，我国民族平等由政治领域转向经济领域的变化的一个缩影。这个县的山区少数民族，目前普遍流行着赞扬农、牧、林副业产品商品化的一句佳话："人在高山住，吃的是大白米。"这话也能说明当地汉族与少数民族正逐步消除在主粮上历史上遗留下来的不平等的现实。

有人担心由于社会主义商品经济的发展，后进民族竞争不过先进民族，这必然会拉大少数民族与汉族之间的固有差距，扩大他们在经济上存在的事实上的不平等。这个县的事实证明，这种担心是没有必要的。由于商品经济具有沟通富裕民族和贫困民族、发达地区和不发达地区以及把民族地区的资源优势变成经济优势的本能属性，尽管在某一特定的历史时期也可能会出现这种拉大差距的情况，但从发展的观点来看，最终的结果绝不是扩大它们之间的差距，而是把它们的差距缩小到零。这在国外发达的多民族资本主义国家已经得到证明。我到日本访问，曾了解阿伊努族与主体民族的情况，结果发现这两个民族之间历史上存在的经济差别早已经消失。充满弊端的资本主义商品经济尚能如此，那社会主义商品经济就更不会使各族之间的经济差别最终保持差距。

二 各民族之间的团结更加紧密

民族是团结还是不团结，历来是一个多民族国家治乱兴衰的主要标志。毛泽东同志指出："国家的统一，人民的团结，国内各民族的团结，这是我们的事业必定要胜利的基本保证。"[①] 纵观我国西周以来数千年的民族关系史，我们发现这样一个规律，每当商品经济向上发展的时候，民族就团结，国家就由乱而治，就出现空前的统一，每当商品经济遭到破坏和削弱的时候，民族关系就紧张，民族战争、民族分裂就频繁。战国秦汉时期是我国商品经济大发展的第一个黄金时期，也是我国各民族和国家第一次出现大团结和大统一的时期。秦皇、汉武之所以能够建立国家统一和民族团结的大业，重要的一个原因就是当时的商品经济有了一个巨大的发展。这个时期出现的"富商大贾"或专业户，既经营采矿、冶铁、煮盐等工业，又经营商业；既

---

① 《毛泽东选集》第 5 卷，人民出版社 1977 年版，第 363 页。

搞列肆贩卖，又搞"周流天下"的远程贸易；既从事内地的一般贸易，又从事边疆地区的民族贸易。如蜀人卓氏、山东人程郑在今四川邛崃（临邛），"即铁山鼓铸"，"倾滇蜀之民""贾椎髻之民"，"富至僮千人，田池射猎之乐，拟于人君"，梁人宛孔氏，在南阳"大鼓铸……因通商贾之利……家致富数千金，故南阳行贾尽法孔氏之雍容"。鲁人曹邴氏"以铁冶起，富至巨万。然家自父兄子孙约，俯有拾，仰有取，贳贷行贾偏郡国"（《史记·货殖列传》）。对于当时商品经济大发展的形势，滋生于自然经济土壤上的统治阶级十分惧怕，他们将商品经济视为"万恶之源"，采取"重农抑商"的政策，将商人视同罪犯，加以严厉的打击。三国魏晋南北朝时期，商品经济被搞得若有若无，遭到第一次的大摧残和大破坏，就在这个时候，我国出现了民族团结和国家统一的第一次大破坏和大分裂。唐朝是商品经济大发展的第二个黄金时期，也是我国各民族第二次出现大团结和大统一的时期。唐朝商品经济的发展水平超过了战国秦汉时代。京城长安有东西两市，各二百二十行，"四方珍奇，皆有积集"（宋敏求《长安志》卷八）。洛阳南市有"一百二十行，三千余肆，四壁有四百余店，货赂山积"（徐松《唐两京城坊考》卷五）。边疆少数民族以马匹、牦牛、皮革、药材和各种土产，向汉族交换盐、铁、酒、茶、粮食、丝绸、布帛、陶瓷及珠玉饰品。历史上著名的茶马贸易即始于此时。西北、西南的一些少数民族，"以其腥肉之食非茶不消，青稞之热非茶不解"①，而离不开和汉族交易茶叶。"番人嗜乳酪，不得茶则困以病，故唐宋以来夕行以茶易马法，用制羌戎"（《明史·食货志》），说明茶马贸易是维护不同民族的团结和国家统一的一项政治性贸易。公元754年（天宝十三载）"安史之乱"爆发，社会经济遭到严重的破坏，加上统治者对黄巢农民起义军的血腥镇压，商品经济荡

---

① 芈一之编著：《青海地方史略（征求意见稿）》，引《滴露漫录》，中共青海省委统战部民族处印，第76页。

然无存。战争使我国历史上的商品经济遭到了第二次的大破坏。在此后的历史发展中，尽管商品经济在宋朝有所恢复并获得了进一步的发展，但始终未能恢复和发展到能够维护民族团结和国家统一的地步，所以在唐末至元朝的时期中，我国又出现了五代十国的大分裂和宋辽、宋夏、宋金、宋元之间大规模的民族战争，这是我国历史上发生的民族团结和国家统一的第二次大破坏和大分裂。明清时期是商品经济大发展的第三个黄金时期。当时出现的商品生产和发达的商品流通，导致了资本主义的萌芽。因此，在明清时期，我国又出现了第三次民族的大团结和国家的大统一。总而言之，我国封建社会中出现的三次民族大团结和国家的大统一都是由于商品经济的大发展所决定的，而此间出现的两次大破坏和大分裂，则是由商品经济所遭到的大摧残和大破坏而引起的。马克思主义经典作家指出："在古代，每一个民族都由于物质关系和物质利益（如各个部落的敌视等等）而团结在一起。"① 进行商品生产和商品交换是使民族的物质利益得到满足的一种最方便的办法，它比发动战争进行掠夺要容易得多，无须付出血的代价。因此，商品经济的发展能够促进民族的团结。

新中国成立以来，由于实现了政治上的平等，我国各民族在平等基础上实现了空前的团结。但是，在自给、半自给经济的束缚下，其团结的紧密程度是有限制的。只有在自给、半自给经济为社会主义商品经济逐步取代的今天，限制才得以消除，团结才比以前更加紧密。

国家领导人说："商品经济的充分发展，是社会主义经济的不可逾越的阶段，在社会主义这个历史时期，尤其是在像我们这样一个经济不发达的社会主义国家，要实现生产的高度社会化和现代化，迅速发展社会生产力，不断改善人民的物质文化生活，必须大力发展商品

---

① 《德意志意识形态》，《马克思恩格斯全集》第3卷，人民出版社1971年版，第169页。

经济。这是不以人的意志为转移的客观规律。"① 关于这个规律，马克思、恩格斯在他们所处的时代是无法预见到的，因此，他们曾经认为在生产资料归全社会占有的基础上，商品和货币将从社会上消失。斯大林在《苏联社会主义经济问题》一书中论述了在社会主义条件下还有商品生产的问题，但认为社会主义条件下的商品生产不是商品经济，生产资料归国家调拨只有商品的"外壳"，不是商品。在十一届三中全会以前的很长一段时间中，我国的经济基本上是受斯大林的这个观点支配的。这不但影响了我国社会生产力的发展，而且影响了我国社会主义民族关系的发展。在国家"调拨"只有商品"外壳"这个思想的指导下，过去对少数民族生产的商品（包括山货和土特产），从来没有按价值规律办事，而是搞指令性的统购、派购，以不等价交换进行调拨，提供给汉族地区作为工业原料。而以少数民族地区的原料所生产的工业品，又以数倍于原料的产品价格返回民族地区，使民族地区的原料"优势"无法变成经济优势。其结果是使民族地区的经济发展长期缓滞不前，民族地区的贫困落后面貌长期得不到改变。这不能不使我国的民族团结事业受到影响。党的十二届三中全会做出社会主义经济就是在公有制基础上有计划的商品经济的新论断。在这个新论断的指导下，我国的经济生产和生活，一切按有计划的商品经济所必须遵循的经济规律办事，并按这个新的论断改革统得过死、管得过多、不讲价值规律的旧经济体制，变革一切不符合有计划的商品经济发展要求的思想观念和规章制度，从而使我国各民族的经济得到了迅速的发展，同时使民族关系也得到了新的调整。我国各民族今天出现的更加紧密团结的社会主义民族关系，是改革所带来的。它实际上就是有计划的商品经济使汉族和少数民族的经济走上了共同发展和共同繁荣道路的反映。

---

① 《关于第七个五年计划的报告》，1986 年 3 月 25 日在第六届全国人民代表大会第四次会议上。

三　民族之间的互助更加广泛

随着社会主义商品经济的发展和经济体制改革的深入，我国各民族的所有制结构发生了巨大的变化：一是单一的公有制结构变为以公有制为主体的多种所有制结构，其中包含少量非社会主义的所有制因素；二是所有制形式的等级阶梯已经改变，开始形成以公有制为主体的多种经济形式长期并存的格局；三是全民、集体两种公有制形式出现了多样化的发展，全民所有制中有了企业所有制和个人所有制因素，集体所有制中有了个人所有制因素；四是集体和全民所有制内部的结构，也发生了很大的变化，农村集体经济已经实现了所有权与经营权的分离，全民所有制经济内部也正在进行着适当的分离；五是产生了新的所有制形式——不同所有制联合以及中外联合的联合经济。

与所有制的变革相联系，汉族地区的各种所有制经济，正以各显神通的竞争姿态去打开各少数民族地区的资源宝库和劳动力宝库，与少数民族的各种所有制经济发生密切联系，或建立生产经营性质的联合体；少数民族出于发展本民族经济的强烈愿望，也积极采取从汉族地区引进资金和技术的措施，以变本民族地区的资源优势为经济优势。因此，汉族与少数民族之间的相互帮助、相互信任、相互合作正在加强起来。以同种所有制之间和不同所有制之间的经济联合为转机，各民族之间的互助正在向纵深发展。

拿武定民族地区的情况来说，这里的矿产资源十分丰富，铁、铜、铅、锌及大理石、芒硝、石膏的储量大，品位高，但本县只具有对大理石、芒硝、石膏等矿的土法开采能力，铁、铜、铝、锌的开采都需要从汉族地区引进资金和技术。县里采取各种措施，与省内外的钢铁工业基地进行联营或挂钩，从而扩大了铁矿的开采。同时还向上海等东部发达地区的中心城市谋求多种形式的协作，借助汉族的先进技术和经济力量来开发本地区的各种资源。如果说在这以前民族之间的互助，主要侧重于革命斗争，如取消民族压迫制度、进行废除前资本主义剥削制度的民主改革和完成社会主义改造等方面的话，那么今天则深入能源、交通、通信、原材料等经济、技术和文化与智力开发等多方面了。这种互助是随着改革和商品经济的发展而加强的。由于它是建立在共同的物质利益基础之上的互助，所以是最为广泛和最为深入的互助。

新中国成立初期，云南和其他省（区）的一些后进民族，在汉族等一些先进民族的帮助下，完成了跨越几个社会历史发展阶段而直接进入社会主义的过渡，从原始民族一跃而为社会主义民族。可以预料：今天越来越广泛深入的民族互助，一些后进民族也将迅速完成跨越几个社会生产力发展阶段的飞跃，而跻身现代化民族的行列。

以上是关于有计划的商品经济下我国社会主义民族关系出现的一些新特点。从这些特点可以看出，社会主义商品经济对社会主义民族关系的发展起着重要的促进作用，它是社会主义民族关系赖以存在的经济基础。那种把商品经济视为破坏民族关系的洪水猛兽的观点是十分错误的。当然，我们这样说并不是要把商品经济理想化。应该指出：社会主义商品经济虽然是以生产资料公有制为基础的，是实行按劳分配原则的，是有计划有控制的，但它仍然具有商品经济的一般属性，支配它的运动规律的，仍然是包括价值规律在内的商品经济运动的规律。它在经济生活中某些固有的盲目性和自发性仍然还会反映出来。与此相关联，排斥国家计划的观念、片面追求利润、"一切向钱看"的观念、损人利己的观念、弄虚作假的观念等，还会导致民族利己主义的产生，引起新的民族矛盾和冲突，最终破坏社会主义的民族关系。因此，在强调发展有计划的商品经济的时候，不能放松社会主义精神文明的建设，要用正确的社会主义商品经济观念，用共产主义的理想来教育各民族的人民，使他们自觉克服上述的不正确观念，以防止民族利己主义的产生。

当然，对于一些至今尚没有商品经济和商品经济观念落后的后进民族来说，当务之急不是要防止商品经济的消极作用，而是要对他们进行商品经济的启蒙教育，帮助他们把商品生产和商品交换认真地开展起来。

还应该指出，在有计划的商品经济向前发展的时候，如果碰到少数民族商品经济与汉族商品经济之间的矛盾，一要按商品经济规律办事，二要多照顾少数民族，正如列宁所说："对少数民族要多让步一些，多温和一些，比让步不够、温和不够要好些。"[①] 只有这样，才能把少数民族地区的商品经济尽快发展起来，使社会主义民族关系的上述新特点得到更大的发扬。

1986 年 8 月 17 日夜

（原载《民族论丛》第五辑）

---

① 《关于民族"自治化"问题》，《列宁全集》第 36 卷，人民出版社 1959 年版，第 632 页。

论促进山区民族经济开发
与社会进步

　　我国是一个多山的国家，全国 2000 多个县，大约有 56% 分布在山区和半山区，全国 40% 的耕地为山地，95% 的森林为山地林，35% 的人口为山地人口，90% 以上的民族为山地民族。没有山区民族经济的发展和社会进步，我国社会主义现代化建设的蓝图就不可能实现。

　　山区经济发展指的是山区生产力的不断提高，经济增长超过了人口的增长，技术不断更新完善，现代技术渗透到工农业生产的主要领域，农业商品化不断提高，乡镇工业扩大，利润再投资成倍增长等；社会进步指的是更好的教育，更好的科技，更好的医疗保健，更好的营养，更好的住房，更好的精神文化生活，更好的管理，更好的安全与社会保障等。促进山区民族经济的发展，必须把山区民族经济的开发进一步纳入建设有中国特色的社会主义经济体系，实现平原经济与山区民族经济的互补共荣，以提高山区民族经济发展水平的各项指标。促进山区民族社会进步，必须以提高劳动者的文化科学素质和弘扬民族优秀传统文化为基础。促进山区民族经济开发和社会进步涉及的学科和问题很多，本文想就与这个问题相关的五个基本要素谈些不成熟的看法，以供研究者参考。

一 提高山地农业的成长和发育率

我国山区地域辽阔，天然资源极为丰富，利用自然资源创造财富，可以说是得天独厚的。但是，山区民族赖以安身立命的基础是山和地，我们所说的开发山区民族经济，指的主要是提高山地农业、林业和牧业的生产发展水平。而开发山地农、林、牧业，一是要继续改变某些民族（如苗、瑶、彝等）的以游动为特点的传统游耕、烧耕和狩猎的形态，使其变为定耕农、林、牧业。这一点云南宁蒗县彝族的经验值得注意。这里的彝族是 100 多年前从四川大凉山因打冤家而不断迁来的，迁来后多半未形成固定的定居点，游动很频繁，他们住的简陋的板片房就是因适应游耕而形成的。为了改变他们游耕的传统习惯，人民政府在他们中间推行定居、定业、定心的"三定政策"，并取得了显著的成效。在那里，我们看到一幢幢价值数万元的新式楼房取代了传统的板片房，山村农牧业兴旺，到处呈现定耕农牧业带来的繁荣景象。二是要开发山地地力，提高现有土地的使用价值和经济效益。山区不少民族其土地贫瘠，耕地不大固定，轮歇地较多，广种薄收。提高山地农业的发育率，重要的一环就是要采取各种措施，固定耕地，减少轮歇地，改良土壤，提高山地地力，增加单位面积产量。三是改变旧的生产方式，引进新的耕作方式和技术，促进农业水利设施及其他基础设施的建设。四是要扩大对内对外的开放，利用邻近坝区和城镇经济的辐射以及引进三资企业和市场，加速农业的商品化进程。从总的发展趋势看，山地经济将愈来愈依赖市场和平坝市镇经济，因此只有帮助山区各民族学会经营商品农业及经营传统的富有民族特色的手工艺品，如竹藤、草编制品、木、漆、雕刻、制陶、金银工艺等商品，山区经济才能得到发展。

二　大力恢复和保护生态，实现生产生活环境良化及生态经济效益的增长

　　水土不断流失，森林不断消失，山体不断滑坡，山地地力不断下降，正使山区各族人民陷于生存的困境。自然的财富是否可以"取之不尽，用之不竭"，关键在于人们有没有明确的环境保护意识，并能以之约束自己的行为。在生产力还比较落后的时代，大自然以人类的相对贫困为代价保持着自己的平衡状态。但近几十年来，经济发展的浪潮冲破了一切传统的堤防。乱砍滥伐森林和过量采伐森林被作为一种"靠山吃山"而致富的手段。但很少有人想到，人们辛辛苦苦挣来的那点"富足"毕竟不会长久，而永久受穷的厄运难免要降临。不久以前，我到金沙江上游的山区去考察，看到山区的宝库——森林，已经快要枯竭了。据说，仅中甸县所属的林场，每年木材采伐量便由1974 年的 500 亩猛增到 1980 年的 3000 亩。居民们私自砍伐的木材更难以统计。我们所到过的村子，各家的门前屋后都堆起一块块上好木质的栋梁之材。放眼四望，大凡一座城镇和一个村落的周围，都立着光秃秃的山岭，十分碍眼。有人指出，中甸的森林资源正面临枯竭的危险。多少年来抚育着中甸草原的纳帕海，在藏语中意为"森林之海"；流经中甸草原的纳曲河，意为"森林中的河"，但是如今在城垣四周，既看不到连绵的林带，也难寻见浩渺的碧波。由于大大小小的山峰都被剃了光头，纳帕海的水位逐年下降。"海"的姿容已荡然无存，只剩下成片的草甸、沼泽和面积不大的水泊供牛羊徘徊。森林破

坏现象甚至扩展到了雪线附近。在白马雪山丫口附近的冰山之下，也出现经利斧洗劫后残存的树桩、荒坡。横断山本来就山高坡陡，哪怕仅一小块植被剥离，薄薄的土层便会成片流失，最终形成寸草不生的石头山。当然，这样的情景不只在中甸如此，在我实地步行过的丽江高原的黑水、白水、大贝、鸣音等纳西族、彝族、藏族、傈僳族居住的山区，情况也是这样。因此，开发山区经济的第二个基本要点是必须大力保护和恢复山区良好的生态环境。方法有：一是要大力推进育林、造林、护林的运动，严禁毁林和一切破坏生态的行动；二是要对水源、水地、农地、牧地、林地、宅地、矿产用地等进行水土保持的处理，并对其合理规划利用；三是要限制发展那些可以导致生态破坏的工业，把实现生态保护和经济开发有机地结合起来。20世纪80年代初，国家在许多地方设立自然保护区大力恢复生态，效果十分显著，如在中甸，云南省人民政府先后设立哈巴雪山、碧塔海和纳帕海三个自然保护区，并采取了退耕还林、改良草场等一系列措施，从而促进了当地农牧业经济的发展。实践证明，开发山区经济，必须大力恢复和保护生态，实现生态经济效益的增长。

三　发展教育，提高山地各族劳动者的文化科学素质

教育的发展是经济发展、社会进步、人民生活水平提高的重要标志之一，也是反映少数民族社会地位是否提高的一个指数。开发山区经济的关键是要有各种不同的专门人才，而发展教育则是获得这些人才的途径。我国山区经济在全国有发展滞后的特点，之所以滞后，重要的一条就是因为少数民族教育发展落后。以云南省来说，在全省一

千多万少数民族人口中，只有居住在内地平坝交通沿线城镇的白、回、纳西、蒙古以及少数彝、壮等族，教育发展水平接近于汉族，其人口仅有 200 万人，其余的大都落后于汉族。特别是 20 世纪 50 年代以前基本上还处于原始氏族公社末期的傈僳、佤、景颇、布朗、普米、怒、德昂、基诺、独龙等族，处于奴隶制社会的小凉山彝族和高寒贫瘠山区的苗、瑶、彝等族，教育更为落后，有的民族长期保留着刀耕火种的原始耕作制度和刻木结绳记事的原始文化制度，青壮年几乎全是文盲，中小学生也只占本民族人口的 10%。因此，要开发山区民族经济，实现山区少数民族社会进步的各种目标，只有认真发展山区民族的教育事业。

发展山区民族教育，首先应该进一步改革不适应少数民族地区实际的教育体制，如修业年限应该适当放长。有专家主张：小学 7 年，大学 5 年，专科 3—4 年；入学年龄放宽，小学 7 岁，中学 14 岁，大学 21 岁，对特别后进的民族，还可以再放宽。我认为是可取的。

其次是要进一步培养山区民族师资。山区民族师资队伍量少质差，直接影响到山区民族中小学生的质量。有一个调查材料说，1982 年云南的临沧、西盟、孟连、沧源四县初等教育经费 500 万元，在编小学教师 3159 人，只培养出语文、算术两科及格的小学生 217 人，平均 2.2 万多元培养一个合格的小学生。有一种意见认为，这是由于少数民族的智力低下而造成的，这种看法是不对的。问题产生的真正原因是师资质量不高，小学毕业教小学，中学毕业教中学的不少，让不合格的教师去教智力合格的学生，当然培养不出合格的人才。因此，大力发展民族师范学校，并采用优惠政策，吸引外地教师到山区学校来工作，从数量和质量上解决民族师资队伍的存在问题，是开发山区，推进民族经济发展和社会进步的一项重要任务。

再次要制定有助于提高山区儿童入学率和巩固率的奖励政策和保障政策。可以在省、地、县、乡、村五级建立山区民族教育发展基金会，为资助及奖励山区民族学生筹措资金，解决山区民族入学率和巩固率低的问题。

最后是大力抓好职业技术培训和扫盲工作。这样的培训光靠政策是不行的，应该大量地依靠民间组织来进行。可以组织民间性质的山区民族技术培训与扫盲协进会来承担组织与推进工作。这样既可以培育山区民族自动、自立、自进、自强的精神，又可以遍地开花，大面积大范围地推进技术培训和扫盲。

四　促进山区民族生活方式的改变

山区民族的生活方式，在经济活动方面基本上是生计型的，自家生产，自家消费，没有市场的进入或不受市场的左右；在文化上是外来文化渗入甚少，传统的动态艺术舞蹈和歌唱等处于支配地位，并富有独树一帜的风采和特色；在习惯上保存较多自然宗教的色彩，常受多神观念的左右和制约。在衣着、饮食、居住、卫生、婚丧、生育等方面还保有一些不利于民族繁荣昌盛的传统陋习。促进山区民族社会进步的一个重要任务，就是要正面认定每一个民族优秀的传统文化，并加以保护和弘扬，使民族精神经久不衰。同时要引导各族人民改变落后生活方式，剔除不利于民族进步的陋俗。

衣着在山区民族社会生活中的作用不可忽视，即使是很贫困的山区民族，也很重视能反映其民族传统文化习俗的衣服及服饰。衣服有遮掩身体、克服自然环境中的严寒、酷暑等功能，也有区分男女性别、社会地位、身份职业及婚否的作用；服饰具有装点美化人体、显现民族特色的功能。根据上述功能，应倡导整齐、清洁、简单、朴素、寒暖适度、便于劳作和具有突出民族特色的衣着。

饮食方面，不少民族有酗酒的习惯，应厉行节酒。食物要因地制宜，注重营养和卫生。要改变就地而食、手抓而食的传统习惯，提倡置备桌椅、使用筷子，学习烹饪知识，使其在饮食方面获得进步。

改良住房是推进山区民族社会进步的一个方面。房屋有挡风雨、避严寒、防炎热、防潮湿等方面的功用。不少山区民族的传统住房为移动型，十分简陋。这些移动型的房屋是进行游耕农、牧、林业的产物，要改变山区民族的生活方式，就应将这种简陋的房屋改为定居式的房屋，提高其建筑的层次和水平，改变三代人共居一室及人畜共居、厨房与卧室合一的格局，使家庭卫生得到改善，生活环境得到美化。

在风俗方面，要培养勤劳风尚，树立良好的村风、民风，要禁止神汉及巫婆符咒治病的活动，防止早婚早育，实行计划生育，婚丧要力戒铺张浪费。

五　加强山区党政建设，建立山地
农业社会化服务体系

加强山区党政建设，是实现山区少数民族经济开发和社会进步的各项目标的根本保证。加强党政建设的核心是提高山区党员队伍和党政干部队伍的政治素质，牢固地树立起对社会主义和共产主义的信念，自觉坚持党的基本路线，全心全意为改变山区少数民族穷困状况而努力。乡政府应发挥在行政管理和经济开发中的协调作用，为山区开发和社会进步事业提供保障。

山地农业的社会化服务体系，指的是专业经济技术部门、乡村合作经济组织和行政组织为山地农、林、牧、副各业发展所提供的服务。乡村集体合作经济组织是建立社会化服务体系的基础，可以以此为根基，以专业技术经济为依托，以农民自办服务为补充，形成多种经济成分，多渠道、多形式、多层次的服务体系。要建立和健全山区乡级农技站、水利（水保）站、林业站、畜牧兽医站、经营管理站、气象站等机构，为山区提供以良种和技术推广、科学管理为重点的服务；供销合作社和商业、物资、外贸、金融等部门要提供生产生活资料、收购、加工、运销、出口产品以及筹资等为重点的服务；科研、教育单位应深入山区，开展人员培训和技术咨询为重点的服务。社会化服务的重点是为各族农民提供产前、产中、产后的综合配套服务。要支持农民自办、联办服务的组织，发扬"自动、自立、自强"精神。在一定意义上说，农民自办服务是最有实效、最有活力、最为主动的。因此可组织农民社会化服务协进会、农民专业技术协进会等农民自身的组织来推动自办服务。

（原载何耀华主编《山区民族开发与经济进步》，学林出版社1994年版）

《中国西南历史民族学论集》序

　　我从事中国西南历史民族学的研究，已有 27 个春秋。如何发挥这门学科在我国社会主义现代化建设中的积极作用，是我长期思索和为之奋斗的问题。

　　历史民族学是建设具有中国特色的社会主义所不可缺少的学科。这是因为，要使我们建设的社会主义具有中国的特色，就必须从中国各民族的特点出发，使之具有中国的民族特色。而我国各民族的特点是历史地形成的，只有充分了解各民族的历史实际，才能真正了解它们的特点，只有真正了解了它们的特点，才能把我们的现代化建设建立在适合于各民族特点的基础之上。

　　进行田野调查是进行历史民族学研究的一项重要方法。在已逝去的 27 年，特别是最近的 10 年中，我多次去云南、四川、贵州、西藏的少数民族地区，调查了解彝、藏、苗、傣等族的历史和现状。每次都坚持生活在少数民族中间，与他们打成一片，细致地观察他们的物质文化和精神文化生活，体验其民族心理素质，发掘足以反映他们历史、现状特点的材料，然后辅之以历史文献进行综合研究，提出个人的见解。力求在前人的基础上，使认识有新的深化，观点有新的建树，材料有新的发现，研究领域有新的开拓。

民族史研究是历史民族学研究的核心。这本论集中的许多文章，多数是关于民族史研究的。其内容包括凉山彝族奴隶制社会发展史、民族关系史等。近代时期以来，一些西方学者为适应帝国主义侵略和分裂我国的需要，发表过不少歪曲我国西南少数民族历史的论作，如有的称四川大凉山彝族是"独立罗罗""未曾受中国人征服过"，"凉山是在中华帝国腹心之地建立的国中之国"，有的虽然认为中央王朝征服过凉山，但说中央王朝对凉山的统治是"地地道道的外国统治"。由于诸如此类的谬说一直没有受到过批判，所以直到今天，一些西方学者还以它为圭臬之论。本书选收的《凉山彝族与祖国的历史关系》《驳独立罗罗论》《凉山土司考索》，就是针对上述错误论断而撰写的。《四川米易萨连〈俫俫安氏纪功碑〉质疑》一文，则是关于少数民族碑刻史料的考证的。这些文章发表后，曾产生过一定的影响。《凉山彝族与祖国的历史关系》一文，1982 年被国家民族事务委员会政策研究室选入其主编的《中国民族关系史论文集》。《四川米易萨连〈俫俫安氏纪功碑〉质疑》，曾受到已故民族史学家方国瑜教授和四川史学界的好评。方国瑜教授说：这篇文章以无可辩驳的史实，论证了该碑的族属是傣族而非彝族，从而纠正了法人亚陆纳（M. Iecommandant Dollone）在国际学术界延续了近一个世纪的错误结论。

民族学是历史民族学的另一个重要内容。随着我国社会主义现代化建设的蓬勃发展，国家日益利用民族学的成就，为发展社会生产力和推动社会的进步创造条件。1980 年，中国民族学学会成立大会在贵阳召开，大会为倍遭厄运的中国民族学恢复了名誉。我提交大会的论文《论凉山彝族的家支制度》，由学会推荐给《中国社会科学》杂志，经过委托专家评审，《中国社会科学》的中文版、英文版，以其作为民族学恢复名誉后该刊发表的首篇民族学论文而予以发表。可能是因为大家渴望恢复中国民族学的缘故，这篇文章亦受到未曾料到的好评。四川省凉山彝族自治州的民委主任列索兹哈说："其分析切合凉山实际，为正确认识和处理家支问题提供了理论根据和方法。"中国民族学会副会长、中国社会科学院民族研究所的胡庆钧研究员写道："本文引用资料准确扼要，归纳论点鲜明突出，从分析家支的蜕变中，明确了凉山彝族家支的氏族制度的实质及其历史地位，对家支的职能及所以能够长期存在的原因简单归纳，要言不烦，作者在前人基础上引申剖析，提出了自己独到的见解，一扫过去某些人对家支制度认识模糊不清的迷雾，因而做出了贡献。对今后'四化'建设中如何因势利导，与过去家支观念的残余进行斗争，此文也给人以很好的启发。此文根据恩格斯《家庭、私有制和国家的起源》所提示的思想分析问题，表现尤为出色。"著名民族学家、云南大学江应樑教授亦在他写的评论中说："这篇文章对几千年来直到'民改'前存在于凉山彝族社会中的家支制度进行了全面分析和系统探索，其论述不仅对于研究人类社会发展有重要的学术价值，更重要的是丰富和再一次验证了马克思主义的唯物史观。文章以凉山彝族原始家支的发生和蜕变为例，证实恩格斯做出的原始时代的父系氏族组织，可以在阶级社会的封建国家中保存下来的论断。同时论证恩格斯所说的劳动愈不发展，社会财富愈受限制，社会制度必然愈在最大限度上受血缘关系的支配。而彝族家支之所以长期具有生命力，在于没有足以使血缘团体导致瓦解的商品经济。这些论断都具有不同于他人的深一层的见解。"

当然，也有学者对这篇文章的重要论点，即用发展商品经济的办法来解决家支问题提出异议。一位民族学学者指出："在社会主义制度建立以后，解决少数民族前资本主义社会制度的残存问题，不能再走发展商品经济的老路，因为商品经济是资本主义的温床或同义语。"

他建议我"将这方面的内容删去，不然就需在政治上付出极大的代价"。我认为科学是对客观规律的揭示，任何具有科学价值的结论都是不能以人的意志为转移的，因而没有接受他的建议。1986年3月25日，国家领导人在《关于第七个五年计划的报告》中指出："商品经济的充分发展，是社会主义经济的不可逾越的阶段，在社会主义这个历史时期，尤其是在像我们这样一个经济不发达的社会主义国家，要实现生产的高度社会化和现代化，迅速发展生产力，不断改善人民的物质文化生活，必须大力发展商品经济。这是不以人的意志为转移的客观规律。"这个论断说明，我的结论是科学的，是经得起实践考验的。

我国西南是一个多民族地区，同时又是一个具有多种宗教存在的地区。其中，原始宗教的残存形态是研究宗教起源和宗教演化史的活化石，而研究宗教的起源及其信仰形式和内容的演化，同研究人类社会结构的演化及人类认识能力的演化密切相关，与民族地区的"两个文明建设"密切相连。因此，研究原始宗教不但具有科学理论意义，而且具有重要的现实意义。在我从事田野考察的过程中，我注重原始宗教资料的收集和研究，先后写出《彝族的图腾崇拜与宗教的起源》《彝族的自然崇拜》《试论彝族的祖先崇拜》《彝族社会中的毕摩》等论文，现在将这些论文选入论集，目的是要推动更多的人来进行这方面的研究。

1981年、1983年，我两次去拉萨，对藏族的历史文化遗产进行调研，筹备召开中国西南民族研究学会第一次会员代表大会及中国西南民族研究学会藏族学术讨论会。我为后一个会议起草了题为"为建立和发展马克思主义的中国藏学而努力"的开幕词，阐明了发展中国藏学的主张。自拉萨回昆后，我决定把藏学作为我进行西南历史民族学研究的一个新领域，并开始编写《藏汉民族关系史》，把它作为一门博士研究生的学位课程对三届五名博士研究生进行讲授。本书中

《从远古文化遗存看藏区与祖国内地的关系》《川西南藏族史初探》《试论古羌人的地理分布》《古代羌人与藏区土著居民的融合》，就是我在教学过程中最早写出的。尽管其论点和某些考证均还不够成熟，但由于它反映了我开始从事藏汉民族关系史研究时的状况，故除在个别篇的个别地方做了补充修改之外，也按原样收入这本论集。

中国西南是一个大的地域概念，就目前的划分而言，它包括川、藏、滇、黔、桂、渝五省区六方。在这个广大的区域之内，居住着34个少数民族。这些民族分属于藏缅、壮侗、孟高棉、苗瑶四个语族。而本书所收论文，虽涉及三个语族，但绝大多数是关于彝族的。之所以要把"中国西南"这样的概念作为书名的一部分，目的是想把我的研究进一步深入其他民族中去，以再编出本书的续集。在许多国家，历史民族学实际上等同于民族史学。在我国，民族史与民族学是两个不同的概念，且分属于两个不同的学科，前者属历史学类，后者则属于法学类，本书将二者合而为一，在含义上与国内外学者的用法是不同的。

本书所收论文虽然多数均已在公开出版的学术刊物上刊登过，但并非皆成熟之作，缺点错误在所难免，希望得到读者的指正。

（原载何耀华《中国西南历史民族学论集》，云南人民出版社1988 年版）

喜读王天玺的《中国模式论》

王天玺的《中国模式论》，已由红旗出版社出版。作者通过对英、法、美三次资产阶级革命和俄国十月革命的比较研究，系统总结中国共产党 90 多年来领导中国革命和建设的理论与实践，对当今世界政治家、思想家、经济家热议的"中国模式"进行了科学的论证，回答了"中国模式"是什么，它是怎样形成、发展的，它对中国和世界将产生什么样影响的问题。其视野开阔，涉论广泛，取材精审，论证深刻，感召力巨大，读后令人欣喜振奋。

"中国模式"是什么呢？作者说："中国模式"不是什么别的东西，就是中国人民走出来的社会主义道路。根据邓小平同志 20 世纪80 年代关于"中国革命就没有按照俄国十月革命的模式去进行，而是从中国的实际情况出发，农村包围城市，武装夺取政权。既然中国革命胜利靠的是马克思、列宁主义普遍原理同本国具体实践相结合，我们就不能要求其他发展中国家都按照中国的模式去进行革命"①，以及"世界上的问题不可能都用一个模式解决，中国有中国自己的模式"② 的论断，认为"中国模式"可用"一、二、三、四、五"来概括："一是一条道路，即中国社会主义的科学发展之路；二是实现两大目标，即实现中华民族伟大复兴和社会主义胜利前进；三是坚持党的领导，依法治国和人民当家做主三者有机统一，实现先进生产力、

---

① 《邓小平文选》第 2 卷，人民出版社 1994 年版，第 318 页。
② 《邓小平文选》第 3 卷，人民出版社 1993 年版，第 261 页。

先进文化和人民利益三者有机统一，注重改革、发展、稳定三者有机统一；四是实行四大制度，即人民代表大会制，共产党领导的多党合作制，民族区域自治和基层民主自治；五是建设五大文明，即建设经济文明、政治文明、精神文明、社会文明和生态文明。按照一即是多、多即是一的道理，五大文明又总归为社会主义文明，从而回到中国模式的本质。"

"中国模式"是怎样形成发展的呢？作者认为："中国模式"是人类文明的一种崭新的形态，人类从古到今的奴隶制、封建制、资本主义制的文明，都是建立在对抗基础之上的，而社会主义的文明，则是建立在和谐基础之上。作者不仅用中国共产党领导中国革命胜利的史实，说明"中国模式"的形成是千百万中国革命者用鲜血和生命凝结而成的，而且是用中国共产党以中国特色社会主义的道路、理论体系、制度，促成中华民族振兴的伟大实践，来说明"中国模式"的发展，是十多亿中国人民用勤劳和智慧创造出来的，也是在中国共产党人集体智慧的结晶过程中才得以发展的。正如党的十八大指出的："改革开放以来，我们取得一切成绩和进步的根本原因，归结起来就是：开辟了中国特色社会主义道路，形成了中国特色社会主义理论体系，确立了中国特色社会主义制度。"党的十六大以来，以胡锦涛同志为代表的中国共产党人，坚持以邓小平理论和"三个代表"重要思想为指导，提出"以人为本，全面、协调、可持续发展的科学发展观"。科学发展观是同马克思列宁主义、毛泽东思想、邓小平理论、"三个代表"重要思想一脉相承，又是与时俱进的科学理论，它集中体现中国特色社会主义理论，即"中国模式"理论的新发展。

"中国模式"对未来中国和世界有什么影响呢？作者在《中国模式的优越性》一章中做了精辟的论证。他说，这是由中国模式的优越性决定的。"中国模式"有利于中国，也有利于世界，衡量中国模式的优越性，最根本的标准是它给中国带来了什么样的利益，它对中国的社会进步有什么意义。因为中国社会主义发展模式给13亿中国人民带来了巨大的、切实的、长远的利益，并在人类历史上创造了一个给社会大众带来幸福安宁的崭新的文明形态，因此，它对世界人民、对人类进步也就具有重大意义。作者断言：社会主义文明必然代替资本主义文明。他的论证使我们想起马克思在《资产阶级革命和反革命》一文中所说的一段说："1648年革命和1789年革命，并不是英国的革命和法国的革命；这是欧洲范围的革命……它们宣告了欧洲新社会的政治制度。当时资产阶级的胜利意味着社会制度的胜利。……这两次革命不仅仅反映了它们发生的地区即英法两国的要求，而且在更大程度上反映了当时整个世界的要求。"应该说任何进步的社会制度和社会文明，都是具有世界意义的，但"中国模式"所建立的社会制度和社会文明对世界的意义，则是其他进步制度和社会文明所不能比拟的。

　　总而言之，《中国模式论》言之凿凿，言简意赅，是对中国特色社会主义进行系统研究的一大成果。它的出版是我国和世界理论界的一大盛事。

就孙光龙总顾问修订
《云南大百科全书·历史卷》
首批送审样条致孙老

孙老：

您好！拜读您对 25 条送审样条的修订稿，深为您的科学精神和严谨的学风所感动！我谨代表历史卷的全体编撰者向您致以崇高的敬意。您的修改意见，我们已进行认真研究和采纳。现将各位编者的反馈意见呈上，再请您酌定。

关于我写的"赛典赤治理云南"条，有以下几点请教。

一、将此条改为"赛典赤·詹思丁"的参见条不妥。赛典赤是元朝重臣，他自随成吉思汗征战到去世，共 58 年，在云南的时间仅 6 年。宋嘉定十四年（1221 年）蒙古军攻下布哈拉时，他随父率骑兵千人归附成吉思汗，充任宿卫，随从征战。窝阔台时（1229—1241年）任丰、净、云内三州（今大同西北至呼和浩特一带）都达鲁花赤、燕京路断事官。蒙哥汗接位后，任燕京路总管。宪宗八年（1258年）受命管理军饷。世祖中统元年（1260 年）任燕京路宣抚使，二年拜中书平章政事，"军国重事，无不由之"。三年兼管财政，使全国财政出现兴旺局面，从而以"轻财爱民，多惠政"著称。至元元年（1264 年）任陕西五路西属四川行中书省平章政事，兴办学校，修治山路、桥梁、栈道，故长安为其树碑以志其功。如果以"赛典赤·詹思丁"作为实写条，而"赛典赤治理云南"作为参见条，这会削弱

《云南大百科全书》的云南特点。我认为用"赛典赤治理云南"为条目，既具有当代的时代气息，又可着重突出云南的地方特色，无疑是可取的。但从保存历史记忆，深刻认识云南历史的层面考虑，改为"赛典赤抚滇功绩"（也可省去功绩二字），似乎更好。有一本作者无考在民间广为流传的小册子叫《咸阳王抚滇功绩节略》，康熙二十三年（1684 年）有刻本，嘉庆二十五年、光绪三年、民国初年又有刊印本和重刻本，借此书书名作条目，能增强条目的历史性、学术性和影响力。

二、您将赛典赤任云南行省平章政事的时间由至元十一年改为至元十年（1273 年），当是以《元史·世祖本纪》"至元十年闰六月丙子，以平章政事赛典赤行省云南"的记录为根据，但这是世祖征求赛典赤本人任职的时间，而非正式设云南行省及任命赛典赤的时间。柯劭忞的《新元史》、吴廷燮的《元代行省年表》，都以至元十年为建立云南行省及拜赛典赤为云南行省平章政事的时间，皆误也。《元史·赛典赤传》、赵子元《赛平章德政碑》、郭松年《中庆路大成庙纪》、李京《云南志略》《元史·爱鲁传》《元史·信苴日传》、景泰《云南图经志书·赛典赤传》都定在至元十一年（1274 年）则是对的。《元史·百官志七》明白记载说："云南等处行中书省，即古南诏之地……至元十一年（1274 年），始置行省，治中庆路（今昆明）。"《元史·信苴日传》说："至元十一年赛典赤为云南行省平章政事，更定诸路名号，以信苴日为大理总管。"

三、修改稿从文字精练的角度，对原释文做了若干删节或上下文对调，因释文是据《元史·赛典赤传》顺引的，原文述史生动、真切、引人入胜，所以建议不改。

以上求教，当否？请孙老再示，谨致崇高的敬礼。

何耀华敬上

2012 年 8 月 20 日

有中国特色民族学的西南学派

——庆祝中国西南民族研究学会建会 30 周年

各位领导、各位理事、各位专家、各位来宾：

今天，中国西南民族研究学会，在学会的孕育地贵阳，召开工业化、城镇化进程中的民族文化保护学术研讨会，并隆重庆祝学会建会30 周年，首先请允许我代表学会，对中共贵州省委、省人民政府及贵州省民族事务委会员的亲切关怀、指导和帮助表示衷心的感谢，对精心承办会议的贵州省民族研究所表示深深的敬意，对与会者表示热烈的欢迎和问候！

作为建会30 年的工作汇报，我想简要地讲三个问题。

一 关于中国西南民族研究学会的名称

学会建立初期，我们所说的"中国西南"，只指川、滇、黔、桂、藏、渝的五省区六方，后来扩大到包括青、鄂、湘、闽、粤的 11 个省、市、区；我们所说的"中国西南民族"，建会初期只指藏、门巴、珞巴、羌、彝、白、哈尼、傣、傈僳、佤、拉祜、纳西、景颇、布朗、阿昌、普米、怒、德昂、独龙、基诺、苗、布依、侗、仡佬、壮、瑶、仫佬、毛南、京、水、土家、满、蒙古、回 34 个少数民族，后来扩大到包括畲族、汉族的 36 个民族。由于地理、政治、经济、历史等多种因素的不同影响，这些民族的社会、经济发展不平衡，物质与精神文化特点互异，但是，用地缘民族学或历史地理民族学的理论分析，它们有一个共同的历史发展特点，就是对区域化发展的依存度高，受区域化发展的制约性大。

因此，以"西南区域化"经济发展，推动西南民族发展，以西南民族发展，推动"西南区域化"发展，就成了中国西南民族研究学会的价值取向。中国西南民族研究学会就在中国西南改革开放、各民族进行自身现代化和西南区域的现代化建设的大潮中应运而生。

二　30 年学会工作的回顾

回顾学会 30 年的历史，可以得出这样的结论：中国西南民族研究学会，既是中国，特别是西南改革开放和现代化建设的产物，又是在为中国，特别是西南的改革开放和现代化建设服务的进程中发展繁荣的，围绕西南各民族和西南地区的现代化建设，学会共召开过大小学术讨论会 38 次。其中大型的、国际性的有 17 次。

1981 年 11 月，在昆明召开成立大会及首届学术讨论会，来自川、藏、滇、黔、桂、京的学者，首倡对怒江、金沙江、雅砻江、大渡河、岷江六江流域的民族进行综合科学考察，为西南地区的改革开放服务。

1983 年 7 月，在拉萨召开"全国首次藏族学术讨论会"。首倡建立藏学研究机构，发展马克思主义的中国藏学，对藏族和藏族地区社会主义现代化建设的理论问题和实际问题进行考察和综合研究。这次会议的倡议，以 1985 年国家建立中国藏学研究中心为标志而取得了预期的结果。

1985 年 10 月，在西昌召开"全国首届彝族研究学术讨论会"，会议提出以川、滇、黔、桂、彝区的现代化，推进西南地区的现代化，会后出版了《彝族研究文集》。

1986 年 10 月，受川、滇、黔、桂、藏五省、区民委共同的委托，在成都召开"西南民族地区经济发展战略研讨会"。会议形成的《西南民族地区经济发展战略研究》《建立大西南经济区的建议》，受到五省、区民委的高度评价，并得到国务院有关部委的采纳。

1987 年 9 月，在贵阳召开首届"中国苗族瑶族学术讨论会"，会议收到的论文，大多数是在深入苗、瑶族地区调查研究基础上撰写的，资料新、视角新、观点新，既突出现实问题研究，又突出苗学、瑶学等学科基础理论研究。会后出版了论文集。

1989 年 11 月，在广西南宁召开首届"壮侗语诸民族学术讨论会"，对壮侗语族八个民族的历史文化和改革开放中提出的重大理论问题进行讨论。会后出版了研究文集。

1991 年 10 月，在云南大理召开"促进西南山区民族经济发展与社会进步学术讨论会"，以国际山地协会主席杰克·D. 艾弗斯为代表的，来自美国、加拿大、印度、尼泊尔、泰国的 19 位外国学者参会。上海学林出版社为会议出版了论文集。

1993 年 8 月，在拉萨召开"第二次全国藏族学术讨论会"，会议改变过去藏学偏重研究藏族传统文化的倾向，研究了许多藏区改革开放中的现实问题。

1995 年 10 月，在西昌召开"彝族与彝族地区现代化建设学术讨论会"，会议论文中除涉及历史、宗教、哲学、民俗、文学等基础研究的题目以外，大量以推进彝族地区经济发展为主题。

1997 年 11 月，在广西北海召开"南昆铁路的建设与西南各民族的共同发展繁荣研讨会"，讨论铁路大通道与繁荣西南民族经济、建立北部区经济区、消除民族贫困等诸多问题。

2001 年 5 月，在贵阳召开"西部大开发与西南少数民族的共同发展繁荣"研讨会，内容涉及西南民族地区的资源合理开发、自然生态环境保护、民族区域自治、经济结构调整、民族教育、经济跨越式发展战略等。贵州民族出版社为会议出版了《走进西部》的论文集。

2003 年 11 月，在重庆召开"城市化进程中的民族问题学术讨论会"，讨论我国新时期少数民族人口大量进入大、中、小城市自主创业后出现的民族问题，学者们从政策上、法律上、对策上提出了许多建议，重庆市委、市政府高度重视，上报中央有关部门参考。

2004 年 12 月 1 日，在昆明召开怒江、澜沧江、金沙江三江水能资源开发，生态环境保护学术研讨会，两院院士、国家水利水电部总工程师、清华大学资深教授为会议撰写论文，美国大自然保护协会的一批水电专家参会，会后由社会科学文献出版社出版了《三江水能开发与环境保护》的论文集。

2006 年 4 月，在云南蒙自召开加强中国西南民族地区和谐社会建设学术讨论会，中国社会科学院李慎明副院长、中国人民大学原副校长郑杭生、北京大学经济学院副院长曹和平等做专题发言，会后出版了《构建和谐与加快发展》的论文集。

2008 年 10 月，在武汉中南民族大学召开深化西南民族地区改革、和谐、发展学术研讨会，除本会团体会员所在的 12 个省、区、市的代表之外，江苏、上海、甘肃、新疆、陕西、河南、浙江等省区市的学者也应邀参加了会议。除会议主题以外，讨论"华西学派"的历史，建当代中国民族学西南学派，是会议的一大亮点。

2010 年在成都召开"交流、开放、发展：全球视野中的中国西南民族"学术研讨会，把西南地区建成中国向西南开放的桥头堡，加强四川、云南民族地区的防灾减灾等问题，是这次会议关注的热点。

除召开两年一次的大型学术年会之外，学会还轮流在各省、市、区的团体会员单位召开过小型学术研讨会、常务理事会，其中 2005

年 9 月在咸阳西藏民族学院召开的落实科学发展观，构建西南民族地区社会和谐小型学术讨论会；2007 年 5 月在湖南吉首大学召开的，参与第十六届国际人类学民族学世界大会及创立中国当代民族学西南学派；2009 年在云南楚雄召开的"彝族文化名州论坛"；2012 年在重庆中国三峡博物馆召开的"建会 30 年学术精选学术文库研讨会"，都反映了学会工作的特色。

三 关于有中国特色民族学西南学派的创建问题

"学派"是指在同一学科中，因学说与基本观点不同而形成的派别，也指在研究地域、研究对象、研究方法等同类型而在学术建树上有聚合力的群体。

2007 年 5 月在湖南吉首大学召开的学会工作会议上，与会者对老会长李绍明《关于华西学派的贡献》、何耀华《关于创建中国当代民族学西南学派》的发言进行了讨论，会议认为："华西学派的历史遗产具有继往开来的现实意义和应用价值"；"创建当代中国民族学西南学派，是中国民族学发展的需要，是建设有中国特色的民族学学科的需要，是推进我会工作的新思维、新视角、新举措"。

在我会 2008 年和 2010 年召开的武汉年会、成都年会上，许多理事和专家又提出建西南学派的问题，认为"建西南学派是历史的必然，学派理论是在建学派的实践中不断形成和发展的，希望对学会 30 年发展的理论和实践进行认真总结，勾画出'西南学派'的理论特点"。袁晓文副会长在成都年会的总结中，汇集大家的意见说："要发挥学会的传统优势，为民族学西南学派的建立添砖加瓦。"

在中国西南民族研究学会 30 年的发展历程中，我会组织的

"六江"流域民族综合科学考察；南方丝绸之路的民族经济文化考察；贵州雷公山、麻山、武陵山、乌蒙山、云雾山、月亮山及都柳江、清水江、乌江、㵲阳河、北盘江、南盘江、六山地区的民族综合科学考察；云南怒江、澜沧江、金沙江的三江水能资源开发与环境保护考察；滇西北生物与文化多样性保护与民族经济社会的可持续发展考察；北部湾经济区与南昆铁路大通道建设推动大西南民族经济发展的考察；广西红水河流域壮、侗、布依等民族的综合科学考察；湘、鄂、渝、黔武陵民族走廊的民族综合科学考察；西藏雅鲁藏布江流域藏、门巴、珞巴族的经济文化考察；大西南城市化、城镇化进程中的民族问题研究、藏彝走廊研究等一系列的考察和研究，不但学术成果丰硕，在我国各级党政领导决策中发挥了重要的作用，而且在国际国内学术界形成了"品牌形象"。这为我们创建学派提供了基础。

中国当代民族学西南学派不同于旧中国民族学的"南派"（历史学派）和"北派"（功能学派），但像"南派"那样重视民族历史文化习俗的田野考察和历史文献的应用，但不脱离理论指导；像"北派"那样，重理论指导，重视成果的现实应用和效益；像"华西学派"那样，对中外民族学、人类学的理论与方法兼收并蓄。中国当代民族学西南学派是在中国改革开放和现代化建设、实施西部大开发战略中发展起来的，学派的理论体系，就是建设有中国特色社会主义的理论体系。推动各民族科学发展，实现共同团结奋斗、共同繁荣发展是其核心。它注重民族发展的地缘动因，以河流、走廊、中小地域和整个大西南地区多民族一体化、现代化发展作为研究的主攻方向。因为它把深化单一民族的研究和推动单一民族的发展作为推动区域化发展的动力，把区域化发展作为实现单一民族发展的保障和不竭的源泉，主张以区域现代化，推动各民族的现代化，所以，我们把"西南学派"的民族学观称为"区域民族学观"

或"地缘民族学观",把"西南学派"称为"区域民族学派"或"地缘民族学派"。

　　未来30年是中国西南民族研究学会发展的黄金时期,也是有中国特色的民族学发展的黄金时期,我希望有更多的学者为有中国特色民族学的西南学派做出新的贡献,为"西南学派"的理论做出新的概括。

2012 年 10 月 15 日于贵阳

中国民族学学会第五届学术
讨论会闭幕词

中国民族学学会第五届学术讨论会历时五天，圆满完成了各项议程，现在就要闭幕了。全国人大民委、国家民委，四川省委、省政府、省人大，四川省民委、乐山市委、市政府、市人大，对开好这次会议十分重视，在人力、物力、财力等方面给予大力的支持。四川省民族研究所、乐山市民委及民族饭店为这次会议做了精心的安排，我代表学会和全体与会代表在此表示衷心的感谢。

正如代表们所说，本次会议是我国民族学界又一次具有重要历史意义的盛会，是一次高层次、高水平、高收获的学术会议。全国人大常委、全国人大民委副主任伍精华同志，国家民委政策研究室主任、国家民委民族问题研究中心副总干事刘光照同志，中国社会科学院民族研究所所长杜荣坤同志，四川省委常委、省民工委常务副书记史志义同志，四川省民委主任李祎辉同志到会并发表了重要讲话。出席会议的代表 114 名，来自全国 18 个省、自治区、直辖市。大会收到论文 73 篇。代表们紧紧围绕"民族学与社会主义建设"这一中心议题，就民族学在现代化建设中所面临的任务；我国各民族的传统文化及其相互影响；改革开放与我国各民族的共同繁荣；地区开发与当地少数民族的现代化等问题，进行了热烈深刻的讨论。大家各抒己见，开展百家争鸣，取得了下列几点共识。

（1）民族学研究必须以经济建设为中心，着重研究民族地区经济建设中出现的理论问题和实际问题，为加快各民族的发展和现代化进程服务，这不仅是民族地区现代化建设的需要，也是学科建设和发展的需要。李绍明同志在发言中指出，当前的形势要求民族学必须把研究的重点转移到以经济建设为主的方面来，民族学具有研究经济问题的传统，这种传统已在西南民族学界的山地经济、西南民族地区经济发展战略、藏区的建设与政策的调整等问题的研究中得到很好的发扬，并受到中央和有关省的党政领导机关的肯定。本次会议收到的论文中有 33 篇是讨论民族经济建设的，占代表提交论文总数的 48%，这说明民族经济建设问题已成为民族学研究工作者们共同关注的热点。从这次大会收到的罗之基的《佤族地区经济发展浅议》、李彬的《延边农村的再现代化过程》、何星亮的《关于进一步发展哈萨克族畜牧业问题的探讨》、王昭武的《振兴大石山区的毛南人》、权宁朝的《资源开发与民族经济发展问题》、何溥滢与谢肇华的《辽东山区满族的经济类型及现代化建设》、吴万源的《略论湖南少数民族的开放与开发》、杨鹤书的《试论粤北民族旅游网络的兴建与第三产业的未来》、霍巍的《西藏西部交通的开发与边境贸易通商》、张泽洪的《四川回族经济文化的回顾与前瞻》、苏金勇的《云南富宁县山瑶地区发展刍议》及潘龙海的《改革开放与我国各民族的共同繁荣》等篇论文来看，此类成果都是从直接的田野考察中产生的，具有选题新、观点新、资料新、建议新的特点。大家认为，只要坚持以经济建设为中心，民族学就能成为中国少数民族实现现代化的助推器，中国民族学就会更加充满生机与活力。

（2）在建立社会主义市场经济体系和改革开放日益深入扩大的历史条件下，必须把民族学学科建设放到一个更大的背景和更高、更广泛的层次上加以考虑，从而建立跨世纪的中国民族学体系，这种体系不仅要求民族学要成为中国各民族走向现代化的助推器，而且要在增强中华民族凝聚力，维护祖国统一和各民族团结，推进民族地区社会安定和弘扬民族优秀传统文化，振奋民族精神，推进社会主义精神文明建设中发挥独特的作用。代表们一致认为，要建立跨世纪的民族学体系，就必须把民族学的界定从传统的认识和理解中进一步解脱出来，变成多元化、多侧面、多层次的学科体系，像杜荣坤同志在开幕式报告中说的那样，要建立政治民族学、经济民族学、建筑民族学、教育民族学、旅游民族学、宗教民族学、影视民族学、都市民族学、法制民族学等分支学科。值得肯定的是，我国民族学工作者，特别是年轻的民族学工作者已在这方面进行了有益的探索，取得了初步的成果。他们已把自己的研究，从客观介绍各民族传统的经济生活、社会组织、文化、心理的圈子中解脱出来，从更大的，即建立市场经济背景下去研究跨世纪的和 21 世纪的民族发展问题，市场经济条件下的民族问题，各民族市场经济体系的建立，当前的国际政治与所谓"中国的人权问题"，以及建立有中国特色的社会主义的民族学理论框架等问题。在本次大会收到的论文中，周星的《市场经济、民族文化与民族学》、王建民的《民族学的运用与学科的发展》、黄淑娉的《从西方学者看中国民族学说起》、杨群的《都市民族学和我国的现代化建设》、陈启新的《试论我国民族地区的社会文化变迁与现代化》、袁少芬的《民族传统文化因素对教育的影响》、郑晓云的《西双版纳傣族婚姻的变迁及趋势》、瞿明安的《城市化对西双版纳傣族社会生活的影响》、孙秋云的《南方山区瑶族传统生活方式的变迁与社会建设刍议》等篇论文，都是把民族学研究放到更大的背景中去发展的有益尝试。

（3）必须坚持民族学的田野调查方法，积极开展对各民族和各个民族地区进行现代化建设的现状调查。代表们肯定了中国社会科学院最近开展的吉林延边龙井市朝鲜族、内蒙古呼伦贝尔盟新巴尔虎右旗蒙古族、新疆阿勒泰地区富蕴县哈萨克族、四川凉山州昭觉县彝族、西藏堆龙德庆县藏族、贵州黔东南台江苗族的现状与发展调查；国家民委民族研究中心进行的全国边疆民族地区稳定与发展调查；云南社会科学院根据中宣部、中国社会科学院部署的路南彝族自治县经济社会调查；贵州民族研究所十年来一直坚持的贵州民族调查。大家认为，要缩小西部民族地区与东部地区差距，就必须做出全面的部署，像 20 世纪五六十年代推进民主改革那样，用田野调查的方法，为党和国家提供正确的决策依据。民族学的田野调查，是民族学不断发展的源泉，中国民族学家的当务之急，就是要以邓小平建设有中国特色的社会主义的理论为指导，用田野调查的方法，去扎实地推动民族学不断上新台阶。

同志们：这次学术讨论会同时也是中国民族学学会理事会的换届会议。会议期间，秘书长满都尔图同志作了第三届理事会的工作报告、副会长詹承绪同志作了修改会章的报告，根据各省区各有关单位的推荐和会员代表大会通过，产生了本会第四届理事会。第四届理事会召开了第一次会议，选举了会长、副会长、秘书长，决定了顾问名单，聘请了学会的副秘书长及工作人员，提出了今后的几项任务：一是要加强民族学学科体系的研究，建立新的适应我国各民族现代化发展需要的具有中国特色的学科体系；二是要以经济建设为中心，大兴研究之风，加强应用研究；三是要积极开展国际学术交流，努力提高我国的民族学的国际学术地位。理事会商定，1995 年在辽宁召开一次50 人的学术讨论会，议题由秘书处在广泛征求意见后确定。第四届理事会任重而道远，肩负着在新的历史时期繁荣和发展中国民族学的任务，希望我国的民族学工作者积极开拓，为建立具有中国特色的跨世纪的民族学做出应有的贡献。

（原载《民族学通论》第 123—124 期）

走向 21 世纪的中国社会学 *

"走向 21 世纪的中国社会学"这个题目，令人想到一个世纪以来中国社会学的宝贵遗产，明确了现在的任务和未来美好的前景。中国社会学的发展历程说明：历史上中国国家和民族兴衰的过程就是中国社会学兴衰的过程。每当国家和民族兴盛的时候，中国社会学都受到热烈的敬重，都结出了丰硕的成果，都对经济和社会发展起了极大的推动和促进作用。大量事实说明中国社会学是振兴中华的一大精神武器。在 20 世纪的中国社会学宝贵遗产中有许多是永具光辉、永具生命、永具活力的，构建 21 世纪的中国社会学，不能忘记这些宝贵的遗产。中国社会学会应该组织全国的力量，对一个世纪以来的中国社会学遗产进行去粗取精，去伪存真的研究，整理和出版精品，把它作为中华民族特殊的财产保存下来，弘扬下去。要认真总结中国社会学贴近中国社会发展的规律，以指导中国社会学今天和下一个世纪的发展。

什么是当今走向 21 世纪的中国社会学的任务呢？参与这次年会的学者们从各方面做了深入的探讨。我想远的不说，在世纪之交的最后三年中，我们应以香港回归为契机，把研究的重点放在振奋"中国精神"、科学精神和文化教育精神方面。影响我们国家经济发展和社会进步的东西，与其说是在物质方面、资金方面、技术方面，不如说

---

* 这是在中国社会学会 1997 年讨论"走向 21 世纪的中国社会学"的年会上致的闭幕词。

是在精神方面，因此我们应该把振奋中国精神作为中国社会学跨世纪的急迫任务。什么是"中国精神"呢？这个问题，需要大家去回答。我以为，这种精神就是自觉维护国家和民族共同利益的精神；自觉维护国家的统一、团结、进步的精神。

什么是中国社会学未来的希望和美好的前景呢？国际上许多人都说21世纪是中国人的世纪，那么21世纪的社会学就应当是中国的社会学，我们的当务之急是要构建21世纪中国社会学的学科理论、学科体系、学科队伍和培养学术带头人。这次会议的主题是讨论走向21世纪的中国社会学，通过大家的讨论，我们对这个问题获得了许多新的认识，但是对这个问题的讨论实际上才刚刚开始，我们的研讨不能随着这次会议的结束而结束。在会议闭幕之际，我给大家出一个题目，这就是"什么是21世纪的中国社会学？"希望与会的同志和全国的社会学工作者都来研究与回答。

（原载《中国社会学会通讯》1997年第2期）

云南社会学的历史使命*

今天，我很高兴参加 2011 年中国社会发展高层论坛，与来自全国各地的同人一道，探讨"社会管理与社会学的使命"问题。

当前，我国正处于"黄金发展期"和"矛盾凸显期"，社会的转型和经济发展方式的转变，需要中国社会学与时俱进，以创新的理论作支撑；需要更好、更快地发展社会事业，促进基本公共服务的均等化，完善劳动就业、社会保障和社会服务体系，推动各民族共同繁荣发展；需要切实把保障和改善民生作为各项工作的根本出发点和落脚点，解决人民群众最关心、最直接、最现实的切身利益问题。

云南是我国通往东南亚、南亚的重要陆上通道和多民族聚居区，各民族和谐共处，与周边邻国和睦，长期保持着民族团结、边疆稳定和社会和谐的良好局面。云南拥有丰富的矿产、水能、生物、民族文化及旅游资源，近年来特色优势产业巨大发展，生态建设、民生改善和社会事业发展成绩巨大，滇中城市群的带动能力不断增强。但是，云南省存在对外交通不畅，基础设施落后，生态环境脆弱，产业层次不高，贫困面大，社会事业发展不均衡等诸多的困难和问题。根据省委、省政府"十二五"规划和国务院关于支持云南省加快建设面向西南开放重要桥头堡的意见。云南社会学研究者，正以研究构建我国通往东南亚、南亚陆路国际大通道，保障国家能源安全和经济安全中的

---

* 这是 2011 年 8 月 13 日在中国社会发展高层论坛上的发言摘要。

社会问题，作为自己的历史使命，为把云南建成我国沿边开放的试验区、西部地区"走出去战略"的先行区、西部地区外向型特色优势产业基地、国家重要出口加工贸易基地、清洁能源基地、新兴石油化工基地、生物产业基地、民族团结进步和边疆繁荣稳定示范区而努力；为科学发展社会事业、科学解决社会问题、科学进行社会管理做贡献。

贺《民族研究》复刊 20 年

20 年来我国的改革开放和现代化建设，既为各民族的发展创造了条件，又为《民族研究》谱写辉煌篇章带来了机遇。

《民族研究》复刊 20 年来令世人瞩目的成就之一，就是充分发挥了社会科学杂志的理论功能，推动和深化了马克思主义民族理论与政策、民族学、民族史学、民族经济学、民族社会学、民族教育学、民族环境生态学、民族哲学、民族法学、民族教育学及民族语言文字学等学科的学术建设和理论建设，不断为构建这些学科的理论框架和科学体系做贡献。其成就之二，是推动和深化了加速民族地区改革开放和现代化建设的决策咨询研究，为各民族由计划经济向市场经济体制转变，由传统社会向现代社会转变提供了理论支持，其刊登的大量富有应用价值的理论咨询和政策建议的文章，使社会科学杂志的科学决策和政策建议性功能得到了充分的发挥。其成就之三，是它深刻记录了我国各民族经济社会变革的事实和过程，使杂志成为巨大的资料宝库，它的传世价值因此而得到广泛的认同。一位从事民族研究的青年学者评论说："我是《民族研究》的长期订户和受益者，这本杂志富有时代特色，力戒空论，以准确的历史资料和新鲜的实地调研资料论证问题，对研究工作和实际工作都很有用。我对它的使用频率很高。"其成就之四，是编辑部致力于培养中青年研究者，特别是少数民族的中青年学者，一大批以《民族研究》作为生长点而走上学术成功之路的学者，正成为我国走向 21 世纪的民族科学研究的中坚力量。

　　总而言之,《民族研究》坚持政治性和科学性的统一,走过了 20 年的光辉历程,取得了辉煌的成就,值此复刊 20 年刊庆之际,谨此表示热烈的祝贺。

　　　　　　　　　　　　　　　　（原载《民族研究》1999 年第 4 期）

中国宋史学会第七届年会祝词

中国宋史学会第七届年会暨学术讨论会在昆明召开，全国著名的宋史专家云集昆明，在云南历史上属于首次。这对云南未来史学发展的影响将是深远的。

宋朝在中国封建社会发展史上是一个商品生产兴盛，商品经济繁荣的划时代的时期。世界上的第一张楮币（纸币）——交子发行于北宋时期，两宋出现的包买商经营着有助于商品生产发展的期货贸易，市场的繁荣促进了商品生产的专业分工，促进了集镇经济的发展。宋代是一个对外开放的朝代，其在广州设立的"蕃市"可以说是我国最早的对外经济贸易区，宋朝在广州设的"市舶司"是当时的外经贸机构。改革是经济发展的动力，宋代商品经济的勃兴与王安石变法革新有很大的关系，王安石强调发展商品货币关系，他在经济方面进行改革的目的就是要把国民经济纳入商品货币经济的轨道。宋代也是一个文化兴盛的时代，宋代文化随着经济的发展而发展，又促进经济的发展，毕昇发明的"活字"推动了北宋印刷术的发展，印刷术的进步对整个经济文化的进步是有巨大意义的。北宋东京情高谊厚、救护贫弱、互敬互助、诚信自律的民风民俗，为当时经济的发展注入了活力。总而言之，两宋在政治、经济、文化上留给我们的遗产是极其丰富而宝贵的。研究宋史可以为我们今天的"两个文明"建设提供历史的借鉴，希望这次宋史讨论会开出新的水平、新的高度、新的效益。

聘印籍学者为荣誉院士：拓展
妇女与发展研究*

　　今天，我代表云南省社会科学院、代表云南省社会科学院学术委员会、代表全院 200 多位科研和管理人员，聘请泰国亚洲理工学院高文教授为我院荣誉院士。衷心感谢刚才高文教授给我们所作的高质量的《21 世纪黎明的亚洲妇女运动》的学术报告，热烈欢迎她的合作者、著名学者戴维·纳唐先生访问我院。

　　高文教授是印度学者，毕业于印度德里大学及美国密歇根大学。现任亚洲理工学院（AIT）教授，该院环境资源学院"两性与发展研究中心"主任；兼任国际学术刊物《性别、技术与发展》的主编，国际劳工组织、联合国粮农组织、联合国农业发展基金顾问，亚洲研究项目高级协调人。

　　高文教授的研究方向主要是中国、印度的少数民族及两性问题。她的博士论文《延安时期共产党的群众运动》，对我国革命起了很好的宣传作用，1979 年中国人民友好协会邀请她访问中国。她出版的专著《毛泽东之后的中国社会主义发展》，对我国改革开放时期的成就给予赞扬。她多次到中国调查研究，在印度发表了一系列中国两性问题及妇女解放的文章，产生了广泛的影响。她多次到云南讲课并在丽江进行田野工作，在国际学术刊物发表关于云南少数民族妇女的研究文章。她的《两性部落与森林》是研究印度少数民族社区妇女与生态

---

* 这是 1999 年 12 月 28 日在云南省社会科学院聘请高文为荣誉院士大会上的讲话。

的重要著作，是一部研究妇女生活与森林生态保护关系的杰作。1991年，高文博士在亚洲理工学院建立了"两性与发展研究中心"，专门从事性别研究并在该中心设立了性别研究的博士和硕士亚洲项目，培养了一大批来自亚洲的学者。我院公派出国的赴泰留学生于晓刚，在她的精心指导下获得博士学位。我们深深地感谢她，也深深地感谢她的合作者戴维·纳唐先生。聘请高文为荣誉院士，是我院对外学术交流向前发展的又一重要标志，它将促进我院和泰国、印度及国际劳工组织、联合国粮农组织、联合国农业发展基金等国家和国际组织的学术交流与研究方面的合作，将促进我院的学科建设，推动我院两性与发展的研究。

丽江玉龙山区域村寨发展与
生态调查研究

　　随着国际纳西学的兴起和旅游业的发展，丽江已经越来越受到国际国内的重视。1997 年 12 月，经联合国教科文组织世界文化遗产委员会评审，丽江古城正式列入"世界文化遗产名录"，开创了中国历史文化名城首次获此殊荣的纪录；朱镕基总理在 1995 年考察丽江时提出要把丽江建设成国际级的旅游胜地；1994 年云南省政府在丽江召开滇西北旅游会议，做出了将丽江作为云南省旅游重点区域之一的决定。研究丽江在新形势和新机遇下如何发展，已成为一个重要而急迫的学术课题。

　　在福特基金会（Ford Foundation）和联合国大学（United Nation University）的资助下，云南省社会科学院和美国加州大学戴维斯分校组成"中美合作'中国云南丽江玉龙山区域农村发展和生态调查'课题组"，从 1993 年 12 月起至 1995 年 12 月止，每年用 1 个至 2 个月的时间对玉龙山区域几个特点突出而有代表性的纳西、彝族村寨进行了田野调查。中方参加该课题组的成员有：何耀华研究员（云南省社会科学院院长，中方组组长）、解毅（丽江县县委书记，中方组副组长）、杨福泉研究员（中方组副组长）、左停副研究员、杜娟副研究员、冯昭研究实习员、江红助理研究员、木丽琴（丽江县政府政策研究室干部）；美方参加该课题的成员有：艾福斯（Jack D. Ives，美方组组长）教授、毛姆森（Janet H. Momsen）教授、司佩姬（Margaret B. Swain）博士、塞斯

(Seth Sicroff) 博士、林赛（Lindsey H. Swope）硕士。

历史上，玉龙雪山在纳西族的社会生产和精神文化生活中具有十分重要的地位，它也是发展丽江旅游业的一个中心环节。云南省政府在丽江召开的滇西北旅游会议上就已经明确提出将玉龙雪山和丽江古城作为两个发展丽江旅游业的支点。中美合作"云南丽江玉龙山农村发展和生态调研"课题组，即将本研究项目焦点放在玉龙山区域农村的发展和生态环境保护上，力图在微观调研的基础上，从宏观上对整个玉龙山区域的发展做出一些有意义的探索。

玉龙雪山最高峰"扇子陡"海拔5596米，是长江南岸第一高峰，有低纬度、高海拔的特点。1988年8月1日，玉龙山被中国国务院审定为国家级重点风景名胜区。从20世纪40年代起，先后有澳洲、中国、日本、中日登山队试图登上顶峰，但都未成功。此山又是纳西族所信仰的神山，相传纳西族全民信仰的民族保护神"三多"是玉龙雪山的山神，民间传说每当纳西族人与外敌发生战争时，玉龙山山神"三多"会以一个白盔白甲、骑白马、执白矛的武将形象出现于战场上帮助纳西人战胜敌人。每年阴历二月八日是纳西族民族节日"三多"节，人们在玉龙山下白沙"三多阁"和各个村寨祭祀"三多"神，在祭祀时要向玉龙山遥拜。

玉龙雪山又是过去纳西族青年男女信仰的一座灵山。在20世纪50年代以前的漫长岁月中，由于不同的政治、社会制度和文化的冲突，纳西族中有惊世骇俗的殉情风尚，难以计数的青年男女殉情。因此，丽江被一些中外人士称为"世界殉情之都"。殉情者相信在玉龙雪山上有一个浪漫自由的爱情乐园，叫"雾路游翠郭"（意为：雪山殉情者之地，后人译成"玉龙第三国"）。相传在这个爱的山中乐园里，没有苍蝇、蚊子，人们可以"红虎当坐骑，白鹿当耕牛，野鸡当晨鸡，白云做被盖，晨雾当纱帐，日月做明灯；蜂叫似口弦，鸟鸣如弹琴……"人们在这里可以自由相爱，生命在这里永远年轻，爱神会给他们永恒的幸福，一切人间的恶浊，皆可摆脱，一切俗世的痛苦，皆可忘却。这种民间信仰和瑰丽的传说给玉龙山增添了人文景观的无穷魅力。

玉龙山区域既是旅游胜地，又是纳西、彝等民族聚居之地，自然和人文景观荟萃。但同时，它也是丽江最贫困的农村区域之一。玉龙山的发展亦即包括了这些贫困农村的发展，特别在玉龙山的生态环境保护方面，该区域的农村社区对此有着举足轻重的影响，因此，必须把这些农村的发展研究纳入整个玉龙山区域发展的重要议事日程上。

要达到这一目的，首先需要对玉龙山区域的农村做细致的社区调查，了解清楚它们的历史脉络、民族社会结构和现实发展状况，然后提出具体的可行性意见。本课题在这一方面做了一点弥补空白的努力，首次对几个处于高海拔（文海）、次高海拔（玉湖、黑水）、低海拔（大具），在发展上又分别处于最贫困（文海、玉湖）、贫困（黑水、甲子）、较为发达（大具）几个不同层面的玉龙山区域的纳西和彝族农村社区进行了详细的人类学、民族学调查；针对各个社区的特点提出了一些发展和生态环境保护方面的意见。我们试图通过这样的选点和研究使玉龙山区域的发展设想显现它多层面、有代表性的特点。

根据上述几个村子不同的地理环境、文化和社会背景，以及当前发展中存在的问题，除了一般的村情调查，我们在调研中又有所侧重，如玉湖村的森林等在近年来破坏较严重，我们把重点放在它的生态环境问题上，从历史和现状剖析问题症结。大具、黑水等村的旅游业已有发展，我们在这方面做了较细的调研；此外，我们调研的几个村子都处于玉龙山区域，有较大的生态和人文旅游发展潜力，因此对其旅游资源都做了初步评估。

我们在调研中采取了个案采访调研与随机抽样问卷调研相结合的方法，根据问卷对几个调查点做了分析比较，力图通过这种综合的调查得出较为中肯的结论。

在上述基础上，课题组提出了"环绕玉龙山的徒步生态旅游"设想，美方课题组组长艾福斯教授对此有一个较细的建议，我们把它附在这份中方课题组的调研报告中。基于"环绕玉龙山的徒步生态旅游"这一设想，我们从课题经费中拨出一笔启动资金，在玉湖和文海村扶持成立了两个民间生态旅游合作社，将其作为这一条旅游线的起点站，现文海村已有初步效果，吸引了好几批国际生态旅游者，产生了良好的影响。

我们期望本课题的调研能达到这样几个目的：

（1）在有关丽江多民族农村社区的人类学调查研究上取得填补空白的学术成果；

（2）在关于丽江山区农村发展和生态环境保护问题上提出一些值得借鉴的意见；

（3）通过调研和实施小型发展项目，在关于丽江旅游发展，特别是旅游的持续性发展（sustainable development）这一举世关注的问题上做出启示性的努力；

（4）对国际山地发展研究提供几个值得借鉴的实例。

需要说明的是，这份调查报告是中方课题组所写的调查报告，美方课题组成员另有一份比较简略的英文本报告，其中采用了大量中方成员的调研材料。为避免重复，除了"附录"外，我们在本报告中就不再收入美方成员的调查报告。我们的调查时间是 1993 年 12 月至 1995 年 12 月，因此，本调查报告中所涉及的村情只是这一时期的情况。现在上述几个调查点在各方面都发生了很多变化，如大具的旅游业已有长足发展。我们这一调查报告只能说是上述几个村子在现代发展进程中的片段记录，但其中调研到的村寨历史、社会组织、生产结构乃至民俗、传说等，都有珍贵的历史价值，当时调查到的现状对当前和今后的发展亦有不少可资借鉴的作用。我们希望有更多的学者对玉龙山区域农村的现代化发展、历史、文化、社会等做细致的调研，在此基础上提出更多切实可行的建议，促进滇西北这一重要区域的全面发展，促进丽江在经济、文化、社会等方面的持续性发展。

在整个调研过程中，原丽江县县委书记解毅（现为丽江地区行署副专员）、县长和自兴（现为丽江县县委书记）和丽江县有关部门在各方面给予大力支持，各调查点的干部群众予以积极配合。我们在此谨向他们致以深挚的谢意。

（原载何耀华、杨福泉编《丽江玉龙雪山区域村寨发展与生态调查》，云南人民出版社1998年版）

丽江东巴文化研究所和德宏经济研究所的经验值得借鉴

云南省社会科学院德宏工作会议现在开幕，我代表云南省社会科学院及本院德宏、丽江、迪庆、楚雄、红河、曲靖、怒江七个地州研究所，向应邀前来出席会议的吉林、天津、河北、河南、安徽、福建、兰州七省市社会科学院的领导和专家表示热烈欢迎。

这次会议有两个目的：其一是总结交流德宏经济研究所、丽江东巴文化研究所从事地方经济和民族文化研究的经验，推进社科研究体制的改革。东巴文化是纳西族的传统文化。这种文化以东巴字和东巴经典为表现形式，以记录纳西族的哲学、历史、文学、艺术、宗教、天文、历法为其内容。东巴字共有 1300 多个，其特点是图画文字和象形文字并存。由于它是图画文字向象形文字过渡阶段的一种文字，所以它是比甲骨文还要早的一种古老的文字。用这种文字写成的东巴经典约有 2 万卷，其中 1 万卷流失在美国国会图书馆和哈佛燕京学社，200 多卷流失在德国、英国、意大利等国。这种文字和经典不但是中国文化宝库中的一个光辉夺目的组成部分，也是世界文化宝库中一颗灿烂的明珠，自 20 世纪初年开始，西方学者就从事这种文化的研究，并取得成果。我国学者的研究虽比西方学者要晚一些，但研究的深度、广度要比西方学者的强得多，而且是真正具有科学价值的研究。李霖灿先生的《么些象形文字字典》、方国瑜先生的《纳西族象形文字谱》就是这一方面的代表作，怎样把这种古老的民族文化发掘出来，为我国的现代化建设服务，是我国民族学家、历史学家、文学家、宗教学家、古文字学家都极为关心的问题。近年来，东巴文化研究所对此进行大胆的探索，他们在认真发掘、抢救东巴文化遗产的同时，大力进行开发应用，使其成为促进经济发展的一种手段。他们的经验是很值得我们借鉴的。德宏经济研究所是人数不多、没有研究员、副研究员的所，但是，由于坚持为地方经济发展服务的方针，他们办成了一个有生气和活力的研究所。他们的成果不仅在州委、州政府决策中，而且在省委、省政府决策中，在省外从事中缅边境贸易的省市决策中，起了重要的作用。德宏边境贸易之所以发展迅速，原因是很多的，他们的研究是促进这种发展的一个积极因素，因此，他们的经验对面向市场经济而发展的社会科学有很好的借鉴意义。

其二是要通过对德宏边境贸易的考察，为德宏州的经济发展和社会进步建言献策，德宏傣族景颇族自治州是一个经济不断发展，各民族人民生活水平不断提升的自治州。这个州的发展，得到中央、国务院和省委、省政府及各兄弟省、市和全国各族人民的关怀和帮助，这里的边境贸易早已不仅是云南一省的事，而是全国众多省市的事，我们邀请七个省市社会科学院的领导和专家前来考察，重要的一个目的就是要进一步推动德宏边境贸易的发展，进一步把畹町、瑞丽的口岸建设好。因此，我衷心希望兄弟院的领导和专家给德宏州留下宝贵的意见，使德宏进一步变为全国性的边境贸易区和边境开发开放区。

日本爱知大学花祭比较民俗学
国际研讨会祝词

　　在筑波大学佐野贤治教授的带领下，中国西南民俗赴日考察团在考察了山形县饭丰町、山形县南阳市的民俗和爱知县东荣町月村的花祭之后，今天出席在这里召开的比较民俗学演讲会，在短短几天的考察中，日本学者和人民对我们表达的深情厚谊，使我们难忘，让我代表中国方的各位先生，向日本比较民俗学会、三河民俗谈话会、爱知大学和出席这次会议的女士、先生们表示诚挚的谢意。对这次会议的召开表示祝贺！

　　中国民俗是中国古老文明的一个极其重要的组成部分，它不仅影响中国人民的物质生产和精神世界，也影响邻近各国乃至世界的民俗。我们在饭丰町和东荣町的考察中发现，日本民俗与中国云南各民族的民俗有许多是相似的、相近的乃至相同的。这说明中日两国的民俗是在长期相互交往中形成的，对两国的民俗进行比较研究，对增进两国人民的感情和发展21世纪的中日关系具有重要而深远的意义。

　　正如大家所公认的，民俗不是经济，民俗研究一般不能直接推动经济的发展，但是，民俗与经济有密切的关系，它在另一个侧面上影响经济的发展。实践已经证明：任何一个国家的经济发展，如果不继承和发扬本国人民优秀的民俗文化，即使经济上出现快速的发展与奇迹，那也是不能持久的。因此，进行民俗研究，保持和发展优秀的传统民俗，是各国人民在发展经济中一项迫不及待的任务。我衷心期望通过这次民俗研究发表会议，有更多的学者投入民俗学和比较民俗学的研究中来。

1995 年 11 月 25 日于爱知大学

丰桥校舍纪念馆三阶讲堂

方国瑜传略

　　国瑜先生是著名历史学家、教育家，因脑溢血抢救无效，1983年12月24日上午八时在昆明不幸逝世，痛失恩师使我陷入无限的哀伤之中。

　　方国瑜先生是纳西族，1903年2月出生于云南省丽江县，自幼困而好学，20世纪20年代初就读于北京师范大学预科，以勤奋学习见重于师友。他从中国共产党主办的《向导》周报上接受民主革命思想，积极投入反帝反封建爱国运动，参加在天安门举行的五四运动四周年纪念大会。会后主动与北京市共产主义青年团机关刊物《政治生活》的负责人张佰简及《向导》周报发行人李树青联系，努力宣传反帝爱国思想。在担任北师大学生会干部期间，曾与中共北京市委委员谢佰屿、吴平地共同组织学生去天安门示威游行，高呼"打倒军阀，打倒帝国主义"，号召赶走黎元洪、曹锟，迎接孙中山先生来京组建"临时政府"。他还被推选为学生代表，进入北京火车站月台迎接孙中山先生来京。1925年，在参加天安门广场举行的五四运动纪念大会中，他奋力与反动军警搏斗，被打成重伤。为了揭露"五卅"惨案暴行，在伤体尚未恢复的情况下，他又率领一个学生小队到天津、济南、南京、杭州等地进行宣传。返京后加入云南左派学生组织"新滇社"，主办《云南》周刊。

　　1927年，方国瑜先生因病休学返乡，1929年北上复学，在革命低潮中未能与党取得联系。他在北师大以国学成绩优异，越级升入国文系二年级，次年又考取北京大学研究所研究生。在两校同时就读期间，从钱玄同、余嘉锡、马衡诸先生治音韵、训诂、目录、校勘、金石、名物之学，从陈垣、梁启超、杨树达诸先生治历史地理之学，纵横经史，博览群书，多有述作，在选修章太炎《广论语骈指》、陈垣的《史学名著评论》《史学名著选读》、钱玄同的《音韵》《训诂》、余嘉锡的《目录校勘》、马衡的《金石学》、吴承仕的《三理名物》、黎锦熙的《国语文法》、刘半农的《语音学》、邱椿的《教育思想史》、范文澜的《文心雕龙》、梁启超的《中国文化史》、鲁迅的《中国小说史》、日本原田淑人的《考古学》、捷克钢和泰的《佛教学》等课程中，他的成绩都十分优异。这为他后来深入研究西南历史地理之学奠定了广阔的基础。

1932 年，方国瑜先生毕业于北师大国文系本科，次年又毕业于北京大学研究所国学研究生专业，一度任北师大研究院编辑员，北平民国大学国文系教授。不久，在北京大学研究所刘复所长的敦促下，回乡习纳西象形文字，乃稍稍留心本省文献。1934 年学成返抵北平，值刘复先生病殁，遂至南京从赵元任、李方桂两位先生治语言学，编写《纳西象形文字谱》，携往苏州就教于章太炎先生。是时有会勘滇缅界务之议，方国瑜先生亦留心边事，在南京国学图书馆辑录云南地方史资料，痛切国家"既失藩篱于前，又蹙国境于后"，激切著文于报刊。李根源先生勉以当亲履边境，实地考察地方史事，遂于 1935 年赴滇西边境调查，周历傣族、拉祜族、瓦族聚居地区，著《滇西边区考察记》。1936 年回昆明，就任云南大学历史系教授，并兼任云南通志编审、审订、续修工作，著有《云南通志》的疆域考、宗教考、金石考、族姓考等四十卷，并审订了全省六十多种县志。抗战期间，内地大学纷纷播迁昆明，时人注意边政，多发愤慨文章，而未能深入研究边地历史事实。方国瑜与凌钝声、向达、楚图南诸先生主办《西南边疆》杂志，并主持云南大学西南文化研究室，致力研究西南历史地理之学，编印丛考，一时各地以研究边疆问题相号召，多有著作，不能不归功于方国瑜先生的积极倡导。

他在新中国成立前致力于音韵、训诂、校勘、金石、名物、语言、文字诸学之研究，曾著《广韵声汇》三十八卷、《困学斋杂著五种》（包括《广韵声读表》四册、《隋唐声韵考》二册、《慎子考》一册、《慎子疏证》二册、《伦学存稿》四册）、《新纂云南通志》诸卷中之四十卷。

新中国成立后，废除了民族压迫制度，宣告国内各民族一律平等。出身少数民族的方国瑜，在政治上获得了新生，受到党和政府的重视和信任，更加淬砺奋发，全心全意献身于历史教学科研事业。1954 年，周恩来总理来昆明，视察云南大学时指出："云南大学历史系教学、科研，应重视地方特点，研究少数民族历史和地方历史，出人才，出成果。"方国瑜立即响应，在他的主持下，历史系于当年就开设云南民族史，他亲自编写讲义并主讲。历史系开设民族史专业和建立民族史研究室，他自述留心云南地方史，先后异趣而实相承。其初治文献之学，囿于地方志书体例者十余年，后乃解脱，稍习科学，从累积现象进而探求实质。这是他在新中国成立后认真学习运用历史唯物主义，研究地方民族史的心得之言。他善于把爱国主义结合到教学科研之中，始终坚持我国是统一的多民族国家，各民族共同缔造了中国历史。某一时期的中国版图，就是那一时期中国各王朝所有疆域的总和。他认为中国史籍，包括近现代的历史教科书，主要记述汉族的历史，兄弟民族的历史没有受到应有的重视，即使是专门记载兄弟民族历史的二十四史"四裔传"，亦不仅内容简略，而且充满着对少数民族的歧视和诬蔑。方国瑜先生在分析历史上错综复杂的民族关系时，力求用民族平等的原则对待历史上不平等的民族关系，充分肯定各兄弟民族在开发和建设祖国特别是辽阔边疆中的伟大贡献。既批判封建史家所谓"夷夏大防"和资产阶级史家忽视兄弟民族历史作用的大汉族主义思想，也批判不承认汉族在历史上起主导作用的狭隘民族主义思想。新中国成立三十多年来，方国瑜在马克思列宁主义、毛泽东思想指导下，运用他多年积累的渊博知识，对云南地方史民族史进行了许多开拓性的工作。先后写成《中国西南历史地理考释》六编、《云南史料目录概况》十卷、《滇史论丛》四辑、《彝族史稿》等十余种巨著，共四百余万字。这些著作大多数是在新中国成立后完成的，在学术上有开创价值，在政治上有现实意义，对于阐明中国历史发展的整体性，维护祖国版图的完整和统一，发掘并研究少数民族对祖国文化宝库的贡献，进行爱国主义和社会主义精神文明的教育，都有重要作用。他不但在国内学术界享有盛名，而且在国际学术界享有盛誉，历来受到党和政府的重视。

方国瑜先生在云南大学任教 47 年。新中国成立后，历任云南大学历史系主任、文法学院院长、九三学社云南省工委副主委、云南人民政府民族事务委员会委员、中央民族事务委员会委员、国务院民族事务委员会委员、全国史志编撰委员会顾问、亚非学会理事、中国教育学会理事、中国西南民族研究学会顾问、云南省民族研究所副所长、云南民族调查组副组长、云南省文联副主席、云南历史学会会长、中国史学会理事、云南民族学院顾问等职。1950 年后，曾当选为昆明市各族各界人民代表，第一、二、三届云南省人民代表，第五、六届云南省人大常委，第三、四、五届全国人民代表大会代表。他热爱中国共产党，热爱社会主义，忠诚于党的教育事业，积极进行民族工作，勤勤恳恳，不知疲倦地工作到生命的最后一刻。他治学严谨，诲人不倦，注意自我改造，严格要求自己。每取得一分成绩，都要归功于党的正确领导，归功于集体的力量。"十年动乱"期间，方国瑜先生受到林彪、江青反革命集团的迫害，但他相信党，相信人民群众，始终坚守岗位，完成党和人民交给自己的任务。

粉碎"四人帮"以后，他心情振奋，坚决拥护党的十一届三中全会以来的路线、方针、政策，领导云南地方史研究室制定八年规划。他于 1980 年向党提出了入党申请书，在自传中写道："今年我已是七十七岁，但在大好形势下，并无迟暮之感，要为建设社会主义现代化强国尽绵薄之力！"他在意志上虽然没有迟暮之感，但在思想上确有紧迫之感，因而更加忘我地工作，努力克服双目失明、部分胃切除及几次休克等健康上的困难，以口授和助手做记录的方式，主编了六百余万字的《云南史料丛刊》，又不顾年迈力衰，一批又一批地招收硕士、博士研究生，并且为云南广播电视大学讲云南地方史课程，他以顽强的意志实现了为"四化"奋斗到最后一口气的誓言。

方国瑜先生对于中国西南民族研究学会的学术活动，给予了特别的关心。学会在昆明召开的会议、举行的学术活动，他都主动出席，并认真进行准备，把自己的意见发表出来。对于学会的出版物，他不仅进行指导，而且进行督促，要求办好。他对学会工作人员说："我国是统一的多民族国家，现共有五十多个少数民族，其中居住在西南的有二十九个，除个别的族属（如回、蒙古）系后来迁来之外，其余都是自远古以来就在西南地区，研究这些民族的历史，不但对研究中国史具有十分重要的意义，而且对于执行党的总路线及党的民族政策具有十分重要的现实意义。你们要把学会办好，出人才，出成果，为'四化'建设做出贡献。"又说："研究西南民族的现状，促进各民族的团结，改变各民族地区历史上形成的经济文化落后现象，使各少数民族尽快地富裕起来，应是学会和会员进行工作和研究的一个重要的奋斗目标，你们要扎扎实实，多搞调查研究，为党和政府当好参谋和助手。"为了做好工作，他诲人不倦，不论是省外来的同志，还是在省内和昆明工作的同志；不论是熟悉的，还是不熟悉的，只要问到他，他都要滔滔不绝地进行讲授。当他逝世的消息传出之后，受到他的教益的会员和同志，无不以失去良师而悲恸。

方国瑜先生的一生，是追求光明、追求进步的一生，他走过从爱国主义到共产主义的光荣道路，这也是大多数有志气的中国知识分子所经历的道路。他是我国社会科学战线和民族工作战线的好战士，是我的恩师、良师。他的逝世是我国学术界的一大损失。他把半个世纪的研究成果贡献给人民，在开创地方史、民族史研究上做出了不可磨灭的贡献。他在生前一再表示："要求入党是我二十多年的愿望。要把为共产主义事业奋斗终生作为我的归宿。"根据他生前的请求和他对于祖国学术文化事业的贡献，他在去世后被追认为中国共产党党员。

在追念方国瑜先生的时候，我们要学习他不断追求真理、追求进步的革命精神，学习他的科学态度和治学精神，学习他严于律己、宽以待人、艰苦朴素、平易近人的优良作风，学习他数十年如一日，不知疲倦地为教学、科研事业艰苦奋斗的劳动态度，学习他把自己辛勤劳动搜集和掌握的全部资料无私地提供给后学的共产主义风格。我们要在党的十二届二中全会精神的指引下，努力做好我国的民族研究工作，为实现祖国"四化"的宏伟目标做出贡献。

1983 年 12 月 27 日于云南大学

国瑜师的为人为学 *

2003 年是方国瑜教授诞辰 100 周年的纪念日，云南大学师生在此隆重举行纪念会，继承弘扬国瑜师的为人为学精神，意义是深远的。

从 1961 年参加全国研究生招生统一考试，成为国瑜师的嫡门弟子，到先生逝世，我在国瑜师的精心指导下学习工作了 22 年，国瑜师的为人为学精神，使我受益无穷。

国瑜师品德高尚，为人师表，以德立人，他说："政治家讲修身治国，学问家讲修身治学，不讲道德修身，学问是做不好的。""治学要超过前人，'学以聚之'，发前人之所未发，正前人之瑕疵，但不能淹没前人。任何无得而发，或不下苦功夫，有一点皮毛之见，就洋洋万言，都是应力戒的。写论文，犹如炼钢铁，只有千锤百炼，才能写出传世之作、永具价值之作。"国瑜师以弘扬国学为治学之本，而非为追名逐利，他做学问精益求精，反对任何的浮躁与急于求成。他的宏文巨著，大都是在晚年才出版的。早在 20 世纪 40 年代，他就认真作过樊绰《云南志》（又称《蛮书》）校注，可一直未拿去出版，几十年如一日地不断坚持增补订正。20 世纪 60 年代初，北京大学向达教授出版《蛮书校注》，他看后很有感触地对我说："我几十年的工夫没有白费，向达教授的许多看法与我是一致的，但他的大作仍有许多未尽之处，你看看，能否再作些补充修正。"在给我上的第一堂研究生指导课上，国瑜师说，他开始懂事的时候，祖母问他："你长大后

---

* 本文是 2003 年 3 月 7 日在云南大学纪念方国瑜教授诞辰 100 周年大会上的发言稿。

要立功、立德，还是立言？""要立言！"他似懂非懂地回答了祖母，"你身体差，戎马从军去沙场立功不行，立德做官也不大符合你的个性，立言还可以。立言须读破万卷书，行万里路啊！你有这样的意志吗？"他对祖母做了肯定的回答。我问国瑜师："何以叫读破？"他说："对有价值之书要反复读、深读、精读，读出新知新见。我读王崧主编的《云南备征志》有数千遍之多。"国瑜师在其所著《云南史料目录概说》中说："瑜初学滇史，得力于此书，校点批评，已四十年，常用之校本，已破损不堪。"他给我看了被他读破了的《云南备征志》，我吃惊不已。他在与其他史书的比较、类编中，对该书所记载的历代著名典籍的瑕疵，提出了数以万计的批评和补正。眉批、脚注和行注，密密麻麻，早年之所注，连字迹都模糊不清了。他的不朽之作《云南史料目录概说》《云南民族史》《彝族史稿》《滇史论丛》《中国西南历史地理考释》等，可以说都是他破《云南备征志》的成果，都是他破万卷书的结晶。

在另一次指导课上，国瑜师对我们讲了一个寓意深刻的故事。他说，上古时代有位知识老人下凡，收凡间弟子，以培养传人，一天，他聚弟子们于膝下，让众生说出自己最想得到的东西，然后由他赐予。弟子们争先恐后地报出金银、珠宝、土地、兵器、书籍等物品，每报出一样，知识老人都以右食指点石而成，以满足之。众生中唯有一人沉思不语，老人问道："你为什么不报？"该弟子说："我想要的东西，你是不会给的。"老人说："任何东西我都可以满足你。"该弟子说："我要你点石的食指。"知识老人高兴万分，迅速断食指而予之，并化为雾气升空而去。国瑜师讲完后问我："得何启示？"我说："这个弟子私心太重，他想要的是整个宇宙，连恩师的手指也不放过。这样的弟子是逆徒。不过，这个弟子的智力过人，他抓住了根本，继承了老师的方法，我认为还只有他可以做这位老人的传人。"国瑜师边听边点头，边敦促我说下去。我说完以后，他高兴地说："知识老人之所以化雾升空，是他已找到了满意的传人，找到了理想的传人。"我茅塞顿开，知道国瑜师的苦心，是要我们不要仅仅重视他得出的研究结论，更要学会他的治学方法。不要仅仅只知道他做了什么，更要知道他是怎么做的。

我希望今天年青一代的学子，学习方国瑜先生的为人，研究与弘扬国瑜先生的治学方法，与时俱进，再建新时代的学术大厦。

2003 年 3 月 7 日于云南大学

国瑜师的史学观和方法论[*]

国瑜先生是我国著名的马克思主义历史学家。他搜集与考订大量的史料，编撰各种历史著作，阐述史学理论和治史方法，为我国和世界留下了取之不尽、用之不竭的史学遗产，作为对他诞辰 110 周年的纪念，我想就弘扬他的史学观和方法论谈两点粗浅的看法。

一　他的史学观

概括地说，就是"以人为本"的人民史观：他认为，人民是历史的主人，历史就是人民征服自然，改造自然，保护自然，与自然相依共生的运动过程。把历史归结为帝王将相的作为，归结为侵略者、征服者的行动，都是根本违背历史规律的。他批判儒家公羊派"异内外""尊王攘夷"的观点，批判《汉书》作者班固把西南少数民族视为"外夷"，把少数民族人民居住的地方视为"殊域"，把西南少数民族人民视为"别种"的观点。他说："新中国的历史科学，要严格批判旧的反动历史观，不仅要把各少数民族的历史写在中国历史之中，而且要写在中国历史之内，不能见'外'。"^①他批判封建统治者

---

* 本文是在云南大学纪念方国瑜诞辰 110 周年学术研讨会上的讲话。

① 方国瑜著，林超民编：《方国瑜文集》第一辑，云南教育出版社 2001 年版，第 10 页。

颠倒历史，歧视、凌辱人民的反动历史观，他说："我参加少数民族社会历史的调查研究，曾多次听到各族人民恳切地说，我们这一代，得到毛主席、共产党的好领导，翻了身，地位改变了，而我们的祖先，几千年来受尽凌辱，含冤莫白，希望历史工作者在毛主席、共产党的正确思想指导下，使我们的祖先也得到翻身。要把被颠倒了的历史再颠倒过来。"[1] 他认为只有把被颠倒的历史再颠倒过来，历史才能成为科学，成为人们认识世界、改造世界的武器，《彝族史稿》是他在新中国成立后出版的重要著作，为突出"人民史"这根主线，他未采用帝王体系的历史分期，而是以社会经济形态作为时代的分野。他说："彝族历史发展进程，由原始社会而奴隶制而封建制各形态，有些地区经过封建制的前期（领主制）到后期（地主制），从一种形态变为另一种形态，都是人民推动生产力发展的结果。"

二　他的方法论

方国瑜先生以毛泽东的"实事求是"作为他的"人民史观"的方法论。他说："'实事'就是人民推动历史发展的一切事物，'是'就是这些事物的内部联系，即规律性，'求'就是我们去研究实际情况，从其中引出固有的而不是臆造的规律性，即找出周围事物的内部联系，作为我们行动的向导。这些对我们的工作有极其重要的指导意义。所以我事先搜集有关的片段资料，略作解说，而后分题考究，再拟订章节与编缀之，略具条理，附注参考及考说，不厌其烦，意在提出资料、提出问题、提出意见，使读者知其然，更知其所以然，为进一步研究提高做好基础。"又说："要做到实事求是，就必须有大量

---

① 方国瑜：《彝族史稿》，四川民族出版社1984年版，第2页。

的、批判审查过的、透彻掌握住了的历史资料，经过多年的冷静钻研，通过自己的独立思考，下一番极认真、极艰苦而浩繁的功夫。单靠说几句空话，是什么也做不出来的。实事求是，就应该做到全面，不要片面；要客观，不要主观；要本质，不要现象……从实际出发，找出规律，得出科学结论。"[①] 他著的《彝族史稿》在各章节附注的参考资料多达272条，这些资料，都是经过考辨，认为准确真实后才采用的，而且揭示其本质内涵，使其成为立论的根据。史料的准确性、真实性，是历史科学的生命，不准确、不真实就不科学。史料是一定的社会物质生活的产物，与社会、经济、政治关系密切相关，选择史料、解释史料、运用史料都必须符合人民的利益，"以民为本"既是他的人民史观的核心，又是他的方法论的核心。国瑜先生长于古文字学、音韵学、考古学、金石学、目录学、版本学、印章学、档案学等，通过搜集、考订、校勘、辨析，以论证史料的真伪、价值、源流、形成的地域、形成的时间及作者。史学界多有国瑜先生是"乾嘉考据学的正宗传人"之论，应该说乾嘉学派的考据学对他的影响是大的，但他的方法与乾嘉学派有根本的不同，正如他所说："乾嘉学派主张实事求是，但他们沉湎于烦琐的考证，只见树木，不见森林。"他坚持的实事求是，本质上是马克思主义的历史唯物主义。

总而言之，方国瑜先生的史学观和方法论，是他留给我们的无价之宝，是我们繁荣历史科学，实现中华民族伟大复兴之梦的重要法宝。

2013 年 3 月 23 日于云南大学

---

① 方国瑜著，林超民编：《方国瑜文集》第一辑，云南教育出版社2001年版，第19页。

缅怀恩师李埏先生

恩师李埏辞世，已经多年，他的教益和留给我的感受，一直萦绕在脑际和心间。

李埏先生 1940 年毕业于西南联大，先后师从钱穆、张荫麟、吴晗、向达、姚从吾等国学大师。他所接受的精良的国学教育，为他奠定了未来成为一代史学大师的深厚功底。早在他大学毕业的 1940 年，他就在《中央日报》史学副刊上发表《宋代四川交子兑界考》的宏文。1943 年，又在《浙江大学文学院集刊》第十集，发表《北宋楮币起源考》的大作。那时他才 26 岁，师友们就给他戴上了中国宋代经济史学家的桂冠。29 岁时，他治宋史的杰出成就，又使同行学人和后生们崇而趋之。

如果说民国时期的时代局限性，使他的史学成就，还只停留在中国传统史家对史料的解读和考辨考据方面，那么，中华人民共和国成立之后，中国共产党的教育和马克思主义的引领，则使他摆脱了传统史观的制约，走上了科学治史的道路。他刻苦学习马克思主义原著，创造性地应用马克思主义研究历史的作为，不但在师生中树立起光辉的形象，而且使他成为在学术界令人崇敬的马克思主义史学家。他的《试论殷商奴隶制向西周封建制的过渡问题》《试论中国古代农村公社的延续和解体》《论我国的"封建的土地国有制"》《经济史研究中的商品经济问题》《试论历史局限性》等论著，在 20 世纪 50—80 年代中，如大潮汹涌，在中国史学界关于西周社会性质、中国封建土地制度史的百家争鸣中，树立起里程碑式的新格局。我 1957 年考入云南大学历史系本科，对自己的学校和专业缺乏认识，常为未来的前途而揪心，想退学来年考北大。读李埏先生的《论我国的"封建的土地国有制"》和侯外庐先生的《中国封建土地所有制形式问题》之后，觉得历史专业是大有作为的，云南大学有全国的名师，从而坚定了读下去的信念。还在大学期间，我就经常慕名请教李埏教授。1964 年，他从研读马克思的《资本论》中，发现该书第三卷第 403 页的"生产越是发展，货币财产就越是集中在商人手中"一句，不符合马克思的经济学说，就拿德文本进行对照，结果发现："生产越是发展"，是"生产越是不发展"的错句，书中少了一个"不"字。郭沫若先生对他的发现高度重视，特意在《历史研究》1964 年第 3 期发表致李埏先生的信："我查了一下德文原本，证明李（埏）同志的见解是对的，中译本确是错了……中文本确是漏了一个'不'字。虽然是一字之差，但这个字很重要，漏了一个字，会致'差之毫厘，而谬以千里'，建议中译本出版处重视这个字，加以改正。"《资本论》的翻译工作可以说是天衣无缝的，李埏先生能纠正其中的一个字，说明他学习马克思的原著是何等的精细，消化是何等的强，理论水平是何等的高。这是许多名家所不能与他相比的。

1962 年秋天，在通过全国研究生统考中，我被录取为方国瑜先生指导的副博士研究生，在完成国瑜师下达的习研任务后，我总是带着学马克思《资本论》和恩格斯《家庭、私有制和国家的起源》中无法理解的问题，登门求教李埏先生。在他精心地讲解下，我读马、恩经典著作的能力日益获得提高，以其分析论证历史问题、民族问题的能力也获得不断增强。我的研究生毕业论文《论大凉山彝族社会中曲诺等级的几个问题》，获得导师国瑜先生的赞许后，我送给李埏先生指正，过了三天，他把我叫到古代史教研室说："你认为曲诺不是被黑夷征服而隶属于黑夷的异族群体，而是同族内部阶级分化的产物，这是对的，但是你未用恩格斯在《家庭、私有制和国家的起源》一书中关于私有制产生的理论去分析，知其然而不知其所以然，在原始公社制度下，生产关系的基础是生产资料的公有制，这是由共同耕种、诸房共居、平均分配的生产力决定的，生产力的发展提高，剩余产品的增多，交换的出现，必然导致私有制的产生，出现公有制和私有制并存的社会组织农村公社。你要学习《马克思恩格斯全集》中文版第十九卷《给维·伊·查苏利奇的复信草稿》等有关农村公社（农业公社）的论述，用它去分析曲诺的问题。"我的论文经过两次修改，我再送给他，他看后对我说："响鼓不用重槌啊！你成功了。"在这次清理旧稿中，当我看到这篇已尘封50余年的毕业论文，对李埏先生的无尽的哀思，又涌上心头。我恨自己没有在国瑜和李埏两位恩师健在时将这篇论文发表。

李埏先生教我读马克思主义经典著作，是不断的、长期的。他对我能用论史结合方法研究历史的任何微小进步，都要进行鼓励。他看到《中国社会科学》1981年第2期中文版、英文版同年第4期，发表我的《论凉山彝族的家支制度》的论文后对我说："这是你的成功之作，文中15处引用马、恩的著作分析问题，你对马克思、恩格斯基本理论的掌握是深入的，应用能力、感悟能力是强的，所以论文的学术价值和学术水平都不一般。"我感谢他的鼓励，我说："在学习应用马克思主义方面，如果有点进步，完全归功于先生的指导、示范和培养。"他对我说的不以为然。1993年4月25日，他约我见面，说要赠送他录写的诗一首。见面时我接过先生的墨宝，才知他所录的是杜甫的《奉简高三十五使君》诗：

> 当代论才子，如公复几人。
>
> 骅骝开道路，鹰隼出风尘。
>
> 行色秋将晚，交情老更亲。
>
> 天涯喜相见，披豁对吾真。

李埏先生录赠的杜甫诗

恩师送诗的寓意深刻，是激励，是鞭策，是寄托，是期望。我感慨万千，将它装裱挂在书房中，以作谢师感恩、努力进取的动力。2001年12月10日，我去云大人文学院参加李埏著《不自小斋文存》出版座谈会，那时他已87岁高龄，我在发言中敬祝他健康长寿，情不自禁地喊出祝李埏先生千岁！千岁！千千岁的祝词。后来阅读《不自小斋文存》，才知道抗日战争期间，他与钱穆迁往遵义的浙江大学任教，钱穆给他录赠了上述的杜甫诗。我深深感到，钱穆不但是国人敬仰的学术大师，而且是呕心沥血培养传人的名师。恩师李埏接受他录赠的杜诗，是当之无愧的，而我接受李埏师的如此录赠，则是愧不应该的，只有用努力进取来对恩师进行回报。

我到省社会科学院工作后，很少有随心所欲地去拜见他，请教他的机会。有一次在云大校园中碰见他，他说："我招唐宋经济史的博士研究生，你来讲点专题吧。"我说："这非我之所专，但我要送省社科院的年轻学者来考您的博士生。"我选择社科院历史所的王文成同志去报考，当文成成为他的嫡传弟子，又以优异成绩毕业，将他的学术思想、学术专业、治学与为师风范传承到省社科院来时，我由衷地高兴。有一次，他在云大校医院住院，我去看望他，告诉他省社会科学院，将传承和发展他研究唐宋经济史和马克思商品货币经济学的事业时，他笑容满面。

今天是李埏教授100周年诞辰纪念日，缅怀李先生的业绩，志在传承他的学术思想和精于用马克思主义振兴祖国学术的世界观、价值观和方法论，为实现中华民族伟大复兴的中国梦做贡献。

2014 年 11 月 21 日

于云南省社会科学院历史研究所

我与马曜教授的结缘

我对马曜教授的敬仰，始于 1957 年。那时，我还是一个刚从山村步入大学，不懂政治与学术的青年。在云南大学历史系的资料室里，我读到他和已故缪鸾和先生的著作《西双版纳傣族社会历史调查报告》《云南边疆几个少数民族的社会性质》（载《光明日报》1957 年 3 月 1 日）。其字里行间的泥土味和令人折服的理论分析，顷刻就使我入胜。他对西双版纳寨公田性质的论证使我茅塞顿开，一下子就找到了解开马克思"农村公社二重性"的钥匙，认识到研究社会历史问题必须以马克思主义为指导，而理论的价值只有在用其去解决社会历史问题中才能得到实现。马教授不是一个专门的马克思主义的理论家，但是，他在用马克思主义的立场、观点、方法去解决民族社会历史问题方面，却堪称典范。他对云南少数民族社会历史问题进行调研的数以百万字计的成果，成为我踏上"历史民族学"万里征程的启蒙著作。

我读他的著作的时间早，但与他的结识却比较晚。1957 年至 1966 年，我在大学攻读本科和研究生课程，无时不想亲耳聆听他的教诲，可是他身负重任，日理万机，不克暇给，要与他接触和向他讨教是根本不可能的。1966 年"文革"开始后的五年间，他被打成"反动学术权威"，下放农村"插队落户"。1972 年虽获准回云南大学任教，但因为他工作忙，我已不在他工作的历史系任教，很难见到他，那时想与他结识，也不能如愿。

　　1975 年，省里决定编辑出版一份综合性的政治理论刊物，取名
《思想战线》。报经当时的国务院科教组批准，以云南大学文科学报的
形式公开发行。作为这个刊物的筹办者之一，我对上级所定的刊物的
政治理论性质怀有异议，主张办成纯学术性的有地方民族特色的杂
志。然而，在当时的政治环境中，这样的主张是不能公开提出来的。
于是，我寄希望于请马曜来做主编，因为他是权威学者，既在学术上
有很高的造诣，又执着地追求繁荣祖国的学术，对于"四人帮"搞的
那套祸国殃民的"政治理论"，我们都是不敢苟同的。我请马曜做主
编的建议，立即得到编辑部筹办组负责人史宗龙同志的热忱赞同。经
过一段时间的酝酿和上下沟通，云南大学和省委最终决定编辑部由马
曜任主编，史宗龙、殷光熹任副主编，何耀华任党支部书记。多么欣
慰啊！与马教授结缘的良机已经降临，我成了他情同手足的学生和助
手。他就任主编以后，不顾再陷逆境的风险，坚持以学术性作为刊物
的灵魂。在创刊号上，他发表《庄跻起义与开滇的历史功绩》，在第
3 期上又发表《诸葛亮安定南中与和抚少数民族的历史功绩》。这两
篇学术论文发表后，他倡导就庄跻和诸葛亮问题开展全国性的学术争
鸣，刊物连续数期发表了讨论文章。就这样，他身先士卒，在学术界
为刊物的学术性质画了像。当时时值"文革"后期，"四人帮"的倒
行逆施，不仅使社会动乱此起彼伏，而且使学术处于暗无天日的境
地，这样既可使刊物摆脱"四人帮"的控制，又可使惨遭厄难的中国
学术为之一振。由于打"学术牌"，刊物生面大开，国内外总订户由
几千户上升至 10 万户。"四人帮"被粉碎后，在肃清其流毒的"揭、
批、查"运动中，省委做出结论："《思想战线》创刊以来的政治方
向是正确的，主流是好的。"这不能不归功于主编马曜坚持了以学术
取胜的办刊方针，不能不归功于他的助手和编辑部同人与他的亲密
合作。

　　1975 年夏天，为组建《思想战线》的学术写作队伍，我陪马曜

教授去楚雄、大理、临沧、保山、德宏五个地、州，广泛联系身居第一线的学人和有志献身祖国学术事业的志士。在各地召开的座谈会中，他言传身教，反复讲理论联系实际的重要性，并以能否做到理论联系实际作为发现人才和考察作者的标准。大理制药厂有一位从事仓库管理的白族工人，要求出席我们召开的座谈会，由于州里邀请与会的学者都是学有专攻的理论骨干和社会名流，他被拒之于门外。马曜教授在与他谈话中发现他有献身学术的强烈志向，有观察社会和分析本民族文化遗产的能力，于是给他开了绿灯。在马教授的精心指导与栽培下，不几年工夫，这位名不见经传的工人就成长为省级有突出贡献的社会科学人才，并应美国康奈尔大学亚洲系的邀请去该系讲学。在楚雄州召开的座谈会上，一位青年以"手推车的工分报酬怎样计算"为题向马曜教授请教，当时马教授不是直接为他作解，而是启发他讲出自己的意见。他发现他有较强的理论联系实际的功力，就选为培养对象，并为他编发稿子。在马教授的鼓励和帮助之下，这位同志从此投入学海，最终成长为一名编审，主持了省地方志办公室的工作。

1981 年秋天，来自四川、云南、广西、贵州、北京、上海、广州等地的上百名有名望的老、中、青年学者，在昆明成立中国西南民族研究学会。马曜教授当选为首任会长。他全身心地投入学会的领导工作，倡导开展金沙江、澜沧江、怒江、大渡河、雅砻江、岷江流域的民族综合科学考察（简称"六江流域民族综合考察"）。他的倡导不但博得全体会员，而且立即博得费孝通等一批老一辈权威学者的赞同。调查首先在雅砻江中下游取得成功，数百万字的调查报告给党和国家在西南地区进行"两个文明建设"提供了科学决策的依据。马曜教授说："学会的生命就在于开展群众性的学术活动。"在他的精心设计和组织之下，中国西南民族研究学会以维护祖国统一，加强民族团结，推进"四化"建设为宗旨，分别先后召开了全国首届藏族、彝族、苗瑶族学术讨论会。这些讨论会是我国民族学发展史上的新的里程碑，他的每次会上的发言都为民族学学科的发展注入了新的活力。

1995 年 10 月 28 日，中国西南民族研究学会在西昌召开"马曜从事学术活动 50 周年的纪念座谈会"，来自西南五省区和北京等地的学者，对他从事学术活动的光辉业绩给予全面的高度的评价。会议号召大家学习他为繁荣我国学术事业呕心沥血的精神；学习他严于治学，严于律己，诲人不倦，艰苦朴素，平易近人，襟怀坦白的高贵品德。

作为他的学生和助手，追随左右工作 21 年，我受益良多，在云南民族学院要为他出版从事创作学术活动五十周年纪念文集的时候，谨以这篇短文表达纪念之情。祝马老健康长寿。

1996 年 5 月 2 日于云南省社会科学院

（原载《马曜先生从事创作学术活动五十周年纪念文集》，云南教育出版社 1996 年版）

尤中教授的为人为学：庆贺尤中执教 70 周年

尤中教授是新中国培养造就的第一代中国民族历史学的学术大师。他著作等身，建树广受国际国内学者的赞扬。胡适"为学要如金字塔，要能博大要能高"的名言，曾启发他用建造金字塔的精神，去构建中国民族历史的学术金字塔。他继承和弘扬"乾嘉学派"的考据学，广泛汇集全国各民族的历史文献资料，进行精益求精的科学考证，并与云南各民族的资料进行比较研究，用马克思主义作指导，对历史问题、历史发展规律进行探索，他说："现状是历史的发展，历史上的很多问题一直延续保留至今天，只有进行社会调查，历史问题和历史规律研究中存在的短板才能解决。"1962 年，外交部调他参加《中国历史地图集》的编绘工作，为正确绘制云南的历史边界，他手持自己考订汇集好的文献资料和草图，深入滇、桂交界地段，滇西德宏边境，对山川河流、边界状况、民族分布和国家归属认同、民族风俗、民间传说等进行调查，在四千多公里的国境线进行往返考察，最后绘制成《中国历史地图集》的西南边界图，写成《中国西南边疆变迁史》（云南教育出版社 1987 年版）。如此写成的著作，还有《中国西南的古代民族》（云南人民出版社 1980 年版）、《中国西南民族史》（云南人民出版社 1985 年版）、《云南民族史》（云南大学出版社 1984 年版）、《云南地方沿革史》（云南人民出版社 1990 年版）等。如果说上述诸多的著作，是他构建的学术金字塔的底部及中部，他的 500 万言 3 卷本的鸿篇巨制《中华民族发展史》（云南晨光出版社 2007 年版）则是它的塔尖。此书是"十一五"（2006—2010 年）国家重点图书规划项目、云南大学"211 工程"建设项目。这是他 52 年民族史教学科研丰硕成果的集大成之作。出版者在此书《后记》中说："这部专著不仅内容博大而且独具学术的个性特色，内含的学术创见也十分丰富，全书的规模和分量非常厚重。……这在近百年来问世的中国民族史研究专著中也是仅见的。"一些专家认为，尤中的著作，具有教化天下，资政育人，治国安邦，促进各民族团结、进步、繁荣的历史和现实价值，是实现中华民族伟大复兴中国梦的历史科学的能源。作为新中国培养的史学大师，他是当之无愧的。

尤中教授之所以取得上述成就，首先取决于他坚持以马克思主义作为自己研究和著书立说的指南，他说："任何一门科学的研究中，都必须以马列主义为指导思想。"又说："民族学的研究，总要在马克思列宁主义关于民族问题的理论指导之下去进行，马克思列宁主义关于民族问题的理论给民族学的研究指出方向，无产阶级的革命实践给民族学提出具体的任务，而民族学研究的成果，却又丰富了马克思列宁主义关于民族问题的理论，帮助无产阶级解决在革命实践中它所要解决的问题。"其次是他认真践行他"勤以治学，严以律己，宽以待人"的座右铭。在治学上，他每天学习到深夜两点才休息，第二天七点多照样起床工作。即使一个字义不明，他都要像朱熹所说的那样："如酷吏治狱，直是推勘到底。"在为人上，他重视道德，认为一个人有学识是重要的，而有高尚的品德更为重要。他牢记中学时老师说的两句话："士不立品者必无文章"，"奸人知识，足以济奸"（就是说，有学识而没有道德，那这种学识就足以帮助这个人干坏事）。他以此自勉，努力使自己成为一个有高尚道德的人。由于坚持以德律己，以德育人，学生们都与他亲近如家人。

1957 年 9 月，我考入云南大学历史系本科上大学。从大三开始选学少数民族史专门化的组合课程，其中有尤中先生主讲的《云南民族史》，这门课原是由著名史学家方国瑜先生，遵照周恩来总理 1954 年视察云南大学时的指示开出的。那年秋天，尤中先生毕业留校，分配做国瑜先生的助教，跟随方先生学研云南民族史，他学之以勤，勤之以博，博之以精，深得国瑜先生的赏识，师生称他为"方国瑜的大弟子"。1956 年秋天，国瑜先生将云南民族史的教课任务，交给他承继，1957 年第 12 期《历史研究》，刊登了他写的云南民族史讲义的第二章《汉晋时期的西南夷》，这是他登攀中国史学权威杂志的成名之作。当时我刚跨进大学的门，这篇东西被我手抄入包，经常阅读。这是我和尤中先生有缘之始。1962 年，我考取方国瑜先生署名招的副博士研究生，成为与尤中先生师承同一、志同道合的后学。尤先生多次对我说，是方国瑜先生将云南民族史的授课任务交给他，使他今生走上了从事民族史教学科研的征程。我与尤先生的情谊，因共同致力于国瑜先生开创的民族史学大业而深化。亦师亦友，尤中先生都是我修德和取得学养的助力者。我的《武定凤氏本末笺证》稿，他精心审编，在他主编的《西南民族研究集刊》发表。他在《贺云南省社会科学院建院二十周年》的诗中写道：

> 跋涉二十载，广树云岭松。
> 社科新世界，百花闹春风。

这不但是对我省社会科学发展，对省社科院二十年取得工作成就绩的赞歌，也是对我们进一步做好社会科学研究的激励。

今天我们庆贺尤中教授执教 70 周年，就是要学习和继承他为人为学的精神，以他为榜样，进一步做好教书育人和社会科学各门学科的学术研究工作，为实现中华民族的伟大复兴做贡献。最后，祝尤中教授健康长寿！

2015 年 9 月 21 日于云南大学

评王连芳同志的《云南民族工作的
实践和理论探讨》*

实践是理论的源泉，又是理论的试金石。连芳同志长期从事民族工作，有极为丰富的民族工作的实践经验，这使他在攀登民族理论高峰的道路上取得了一步又一步的成功。

《云南民族工作的实践和理论探讨》一书的成功建树。就是全面、系统、深刻地总结了自新中国成立以来，特别是改革开放以来云南民族工作的实践。之所以说它全面，一是指它涉及的领域包括了云南民族工作的所有方面和层面；二是它对每个问题的研究，都是从正反两个方面来分析的。之所以说它系统，是因为它对每个问题的研究，都是从纵向展开，清晰地勾画出它的来龙去脉，给人以完整的了解。之所以说它深刻，是因为它有成功的理论概括和新的理论创造。可以说，在理论上有创新是本书一个卓有价值的特色。

第一，在本书中，连芳同志提出："各民族之间的关系，不是一般的人与人之间的关系，先进和后进、多数与少数的关系，而是各有特点，各具长处和不足的人们共同体之间的关系。这就决定了每一个民族既有与其他民族相互依存、团结奋斗的优良传统，也有对内认同、对外排他的特点，鲜明表现出相对的排他和联合的两重性。"这个看法是反映规律和实际的理论观点。它有益于我们认识我国民族团结发展的客观规律和民族问题、民族矛盾存在的长期性。就民族矛盾

＊ 此文是 1996 年 4 月 16 日下午在云南省人大召开的本书出版座谈会上的发言。

而言，由于存在民族共同体的排他性，只要有民族共同体存在，民族之间的矛盾就会存在。因此，这个看法有利于我们去正视矛盾、化解矛盾。

第二，连芳同志提出："民族的团结与发展（特别是经济发展）是党的民族工作必须贯彻始终的主题。"这个看法为新时期的民族工作提出了一条纲领，民族团结是民族发展的保证，而没有民族的发展，是不会有真正的持续的民族团结的，团结与发展之间的关系是互动的、相辅相成的，把二者作为民族工作的主题，这是对我们党的民族工作内涵的新概定，它将使民族工作更加富有内容和生命力。

第三，连芳同志提出："云南的民族问题，主要是有着民族特点的农民问题，绝大多数又是带有民族特色的贫困和后进的农民问题……在社会主义市场经济条件下，民族关系的实际内容，既是带有民族形式的农民与农民的关系问题，又是带有民族形式的工农关系和城乡关系问题"，"党和政府与后进民族农民关系的好坏，在很大程度上决定着民族关系的好坏"。这个看法的核心是主张把民族工作的着重点放在解决后进民族农民的贫困问题及科学文化素质的提高上。后进民族绝大部分是农业民族，农民是后进民族的主体，因此，后进民族农民的富裕和文明与否，关系党的民族工作的成败，关系各民族的团结和国家的长治久安。这个看法把在山区和后进民族地区做民族工作的任务具体化了，这就是要着力提高农业生产率，抓好农村经济的发展，使少数民族农民走上致富和精神文明的道路。不言而喻，这一看法是符合实际而具有实践价值的。

总的来说，这是一本对云南民族工作的实践和理论进行系统、深刻总结的好书。

1996 年 4 月 16 日

《亚洲西南大陆桥发展协作
系统研究文集》序

亚洲西南大陆桥发展协作系统研究第三次国际学术讨论会，1993年12月6日至9日在昆明召开。这次会议由川、黔、桂、藏、滇、渝五省（区）六方社会科学院组成的大西南战略研究协作中心、云南玉溪地区、香港亚太二十一学会联合发起，云南省社会科学院承办。来自中国北京、西南各省区及泰国、印度、尼泊尔、新加坡、法国等国家和中国港、台地区的120多名专家学者出席了会议。会议以探讨中国大西南地区的产业发展大计，及其如何与邻国的产业发展相配合，特别是对建设亚洲西南大陆桥，加强中国西南地区与东南亚的经济联系，促进共同的发展与繁荣等问题为中心，并对与之相关的理论和实际问题，进行了宏观与微观的多方面、多角度、多层次的热烈讨论。这次会议讨论的问题，比1990年10月在广西桂林召开的第一次讨论会，1992年3月在成都召开的第二次讨论会更为深入广泛。

建设亚洲西南大陆桥（亚欧第三大陆桥），连接北部湾周边到孟加拉湾周边、阿拉伯海周边和伊斯坦布尔的交通网络，发展中国西南与东南亚、南亚、西亚乃至欧洲各国的经济关系，实行双向开放，将使各方受益。对亚太地区、印度洋、大西洋地区的和平与发展具有积极意义。

中国西南地区人力、物力资源丰富，但多数为贫困及发展滞后地区，开展各省区的经济技术协作，形成有内在经济活力和对外开放活力的西南经济区，在平等互利、共同发展基础上，与东南亚国家、南亚国家发展经济合作，进一步形成东南亚、南亚经济区，既可以改变西南各省发展滞后的状况，又可以加快有关各国的现代化进程。亚洲西南大陆桥及其相关的产业协作系统，是形成这个新的亚洲经济区的一根纽带。建立大陆桥的核心是建立铁路网络。铁路干线包括东西、南北两个走向，南北走向可从中国云南广通至大理铁路（广大线）的祥云站南延，沿澜沧江临沧、景洪、勐腊和老挝的会晒，再跨湄公河与泰国北部的铁路相接；东西走向可自广大线的大理站向西延伸，跨怒江、澜沧江至腾冲和缅甸的密支那，再由密支那向西北延伸至印度的列多，与印度的铁路网相连。沿铁路两侧可建立与当地资源相配置的加工型产业和高端制造产业。

建立亚洲西南大陆桥及其发展协作系统是一项庞大的系统工程，除了建设铁路及其两侧的跨国产业之外，还包括建设公路、水路、航空网络及其与之相关的跨国产业。以东南亚地区的跨国水运为例，第一，中、缅、泰、老四国对当前开发湄公河航运及在四国毗邻地区进行国际经济技术合作表示出浓厚的兴趣。自 1990 年开始，四国官员和专家，曾进行澜沧江—湄公河国际航道丰、中、枯水期的考察。专家们认为，从思茅小橄榄坝至中缅边境第 244 界碑的 188 公里，可通行 50—150 吨级船舶，中水期可通行 300—500 吨级船舶，年通过能力为 100 万吨。在进行多次合作，实船载货试航至会晒、万象已获得成功。唯老挝、缅甸段为自然河道，需要疏浚，若中、老、缅、泰进行联合整治，澜沧江—湄公河必然成为沿岸各国向太平洋运输物资的大动脉。这条航路的开通，能促进有关各国在众多领域进行经济合作。如澜沧江—湄公流域气候温和，雨量充沛，土壤肥沃，是世界上发展农业、林业、畜牧最好的地区之一，一些地区已实现了精耕细作，农业现代化的水平较高，但是，绝大部分地区还保留着传统的游耕、烧耕、轮歇等原始耕作方式，沿岸国家可以进行合作，搞农业的高新技术开发区，引进新的耕作方法、耕作技术，实行科学种田，推动这些地区的农业现代化进程。亦可在建立大中型水利灌溉设施和加速农产品商品化方面进行合作。第二，澜沧江的水能理论蕴藏量是 2550 万千瓦，可以开发的是 1968 万千瓦，发电量可达 1063 亿度。流域地区有世界上品位最高、储量最大的兰坪铅锌矿，有储量可观的金、银、铜、铁、锡等矿藏。这些矿藏分布集中，有多种大矿共生，可进行露天开采。如果流域各国搞国际联合开发，可走矿电结合之路，带动其他产业的发展。湄公河流域丰富的水能、矿藏资源，走联合开发的道路，可以很快取得效益，使沿岸地区逐步摆脱贫困。第三，交通与通信。在陆路交通方面，中、缅、泰可联合开通打洛—景栋—美塞的高等级公路；中老可以联合开通勐腊—南塔—会晒—清盛的高等级公路。通信是发展市场经济的中枢神经，各国应该通力合作，将通信工程列入经济合作开发的规划。第四，澜沧江—湄公河是世界上一条尚未开发的最具有吸引力的黄金旅游线。其上游有神秘的梅里雪山，地球上罕见的大峡谷；中下游有千奇百怪的树木花卉和珍禽异兽。沿岸各国可以进行合作，开通这条黄金旅游线，以景洪、南塔、会晒、美塞、景栋、打洛为中心建立网状旅游圈，进而与昆明、万象、河内、清迈、曼谷、仰光、密支那、瑞丽、保山、大理、丽江等都市的旅游网连接。旅游业尽管会给环境、社会治安等带来问题，但是，作为流域地区经济发展的一根杠杆，它必将给流域各国的经济带来发展和繁荣。第五，环保资源是社会生产力的重要因素，澜沧江—湄公河流域资源开发和多种中小型国际经济技术合作产业的建立，必然会给环境带来影响，有关各国在实行经济技术开发合作的同时，可在环境建设方面实行合作，实行经济技术开发项目与环境保护项目同步规划、同步发展、同步实施的方针，防止工业污染、生态不平衡及水土流失。第六，流域地区由于经济发展的制约，教育事业发展水平极低，许多地区初等教育尚未普及，接受中等教育的机会亦很少，文盲、半文盲率很高，专业技术人才奇缺。各国可以以资源开发提供支持为依托，合作开发智力，优化劳动者素质。

中国坚持实行对外开放政策，坚持致力于发展同周边国家的睦邻友好关系，坚持在平等互利的原则下促进区域各国之间的经济技术合作与共同繁荣。中国西南各省有一定的工业基础，现代技术发展水平较高，经济上多样性的特点突出，与邻国有很大的互补性、互容性，与邻国间的经济合作也正日益扩大，建立亚欧第三大陆桥的构想已经不是空中楼阁。云南省在"八五""九五"期间大力发展交通，成为架设亚洲西南大陆桥的启动点，产业协作也不断拉开序幕。早在1985年，中国云南省同缅甸、老挝、泰国就达成了35项合作协议，包括建设水电站、糖厂、水泥厂、汽车修理厂、兴修公路等，对所达成的协议，中方认真履约，有关国家也给予了积极的配合，有力地推动了有关各方的经济发展。近年云南在老挝承包的南塔机场跑道扩建工程和年产7.3万吨水泥的老挝水泥厂，在缅甸完成的米邻糖厂的改造，合作双方都认为对发展自身的经济有利。事实表明，建立亚洲西南大陆桥及其产业发展协作系统是历史发展的必然和各国利益之所在。

为了推动此项具有世界意义的宏伟事业，特编辑出版这本文集，希望它能成为开拓这项伟业的助推器。

1993年12月1日

（原载何耀华主编《亚洲西南大陆桥发展协作系统研究文集》，云南人民出版社1994年版）

《走进西部：西部大开发与西南民族研究》序

在主编苏太恒同志及编辑人员的精选精编之后，《走进西部：西部大开发与西南民族研究》即将付梓，太恒同志要我为之作序。这是一本由众多专家写成的论文集，粗读之后，深被其中的一些富有创新意义的力作所吸引。

中国西部包括川、滇、黔、藏、渝、陕、甘、青、宁、新和内蒙古、广西等12个省、自治区，其面积540万平方公里，占全国总面积的56%，人口2.87亿，占全国总人口的22.998%。这个地区资源丰富，林地占全国的1/3，草地占全国的1/2。待开发的土地占全国的3/5，已探明的重要矿产资源近100种。西部地区与十多个国家接壤，陆地边境线长1.3万多公里，连接20个大的贸易口岸，是我国向西对外开放的前沿地带。少数民族众多是西部地区的重要特点，我国的55个少数民族中，除少数几个之外，大都分布在这里。这个地区是世界上民族文化最富集、多样性最突出的地区之一。开发西部资源，发展民族经济、文化与治理生态环境，促进各民族的大团结，是实施西部大开发战略的重要任务。

在西部地区的各民族中，分布在西南地区川、滇、黔、藏、渝、桂6个省、自治区的少数民族有34个，这些民族共同的社会、经济特点是，生产力发展水平低，社会发育层次低，劳动者科学文化素质低，人民生活水平低。在20世纪五六十年代进行民主改革以前，他们中不少尚保留着原始公社制、奴隶制、封建领主制、封建地主制等前资本主义的社会制度。这些少数民族经济、社会发展的缓慢，是形成我国东西部发展差距的一个重要原因。实现国家西部大开发战略的目标，加快西南各民族经济、社会、文化的发展，是一个关键。

西南地区的少数民族大部分分布在长江上游地区，这个地区原来森林茂密、牧草茂盛，有涵养水源、固土、拦沙、调节气候等强大的生态功能，是长江流域的生态屏障。近几十年由于人口增加，过度开发，森林锐减，草地退化，耕地变薄，砂质化、石砾化、荒漠化面积增大，干旱、洪涝和滑坡、泥石流等灾害频繁发生，这不仅给西南各族人民的生存带来严重的威胁，而且还引发长江水患，给下游人民带来危害。朱镕基总理指出："大力改善西部地区生态环境，是实施西部大开发战略的根本。""只有大力改善生态环境，西部地区的丰富资源才能得到很好的开发利用，也才能改善投资环境，引进技术、资金和人才，加快西部地区的发展步伐。"改善西部地区的生态环境，治理好西南民族地区的生态环境则是一个决定性的因素。

这本论文集的内容涉及西部开发的各个领域，资料多为一手调查所得，理论上的创新使它能在同类书刊中大放异彩。作为一本可以在西部大开发，特别是在西南民族地区大开发前沿上发挥"功能作用"的好书，期望得到广大西部大开发者的关注。

2001 年 6 月 20 日

（原载苏太恒、翁家烈编《走进西部：西部大开发与西南民族研究》，贵州民族出版社 2001 年版）

《云南考古》读后

  汪宁生同志的《云南考古》一书，近由云南人民出版社出版，粗读之后，颇觉是一本具有学术价值的专著。

  本书汇集新中国成立前后，特别是新中国成立后近三十年来云南及其毗邻地区出土和传世的大量文物，结合古代文献记载进行综合的分析，形象化地为我们再现了远古至宋代大理国时期，云南各民族历史发展的轮廓。全书共分旧石器时代、新石器时代、春秋至西汉时期、东汉至初唐时期、南诏至大理时期五章。载插图80张，图版104幅，并附有《云南考古重要参考书目》《南诏大理纪年表》《铜鼓分类表》等资料。

  从考古学上弄清祖国西南地区历史的开端，探讨云南各族与祖国内地各族共同发展的历史，是我国考古研究的一个重要课题。作者通过对元谋人、丽江人、西畴人和云南旧石器时代文化遗物的评介，论证云南从遥远的古代起就有人类居住，云南各族并非都是从外地迁来的，云南远古时期的人类在种族上和文化上与祖国内地的远古人类有着密切的联系。通过对云南各地新石器文化的分析，作者系统地总结了云南与祖国内地新石器文化在许多方面所呈现出来的共同点。如云南新石器文化的陶器和北方广大地区新石器文化陶器，都有一种压印的断线纹；剑川海门口遗址中出土受内地文化影响的豆；滇池地区出土受东南沿海新石器文化影响的肩部不明显而又分段的有肩石斧；洱海地区出土受江西和浙江地区同类器物影响的多孔石刀；元谋大墩子遗址发现与仰韶文化相同的先开沟再挖柱洞的建筑方法，儿童瓮棺分布在房屋周围及瓮棺上钻出小孔的葬俗等。通过对云南青铜文化的分析，作者指出云南青铜文化兵器中的戈，生活用具中的豆、尊、匕、匜，乐器中的环纽钲及共钟镈，都是在中原地区殷周青铜器影响下制造出来的。而曲刃的剑、弧背的刀削和动物搏斗青铜牌，则受北方草原青铜文化的影响。作者认为自汉武帝通"西南夷"，相继建立犍为、越嶲、牂牁、益州四郡，于云南建立中原王朝直接统治的政权之后，云南青铜文化中具有民族风格和地方色彩的特有器物全部消失，仅有铜鼓作为一种文化因素一直保留下来。作者的大量论证说明，云南自古以来就与祖国内地形成一个不可分割的整体。这个整体是由人种和经济文化的密切相连所决定的。它说明云南自古以来就是我们伟大祖国不可分割的部分，云南各民族自古以来就和我们祖国民族大家庭中的各族结成了血肉不可分割的历史关系。

本书叙述每个历史时期的出土或传世文物，不是简单地罗列这些文物出土的时间、地点、经过以及孤立地说明它们的特征，而是与当时的社会关系即经济关系、民族关系等联系起来进行考察，弄清楚一些有代表性的文物所产生的原因及其所反映的社会本质，并对各种文物所反映的有关农业、手工业、商业、交通等经济状况，政治、军事、文化、宗教等诸方面的情况做综合的研究，从而对云南一些民族在各个历史阶段的社会形态提出自己的看法，使考古学在历史研究中发挥自己的积极作用。以战国秦汉时期滇池地区的社会结构为例，历史家苦于文献记载的缺略，不能有力地揭示当时滇池地区的社会形态以及滇族与其他各族之间的关系。本书作者在冯汉骥等老一辈考古学家研究的基础之上，进一步剖析晋宁石寨山出土的青铜器文物，从这些文物的若干人物活动的场面中进一步阐明了滇族的奴隶制社会结构。作者指出，滇族内部有贵族、平民、家奴之分。贵族不从事任何生产劳动，男子只领导战争或偶出狩猎，妇女则监督奴隶劳动。他们出外乘肩舆，强迫奴隶抬舁而行，平日在家有奴仆在左右侍奉。平民男子放牧，妇女经营农业，并将自己生产的粮食运交贵族奴隶主的粮仓。家奴为贵族抬肩舆，祭祀时替贵族宰杀牛羊，烹煮食物，并侍奉贵族。滇族奴隶主与其他部族、部落的关系是奴隶制的奴役关系。根据作者的研究，滇族奴隶主阶级统治奴役下的其他部族不是七种（冯汉骥先生在《云南晋宁石寨山出土文物的族属问题试探》一文中将其划分为七种），而是十几种。他们主要可以分为三类：一是服饰与"滇"人大同小异者，似为与"滇"人"同姓"的"靡莫之属"；二是男女均梳辫子，是与"滇"人经常发生战斗的"昆明之属"；三是人数很少，男女均挽髻为结，盘于头顶或偏于一侧，穿类似今筒裙或"沙龙"之下装，很像今滇西傣族之东于女性头梳之螺髻，与今云南苗族发式一样的族人。在各种不同族别的奴隶中，以"编发"的"昆明"人奴隶境遇最悲惨。其男子在和"滇"人作战中有的被杀，有的成为双手被缚的俘虏，"昆明"人的妇女和小孩是"滇"人俘掠的重要目标，有一种铜饰牌生动表现出她们被俘掠的情景：两个"滇"人战士凯旋，带回的战利品是牛、羊和一个身背小孩的"昆明"人妇女，一根粗的绳子正拴在她的手上。被俘之后，他（她）们被戴上枷锁或被出卖，或在祭祀中作为奉献神祇的牺牲品。"昆明"人还常成为猎首这一原始习俗的牺牲品，如上述铜饰牌上，有一战士手提一人头。图画文字图片上，与奴隶、牛、马并列的还有人头两个。两幅战争场面中见战士手提人头或马颈下悬一头。若干青铜器图像，经过作者的释解和阐述，我国秦汉时期滇池区域究竟处于什么社会形态，各族之间究竟是什么样的关系，就明白地展现在人们的面前了。因此，本书对于研究云南各族在古代各个历史时期的社会经济形态，是有一定参考价值的。

在全书的论述中，作者以大量的引证和注释介绍了前人的研究成果，力图做到不淹没前人而又超过前人，从而树立了一种良好的著述作风。这种作风是我们在研究工作中应该很好发扬的。事实证明，只有不淹没前人才能超过前人，而只有超过前人的东西才是真正有价值的东西。

　　作为本书的不足之处，我们认为作者注意坚持从材料出发，尽力避免空洞议论，但却在一些问题上忽略了必要的深入的学术理论分析，以致使一些文物、遗址的论述仅仅限于一般的客观介绍，而没有通过深入的分析去揭示社会发展的客观规律，希望作者在今后的研究中进一步将考古学、人类学、民族学和历史学有机地结合起来，使考古学在人类社会历史的研究中大放异彩。

（原载《思想战线》1981 年第 5 期）

《耿德铭文集》序

出版《耿德铭文集》是云南人民出版社推进文化强国强省战略的盛举，是云南史学界振兴史学的盛事。

云南人民出版社历史读物编辑部的张波主任对我说："请你为《耿德铭文集》写篇序。"我说："这是我省为市、州学者出版的第一部大型文集，很重要。久闻耿先生的大名，但从未有过交往，曾读过他的书，但不系统，写序有困难啊。"张波同志不以为然，不断敦促。2013 年 6 月 12 日，我接到耿先生的来信，他说："我长期在西南极边地区条件十分简陋的基层小单位（文物管理所）工作，1995 年退休后，接受返聘到保山市文化广播电视新闻出版局文博科工作。在出版社、学界师友和市政府领导的一再鼓励下，我终于鼓足勇气，出版自己的文集。着笔伊始，想到的第一件事，就是请您赐序。原拟专程赴昆拜谒，但一拖半年未能脱身上路。您是我最为钦敬仰慕的学界泰斗。前些年拜读了一些您的民族史著，去冬今春通读了您总主编的《云南通史》，获益特多。特别是您的《绪论》对云南历史发展主轴的精确定位，对全省的研究具有极其重要的指导意义。《云南通史》尽管还有瑕疵，但无疑已是划时代的重大成果。理应奉为云南历史研究的圭臬。我将永远铭记您的激励和教导，为家乡滇西的历史文化竭尽绵薄。"耿先生比我年长两岁半，他的治学业绩和敬业崇文精神都是我所不及的，信中对我的褒敬，只能是他对我的鞭策和激励。

德铭先生是滇西横断深谷孕育和成就的史家，他植根泥土，融入乡村，从泥土中发掘哀牢国史料，从乡村民众中探求"哀牢夷"的史迹，以多本学术力著揭开了哀牢国历史文化的奥秘，有史家说："他从当代中国学术殿堂中摘走了哀牢国历史学家的桂冠。"这话一点儿也不过。

《耿德铭文集》由四卷组成，是保山历史文化研究的集大成之作。他之所以取得这样的学术成就，首先是他博览马克思主义经典作家的著作，坚持用辩证唯物主义、历史唯物主义指导历史研究的结果。他说："参加工作 60 多年来，我以极大的毅力系统仔细阅读了马、恩、列、斯、毛、邓原著千多万字……马克思主义使我认识了人类历史发展的基本规律及史学研究的宗旨和方向。"由于坚持用马克思主义指导研究，所以他的学术成果普受重视。

其次是他坚持实事求是的研究方法，穷史料之源流及正误，拾遗补阙，订正舛讹，在史料可信的基础上，再"以物证史"，使史事的论断合乎实际。他的《哀牢国史料辑录》，就是他穷搜远探、殚思极虑、精心考释的成果。为使史事的论证正确科学，他实现了文献史料与考古文物的完美结合。为"以物证史"，他参与和主持过数百个地点的调查、发掘，识读过数以万计的出土文物。许多文献记载不详或扑朔迷离的史事，在他的文献与文物互证的研究中得以廓清。据《华阳国志·南中志》记载：哀牢国"土地沃腴，（有）黄金、光珠、虎魄、翡翠、孔雀、犀、象、蚕桑、绵绢、采帛、文绣。……有梧桐木，其华柔如丝，民绩以为布，幅广五尺以还，洁白不受污，俗名曰桐华布。……有兰干细布，兰干，僚言纻也，织成文如绫锦"。我认为，哀牢国地处滇、印古代丝绸之路的中心地带，是中国丝绸的故乡之一，至迟在公元前 4 世纪就销往印度的中国成捆丝，有不少是哀牢国生产的。但一些专家以云南至今未有丝绸出土，既不认同哀牢国有丝绸的生产，也不承认有南方丝绸之路的存在。德铭先生"以物证史"的研究，使人们对这个问题的疑惑冰释。他说："哀牢国时代至少已经生产 5 种纺织品：桐华（木棉）布、兰干（苎麻）细布、谷皮（构、楮树皮）布、丝织品（采帛、绵绢）、毛制毡毯类（罽氍）。澜沧江东岸霁虹桥南 3 公里处出土的战国铜斧銎内发现了苎麻纤维；昌宁坟岭岗战国至汉代墓葬群，在出土石、陶纺轮的同时，还出土了一些布的残片，其质地、织技虽尚待鉴定，但它们至少已证实了哀牢国时代苎麻用途广泛和布的生产已遍及偏僻山坳地区。"苎麻和布片的出土证明：《华阳国志·南中志》上述有关哀牢国的记载，是以史事作为根据的。关于哀牢国"有蚕桑"及"绵绢、采帛、文绣"等丝织品的记载，无疑也不是凭空臆造的。

在云南入围丝绸之路经济带，孟、中、印、缅经济走廊的建设付诸实施，学术界掀起南方丝绸之路、海上丝绸之路研究热潮之际，《耿德铭文集》的出版，是具有特别的现实意义的。

2013 年 8 月写于昆明翠明园

（原载《耿德铭文集》，云南人民出版社 2015 年版）

乾隆、道光、光绪
《永昌府志》序

　　"历史上都写着中国的灵魂，指示着将来的命运。"（鲁迅《华盖集·忽然想到》）两千多年来，我国史家不断编写历史。自汉朝司马迁著《史记》，至民国赵尔巽等著《清史稿》，历代编著的正史共二十六种，计四千零六十六卷，五千八百多万字。编修地方史志之风，自明朝日盛一日，《永昌府志》的编著由明朝永昌府同知虞价首开先河，于嘉靖三十三年（1554年）成书三卷刻行，《千顷堂书目》著录，但未见传本。其后有罗纶监修，李文渊纂修的康熙《永昌府志》二十六卷，于康熙四十一年（1702年）成书；有宣世涛纂修的乾隆《永昌府志》二十六卷，乾隆五十年（1785年）成书；有陈廷焴纂修的道光《永昌府志》二十六卷，道光六年（1826年）刻行；有刘毓珂等纂修的光绪《永昌府志》六十六卷，光绪十年（1884年）成书，次年刻行。诸部《永昌府志》皆与时俱进，不断继承前部的建树，又增补刷新前本之不足。宣世涛说，他修乾隆《永昌府志》，是"本旧志，遗者补之，讹者正之。诸目之繁简，历年之待叙者，增损之，编辑之，虽不敢谓一方之乘，得我始传，庶不至我而坠，予渐几释焉"。由于诸部采取实事求是的态度，取材审慎，所以皆富有史料价值和应用价值。1941年，李根源收诸本有关文献，纂辑成一百三十六卷的《永昌府文征》，使诸本《永昌府志》的价值更加凸显。

　　永昌郡，古为哀牢国。春秋战国时期，哀牢国有"闽濮、鸠僚、裸濮、身毒之民"居住，身毒为印度外来之民族，闽濮、鸠僚等为我国汉藏语系壮侗语族各族的先民。哀牢国"土地沃腴，有黄金、光珠、琥珀、翡翠、孔雀、犀、象、蚕桑、绵绢、采帛、文绣……宜五谷，出铜锡"，是我国通往南亚、西亚和欧洲的南方丝绸之路的中心枢纽。其战略地位十分重要。元封二年（前109年），汉武帝置益州郡，领二十四县，其中不韦县在今保山。永平十二年（69年），哀牢国王柳貌遣子率种人内属，明帝以其地置哀牢（今保山）、博南（今永平）二县，并割益州郡西部都尉所领不韦、嶲唐、比苏、邪龙、叶榆、云南六县，合置永昌郡。郡域包括今保山、大理、德宏、临沧、普洱、西双版纳等州市。永昌郡治设在哪里？史家多有争议。其中之一认为在不韦，因《华阳国志·南中志》有"不韦县，故郡治"的记载，又《续汉书·郡国志·永昌郡》所列八城，不韦为首，不韦为郡治不成问题；其中之二认为在嶲唐。因《汉书·地理志·益州郡》有"嶲唐周水，首受徼外，又有类水，西南至不韦，行六百五十里"的记载，周水为今之潞江，类水为枯柯河，枯柯河源于今保山县城北九十里，嶲唐当为今之保山县城，又因嶲唐为西汉益州郡西部都尉治，东汉置永昌郡，系在原有尉治上设郡治；《后汉书·西南夷传》有"建初元年（76年），哀牢王类牢与守令忿争，遂杀守令而反叛，攻越嶲唐城，太守王寻奔叶榆"的记载，嶲唐为太守所居，当为郡治；其中之三认为在施甸，《汉书·地理志·益州郡》说："嶲唐类水西南流至不韦。"故不韦不在今保山县城，而在今施甸。持不韦为郡治，且认为不韦在今保山县者，对不韦的具体位置亦有分歧。如万历《云南通志》说："保山县西，汉武帝时置不韦县于境内。"道光《云南通志》则说："不韦，今永昌府保山县。"谭其骧主编的《中国历史地图集》第二册第56—57图又将不韦定位于今保山县之东北。

对研究保山市的史志来说，给历史上的永昌郡治定位，给不韦县治定位都是十分重要的。上述分歧产生的根本原因：一是历史文献记载简略、缺失；二是缺乏考古发掘的物证。20世纪80年代初，云南文物考古工作者，在今保山县城正南四公里的汉庄汉营东面的一片平坦的田坝上，发现一座古城遗址，内城方圆十万零五百多平方米，四周残存城墙面宽八米，高一米至三米，用土逐层夯筑而成。曾从内城田坝和四周墙脚挖掘出较多的五铢钱纹、菱形纹、云纹、布纹和绳纹图案的汉砖、汉瓦。证明这座城是东汉时代的古城。根据这座古城的规模和位置，它应是东汉永昌郡治城和不韦县城的遗址。希望在乾隆、道光、光绪三部《永昌府志》的点校本中予以注释。

因长期流传，《永昌府志》或版久朽坏，或篇章字句剥蚀，或字句有歧异，读者用之不便。中共保山市委史志委在全力推进《保山市志》（1978—2005年）之同时，围绕"资政、育人"之职能，为进一步弘扬保山优秀传统文化，强化保山文化软实力建设，凝聚人心，助力保山经济社会文化建设发展和繁荣。创新工作思路，与保山学院政教合作，联系人文学院古籍整理专家和社会史志爱好者，采取我国古籍整理部门对二十四史标点分段，并附勘注及释难字、难句，对底本择其善者而从之的做法，于2014年5月始启动了康熙《永昌府志》（2015年已出版）、乾隆《永昌府志》（预计2016年出版）、道光《永昌府志》、光绪《永昌府志》四部旧志的点校整理出版。成功突破了旧志整理工作，并取得了显著成效。这是功在当代，利在千秋的文化工程。

康熙《永昌府志》的出版得到了社会各界特别是史志爱好者的高度赞誉及好评。相信后三部的陆续出版会有力助推保山文化建设与繁荣。点校本编者要我为乾隆、道光、光绪三部作序，我乃勉力为之。这三部点校本有三个共同的特点：一是对底本中的讹、脱、衍、倒等问题进行了正确的处理，以脚下注的形式出校记；二是注释简明易懂，方便读者理解；三是注释与校记中查阅的资料广泛，给读者提供了广、博、精、深的附加知识。

清代四部《永昌府志》相继整理出版，不仅可资政保山各级领导，同时对增强保山人文化自信，让更多人深入了解保山、关注保山、关心保山并推动保山经济社会文化快速健康发展起到不可估量的重要作用。

诚盼编者在本书出版后，继续详典籍之源流，别白是非，旁通曲证，斟酌古今，辨章学术，在地方古籍整理方面再创佳绩。

2015 年 12 月 7 日于昆明

《大理白族佛教密宗》序

张锡禄同志是一位自学成才的白族学者。1975 年我在《思想战线》工作时，与马曜教授到大理州做调查时发现他对白族历史文化及民俗有深入的了解，有做学问的良好基础和志向。他当时是大理州制药厂的一名仓库管理员，交谈中深深感到经过进一步的深造他能成为一名研究白族文化的有造诣的学者，于是要他给《思想战线》写论文。对于他的来稿，我们都认真对待，并优先安排发表。他学风严谨，苦学深思，勤于调查研究，向人民群众学习。每次来昆明见我，都带着问题和自己的成果来。他很谦虚，对我们的指点都认真地思考和吸收。即使有不同的看法，也认为"他山之石，可以攻玉"认真地记录下来，以丰富充实自己的观点。他的拼搏精神很强，不论何种难题都搏击取而胜之。

20 多年过去了，他没有辜负人民的期望和师友的敦勉，先后著作出版过《南诏与白族文化》及合著出版了《大理古塔》《马帮文化》《龙神话传说》等 6 本著作。在国内外刊物上发表过不少有学术见地和泥土味的学术论文。1987 年，云南省政府授予他"有突出贡献的优秀专业技术人才"称号。1993 年他成为国务院特殊津贴的获得者。

1994 年，云南省社会科学院、云南大理白族自治州和美国康乃尔大学联合进行《云南白族佛教历史资料和民间宗教》课题研究。我是主持人，在选择学者的过程中，首先想到了他。这个想法得到州里的支持，分给他的任务是完成白族民间宗教的田野调查。

对大理白族佛教密宗进行研究是我们合作研究的重心，他在认真完成自己所负责的调查研究部分之后积极地把自己摆进重心中去，最后写出了这本 40 多万字的著作。作为一个白族的自学成才者，这是多么值得祝贺和欣慰的事啊！佛教研究是我省社会科学研究的一个薄弱环节，而对佛教密宗的研究更显得不够。本书作者根据历史记载、出土文物和多年的实地考察，对大理白族佛教密宗（俗称阿吒力教）的来源、形成、发展和衰落做了深入的探讨，对其神祇、经典、义理、仪轨、历代阿吒力僧人、寺院、塔幢、石窟等做了翔实的阐述。指出白密是受到唐代汉地佛教密宗影响，而在云南大理白族地区形成的一种白族化了的佛教密宗。在长达 1000 多年时间内，它对白族的政治、思想、文化、生产、生活等方面产生过较大的影响。本书把白密和汉密、藏密、日密做了对比研究，它可称作一部对佛教密宗研究有开拓性的著作。

众所周知，佛教是具有世界影响的三大宗教（佛教、基督教、伊斯兰教）之一，有 2500 多年的历史，曾南传到斯里兰卡、缅甸、泰国、柬埔寨、老挝以及我国的傣族等少数民族地区。北传至我国中原，并与我国固有的文化结合，形成具有东方特点的汉地佛教。又经中国传至越南、朝鲜、日本。从印度北传到我国西藏，又由西藏传入我国蒙古族地区，成为拥有最广泛信徒的宗教。

印度密教传入我国，在唐开元四年（716 年）以后，形成汉地密宗后。又在日本形成真言宗，称日密或东密。沿西南传入大理白族地区形成了白密。由印度传西藏后，在西藏形成藏密。无论是印密、汉密、日密、藏密，这本书的问世，对推动密宗的研究是有意义的。

在云南，唐代中晚期佛教传入南诏国。方国瑜教授说："唐、宋间传至云南之佛法，当不止一宗派。有阿吒力教，阿吒力者，瑜伽密宗也。蒙、段时期，此宗盛传，元、明亦流行，至清而衰。"佛教密宗的阿吒力教已有千年的历史，对白族文化产生的影响是巨大的。要指出的是唐代初期，由善无畏、金刚智、不空等"开元三大士"所弘传而形成的汉地密宗，到了唐晚期"会昌灭法"以后及五代变乱后渐消声无闻，而云南大理白族地区的佛教密宗却流行了千年之久。张锡禄的研究和探讨，必将受到佛学界的关注。作为一本开拓性的论著，不足之处在所难免，我希望本着"百花齐放，百家争鸣"的精神，对本书的一些问题展开讨论，把研究引向深入。

1998 年 10 月 12 日

（原载张锡禄《大理白族佛教密宗》，云南民族出版社 1999 年版）

《祥云县少数民族志》序

自汉代司马迁作《史记·西南夷列传》以来，编修少数民族志即成为我国历代史家的传统作风。历代正史、别史、方志中有关少数民族的列传或篇章，虽有不实之词，不同程度上存在民族主义偏见，但仍不失为我国文化宝库中闪光夺目的部分。明、清以来，方志成为地方参照施政的要览，编撰民族志进一步受到重视。今天，各民族正为实现社会主义现代化而奋斗，编好新的地方民族志是实现现代化的需要，是认识民族，做好民族工作，促进各民族共同团结奋斗、共同繁荣发展的需要。

20世纪五六十年代，我国曾经开展大规模的少数民族社会历史调查与研究，并编写各少数民族的简史、简志和民族自治地方概况三套丛书，为新中国成立初期的民主改革、社会主义建设服务，在我国民族史志编写史上揭开了崭新的一页。然而，那次大规模的少数民族社会历史调查和少数民族史志的编写，已经过去了30年，民族和民族地区的情况已经发生了极大的变化。重新研究当前少数民族的新情况和新问题，编写新的地方民族志，为各民族的社会主义物质文明和精神文明建设提供科学依据，已成为我们面临的迫切任务。

《祥云县少数民族志》适应各民族经济、文化发展的需要，为白、彝、傈僳、苗、回五个世居祥云县的民族编写专志，具有重要的现实意义。本书的编撰者既从民族现代化和民族实际工作的需要出发，又着眼于使全书具有科学性和知识性。在纵的方面，本书从各民族的源流写到 1989 年，从人、时、地、物四个因素研究民族的始末，给人以清晰而有系统的概念；横的方面着重阐述新中国成立 40 年，特别是近 10 年社会结构、经济发展水平、教育、科学、文化发展状况、民俗、宗教、民族关系、民族工作等方面所发生的变化，给人以新鲜、振奋之感。本书资料丰富，除广泛探摭档案、函札、碑碣等方面的资料之外，大量采用了编撰者耳闻目睹的实地调查记录，从而使全书具有足可信实的资料文献价值。在体例、篇章结构、语言表述等方面，本书为新民族志的编写进行了有益的尝试。

作为像祥云这样一个历史悠久、世居民族众多的古老县，希望在今后续修时，其民族志的内涵和外延向更加深入、更加广阔的方向发展，使志书的功能得到进一步的发挥。

1990 年 6 月 26 日

（原载祥云县民族事务委员会编，王丽珠撰《祥云县少数民族志》，云南人民出版社 1990 年版）

《宜良县志》序

　　1996 年 1 月，蒙中共宜良县委、县人民政府盛情邀请，我参加了新编宜良县志稿评审会。这次会议使我对宜良地方及新修县志留下了深刻的印象。

　　时近两载，宜良县志经过认真的修改加工，梓版之际，县里同志嘱我作序，恳切之情，却之不恭，只好允诺。

　　宜良是省内修志次数较多的县，明万历三十一年创体以后，至今十次纂修县志。其中成败参半，可以想见修志之难。本届新修宜良县志，从组建编委会到志稿交付出版，前后历时十五载。今天付梓的县志，是县委、县政府正确领导的结果；是全县广大干部、群众用心血凝结起来的；是全县修志人员长期忘我拼搏、无私奉献的结晶。宜良县志的问世，是一件值得庆贺的大事。

　　宜良县气候温和，土壤肥沃，交通方便，物阜民丰，有"滇中粮仓"之称。中国共产党第十一届三中全会以来，宜良的现代化建设不断取得新的成就，经济迅速发展，生产力不断提高，改革开放不断深入，社会变革日新月异。新县志就是在这样一个大背景、大环境下编成的。这本书有一大特点，就是用生动的事例，典型而有说服力的数据，着重描述了改革开放以来宜良县的巨大发展和变革。可以说，新修宜良县志是宜良县历史变革的客观记录，同时也是推动宜良未来发展的一根杠杆。对于它的价值的认识，难用语言来表达。只有使用它，才能真正认识其价值之所在。实事求是是宜良县志的另一大特点，不说空话、大话、假话、套话，不以偏概全，描述任何事物都是实实在在的。120万字的书稿，建立在1100多万字资料的精选取舍之上，这当中不知舍掉了多少不准确的东西。实事求是是一切志书价值的源泉，只有实事求是，才能使志书具有科学性、准确性、深刻性。宜良县志所具有的这个特点，是其成功之所在。为了让读者使用志书，查验资料的准确性，宜良县志对重要的观点和材料都注明出处，这是非常难得的，是坚持严谨学风的表现。目前修志，一般都不注明资料来源，好像所有的观点都是自己的创造，都是自己的见解，所有的材料都是自己第一手搜集的。但是，这是绝对不可能做到的事。一看到这样的志书，首先给人的感觉，就是它可不可信，靠得住靠不住？宜良县志从精益求精的高度出发，弥补了这一方面的不足。

编纂方法的创新是宜良县志的又一大特点。志书编纂是一项系统工程，宜良县志运用系统论的观点和方法处理问题和解决问题，使人读后不但知其然，而且知其所以然，使人能对事物的发展过程有深入的、全面的、系统的了解；宜良县志把逻辑学、修辞学、文献学、编纂学等多种学科知识融于修志之中，对编纂方法进行了有益探索，建立起一个科学性、实践性很强的编纂规范——县志体型系统。最近几年出版的志书，不乏名志佳作，但能将编纂方法提高到科学的方法论上来思考的却不多见。此外，很多志书往往忽略成书以后的使用问题，宜良县志立足于"方便使用，方便查阅，方便电脑储存"，意在使其能发挥预期的应用效益，其编纂体型融合了章节体与条目体的优势而又避免了两者的不足。如其有鲜明的记叙主题、严密的框架结构、定量化的资料数据、动态化的记述方法、检验撰写的反馈控制模式等等，使县志整体水平达到一个相应的高度。

宜良县志包含自然、经济、政治、军事、文化、社会六大方面的内容，除资政、存史的功能之外，还有很强的教育作用。宜良县志资料翔实，文风严谨，文笔流畅，有较强的可读性，不失为一部进行国际主义、爱国主义、革命理想与革命传统教育的优秀乡土教材。

编纂县志的目的全在于运用，怎样利用宜良县志是志书出版以后的一件大事。希望宜良县志出版之后为本县的改革开放、经济与社会发展做出应有的贡献，这是我对此书的祝愿。

1997 年 10 月

（原载《宜良县志》，中华书局 1998 年版）

《路南彝族自治县志》序

经过九年的努力，《路南彝族自治县志》今天付梓了。这是一部集120多人，乃至数百人九年心血的巨著。

对所有修志人员来说，最主要也最难界定的问题，就是"志书"的定义。因为对"志书"所下的定义，不仅会影响修志者对志书的写作、成书的质量，而且会影响读者对志书的兴趣和接受的程度。"地方志"至今没有一个公认的定义，在《辞海》中也找不到这个条目。其原因可能是仁者见仁，智者见智，很难得出统一的看法。当然，这不是说，历史上修志没有一个可以归依的准则。如清代史学家章学诚在《文史通义·和州志政略序例》中说："夫州、县志乘，比于古者列国史书，尚矣。"所谓"志乘"，就是地方志。"志"者，记也，也就是记载地方的疆域沿革、人物、山川、物产、风俗等情况之书。章学诚所言，既是对清代以前修志的总结，又可视为它是对"地方志"本质的界定。历代修志按此界定进行，使修志工作取得了巨大的成就，使修志成为中华民族的一大创举，历代志书成为我国对世界文化宝库的一大贡献。按"列国史书"修志，有值得肯定的一面，但它不能成为我们今天修志的准则。

什么是今天修志可供我们作为归依的准则呢？一是要以马列主义、毛泽东思想和邓小平建设有中国特色的社会主义理论作为指导；二是要以贯彻党的基本路线，坚持以经济建设为中心，坚持四项基本原则，坚持改革开放，提高各族人民的科学文化素质，推进地方的

"两个文明"建设为宗旨；三是要公正、客观、实事求是，严戒主观
臆断。要用客观描述的方法作叙述，不加评论，编撰者不搞感情投
入。用这三条准则来考量《路南彝族自治县志》，判定它为良志、佳
志，乃是当之无愧的。这部县志的主要优点是实现了政治性和科学性
的统一，择要而述，行文达到了雅俗共赏的境地。由于它的内容有时
代特色，这部新志不仅可以帮助我们认识路南的过去，了解路南的现
在，而且可指导我们建设路南的未来。

《路南县志》系统、深刻、准确地描述了新中国成立以来，特别
是自治县成立和改革开放以来全县取得的巨大成就和发展中遇到的矛
盾，既报喜又报忧。这种用辩证唯物主义指导修志的做法是值得提倡
的。不少新修的志书，只谈成绩和优势的一面，回避矛盾与问题，不
探索解决矛盾和问题的方法，使本县人民不了解自己的长短及过去的
得失。这必然使志书的使用效益受到限制。客观、公正是志书的生命
力。《路南彝族自治县志》对历史事件、人物的描述是客观的、实事
求是的，对所依据之资料，都下过去粗取精的功夫，进行过辨伪和甄
别。编者没有把自己的感情投入进去，使自己成为是是非非的主判
人，对于有争论的人或事，或是不加涉及，留给子孙辈的修志者去解
决，或者客观地介绍各种主张的价值所在，以供读者作为价值取向的
参考。搞感情投入，是修志者应该严加禁戒的，本志书这一点上提供
了有益的经验。有无地方特色是志书品位高低的标志。本县志对"民
族""烟草""石林"等项的编写有独到之处，给人以深、广、细之
感觉，可以说写出了本书的特色。总之，作为一部品位高的志书，
《路南彝族自治县志》是名副其实的。

1996 年 5 月 27 日

《石林彝族传统文化与社会经济变迁》序

1994 年，第一届国际彝学讨论会在美国西雅图的华盛顿大学召开，华盛顿大学人类学系主任斯蒂夫·赫瑞教授，以他在中国大凉山彝族地区调研取得的成果，为现代国际彝学的诞生鸣锣开道。自这次会议之后，致力彝学研究的各国学者日益增多，学术交流日益加强，彝学由一个单纯的中国学科变为一个国际性的学科。

1996 年 6 月，第二届国际彝学研讨会在德国特里尔大学东亚太平洋研究中心举行，会议得到德国学术研究基金会（DFG）的资助，该中心主任托马斯·海博尔教授，以他在国际学术界的威望和影响，诚邀中国、美国、俄罗斯、法国、英国、瑞士、波兰等国的一大批彝学研究者出席。中国彝学代表团由我出任团长，由 14 名著名的彝族中青年学者组成。这次会议是在第一次会议之后召开的范围更广、层次更高、影响更大的彝学会议。会议主题是"世纪之交的国际彝学与现代化进程中中国彝族社会与文化变迁"。我以"弘扬中国彝学，丰富世界文化宝库"为题，在开幕式致辞中，对彝学的内涵、外延和未来的发展进行了初步的概括：彝学是一门综合性的学科，以研究彝族从古至今的政治、经济、文化、历史、哲学、宗教、语言、文字、医药、天文历法、生态伦理、舞蹈、音乐、绘画、民风民俗及现代化建设与传统社会文化的变迁、生态建设为对象，宗旨是为彝族人民的现代化建设服务，为世界各民族的发展和繁荣提供有益的经验，不断满足各国人民对多元文化的需要。彝学进入国际学术殿堂，是跨世纪世界文化发展的一个重要特征。彝学作为一门国际的新兴学科，任重而道远，它的内涵需要扩大，外延需要延伸，理论体系、研究方法需要创新，发展形式需要多样。

第三次国际彝学研讨会，于 2000 年 9 月在中国云南省的石林彝族自治县召开。从各国学者报名参会的情况看，彝学研究已成为国际学术界的一个热点。为发展中国彝学，为把石林彝族自治县办成弘扬彝学的基地，石林彝族自治县在第三次国际彝学讨论会即将召开之际，决定编辑出版这本文集，以作为对会议奉献的厚礼。

石林县是世界著名的风景名胜区，这里所特有的"从科学保存和自然美学角度看来，具有突出普遍价值的地质、地貌形成物"，"天然名胜或严格规定的自然地区"，以及"从历史学、艺术学和科学观点看来具有突出普遍价值的文物"，民族建筑、名胜地及丰富多彩、特色突出的彝族（撒尼支）传统文化，具有世界级的自然遗产和文化遗产的价值。这些遗产对经济、社会、生态的协调发展虽提供了先天的良好基础，但这些基础只有在正确利用民族传统文化，同时很好开发资源的前提下才会有实际的效益。因此，本书编选的反映石林县彝族传统文化与经济社会变迁的论文、调查报告和资料，绝大部分是以研究石林县彝族传统文化为主题的，内容涉及传统文化与社会进步、经济发展、旅游业发展、生态环境保护及传统教育与现代教育、社会主义民族关系的建立等。也有少数不是直接讲石林彝族传统文化的，如有的是从纵向上分析石林经济的发展过程；有的是以全国彝族为研究对象；有的是对历史文献进行点注；有的则是对当前改革开放的实践活动进行理论探讨及描述。但不管怎样，它们都能从不同层面反映石林县经济社会变革的事实和过程，都能丰富第三次国际彝学研讨会的内容。

总而言之，本书的出版能对推动彝学的发展做贡献。

2000 年 6 月 20 日

（原载何耀华、昂智灵编《石林彝族传统文化与社会经济变迁》，云南教育出版社 2000 年版）

《石林彝族自治县水利电力志》序

　　水资源是生命、生物存在的自然基础，国民经济的命脉，一个国家，一个地区综合国力、实力的有机组成部分。水资源的补给靠大气降水，赋存形式为地表水、地下水、土壤水。通过大气降水，它以自然循环的形式逐年更新。根据中国工程院的一项研究表明，我国多年平均降水总量为6.2万亿立方米，除通过土壤由天然生态系统吸收的以外，通过水循环更新的地表水、地下水的多年平均水资源总量为2.8万亿立方米，按1997年的人口计算，全国人均水资源量将下降到2220立方米，预测到2030年人口增到16亿时，我国人均水资源量将下降到1760立方米。按国际公认标准，人均水资源量少于1700立方米为用水紧张国家。我国未来水资源的形势是严峻的，"滴水贵如油"的时代正向我们走来。石林县由于季风影响，降水主要集中在夏季，大气降水量及地表水之赋存远远不能满足天然生态、人工生态两大系统的需要，人均水资源低于全国、全省水平。地处岩溶地域腹心的维则、圭山、亩竹箐、西街口等乡，缺水的矛盾更加突出。降水季节之过分集中，使水资源量中约2/3是洪水径流量，这不仅引起春旱夏涝，而且造成江河的汛期的洪水和非汛期的枯水，降水量年际间的剧烈变化，更造成江河的特大洪水和严重的枯水。"民以耕为本，耕以水为先"（《大可村老围碑文》），为了克服水资源的短缺和旱涝灾害，全县各族人民有治理和改造水环境的优良传统。如明嘉靖二十二年

（1543 年），邹国玺倡筑鱼池堰，开东山沟、小乐台旧沟，引黑龙潭水灌溉；明神宗万历十三年（1585 年），跃宝山村民张普受、毕季礼等六人"穿十二丈岩岭，筑丈八高之石闸，灌溉万顷，泽被万民"（见《月湖碑序》）。新中国成立 50 多年来，在中国共产党石林县委、县人民政府的领导下，全县各族人民进行规模空前的水利建设，江河引水、泉水开发利用、中小型水库建造、提水、治河、城镇供水、水力发电、水浇地、农用灌溉等各项工程的全面展开，水环境的治理和改造取得了史无前例的巨大成就。以蓄水工程为例，全县共完成中小型水库、小坝塘工程 228 项，总库容量 9959.69 万立方米；兴利库容8248.83 万立方米；径流面积 843.54 平方公里；引流面积 154.03 平方公里；灌溉面积水田 93853 亩，水浇地 156020 亩。水利建设的巨大成就为保障全县经济发展和社会的长期稳定奠定了坚实的基础。但是，由于各种原因，全县水利建设所达到的层次还不高；发展模式尚未完全摆脱粗放型；水资源短缺与用水浪费并存；水质日益污染等问题有待解决。水资源的可持续利用已成为全县可持续发展的关键。

《石林彝族自治县水利电力志》的出版，是全县水利建设史上的一件大事。它全面、系统、深刻地总结了全县的水利建设，为提高全县各族人民的节水及合理开发利用水资源的意识，推进新水利建设提供了一本可贵、可信、可用的读物，特"序"之以祝贺。相信此书的出版，能促进全县节水高效农业和现代旱地农业的发展；促进节流优先，治理为本，多渠道开源的城乡水资源可持续利用的发展；促进以源头控制为主的防污减灾，以保证生态环境用水的水资源配置的发展；促进以需水管理为基础的水资源供需平衡；促进用水效率的现代水资源管理水平的提高。

2000 年 8 月 24 日

《石林彝族自治县土地志》序

　　严格控制非农建设用地，合理配置土地资源，既稳定粮食种植面积，又为国家建设提供必要的土地，实现耕地总量的动态平衡，是我国社会主义现代化建设能否成功的关键之一。为此，我国将"十分珍惜和合理利用每寸土地，切实保护耕地"作为一项基本的国策。与此同时，国家又把与土地资源利用有关的可持续发展作为一项基本的国策，以解决因人口增长和经济发展而出现的环境问题，使环境与发展的协调能有机地进行，国土的整治和人居环境的建设能建立在可持续发展的基础上。

　　石林县是世界著名的风景名胜区，这里所特有的"从科学保存和自然美学角度看来，具有突出普遍价值的地质、地貌形成物"，"天然名胜或严格规定的自然地区"，以及"从历史学、艺术学和科学观点看来具有突出普遍价值的"文物、民族建筑和名胜地都可称为世界级的自然遗产和文化遗产。随着旅游业的兴盛和全国经济社会突飞猛进的发展，这个地区的开发和城镇化的进程空前加快，这势必会带来对土地利用的急遽变化。而任何对土地资源的掠夺式开发都将使人民饱尝恶果和灾难。严格按《中华人民共和国土地管理法》《中华人民共和国环境保护法》等法律对全县耕地、林地、牧地、湿地、矿产地及所有荒地进行保护及合理合法的规划利用，走可持续发展的道路，已成为全县各族人民的共同意愿。

　　1988 年 2 月，县人民政府成立土地管理局，各乡（镇）也成立

相应的土地管理机构，使土地管理进入法制化、规范化、程序化的轨
道。为提高全县人民珍惜每一寸土地、节约用地的意识，更好地依法
管理土地，县土地管理局自1998年5月组建编纂委员会和写作班子，
进行《石林彝族自治县土地志》的编写。编写人员通过广泛查阅历
史、档案资料，进行深入的实地实情调查，在掌握大量准确可靠资料
的基础上，以纪实记事的方法进行客观叙述，写成这个具有重要历史
价值、应用价值、学术价值的本子。在访问编委会主任鲁有福，编委
会副主任、主编昂智灵，常务副主编高云明同志的过程中，深深感到
这个本子的写就是十分不易的。它既是全体编写人员智慧和心血的结
晶，又是全县广大干部和各族人民共同耕耘和浇灌的硕果。相信《石
林彝族自治县土地志》出版之后，会得到全县人民的珍重和使用，使
珍惜每一寸土地成为全县人民21世纪主旋律中的强音。

《全球化背景下大湄公河次区域水能资源开发与合作》序

　　水能资源开发，事关云南以及整个中国的快速健康发展，事关国家能源安全和生态安全。大湄公河次区域水能资源开发与合作，不仅关乎中国的发展，更关系全球化背景下中国—东盟自由贸易区的建设和中国在区域经济一体化过程中的地位和作用的发挥。本书的选题具有很强的现实意义，具有重要的研究价值。

　　本书作者王建军同志，多年来一直致力于水资源开发与环境保护问题的研究，所撰写的相关论文受到了省内外专家好评和重视，他与我一道参加过世界银行在万象举办的水资源开发方面的国际学术研讨会。研究过世行完成的《湄公河下游四国水资源开发资金分配战略》长达140多页的英文成果，掌握了国际前沿的资料。这本著作的选题，就是我提出让他撰写的。他对本书的写作又进行了很长时间的酝酿，并进行了长时间的资料收集和准备工作。

　　本书通过分析大湄公河次区域的水资源、主要河流和主要水坝工程以及云南省水能资源开发的周边环境和国际背景，能为云南省水能资源的开发提供可资比较的参照系，为未来次区域各国由于水资源的日益稀缺而可能发生的水事纠纷的解决做了一些超前的研究。本书分析大湄公河次区域水能资源开发中的需求、供给、合作现状、合作前景、开发与合作面临的不利因素和有利条件，揭示了大湄公河次区域水能资源开发的真实情况，能够促进次区域各国的交流和沟通，消除误会，取长补短，促进各国之间在开发水能资源过程中积累起来的经验和实力的共享，促进云南水资源开发的对外合作。本书还对次区域水能资源开发与环境保护之间的关系进行了较为深入的探讨，所提出的促进大湄公河次区域水能资源开发与合作的对策、建议和措施，具有较强的针对性和重要的参考价值。

本书视野开阔，立足于研究前沿性的问题，努力采用最新的研究资料和研究方法。本书概念清晰，层次分明，颇有吸引力。从现有的资料来看，由于这个选题较新，中国与次区域国家的水能资源开发与合作的研究文献不多，专门研究这个问题的专著缺乏，可资参考的前人研究成果较少，且次区域国家的相关条件参差不齐，数据收集上存在一定的困难，这些因素使本书的写作有一些难度，也使本书的有关资料还不是很翔实精确。我期望建军同志在该领域能够更深入地研究下去，不断地取得突破性的成果。

总之，《全球化背景下大湄公河次区域水能资源开发与合作》是一本既有一定创新性，又有较强的实践指导意义的著作。它的出版，将为中国与湄公河流域其他国家开展水能资源开发与合作提供参考。

（原载王建军编著《全球化背景下大湄公河次区域水能资源开发与合作》，云南民族出版社 2007 年版）

《全球化背景下东南亚国际旅游
合作与发展》序

　　旅游业是当今世界经济中发展最快、最具有活力的新兴产业，为各国经济发展和游客带来无尽的好处。现代意义上的旅游，不仅表现出社会限制和国家疆界的突破，而且意味着各国民众对异国的知识由间接向直接的感受延伸。

　　进入 21 世纪，亚太地区国际旅游业发展迅速。根据世界旅游组织预测，到 2020 年，亚太地区接待的国际旅游人数将超过美洲而居第一位，东亚、东南亚地区将成为国际旅游的热点地区。其中，中国与东南亚国家的国际旅游发展将成为全球关注的热点。

　　2002 年 11 月 4 日，中国与东盟国家签署了《中国与东盟全面经济合作框架协议》，决定建立中国—东盟自由贸易区。随着自由贸易区建设进程的不断推进，中国与东盟国家在各个领域的合作将不断加强。各国人民交往的愿望将日益迫切，中国需要了解东南亚各国，东南亚各国也需要了解中国。

　　在此背景下，作者编撰了这本书。作者是学旅游管理出身的，多年来，一直致力于旅游学研究，发表了多篇旅游学术论文，本著作 25 万字，是作者近年来的最新研究成果。

　　本书的内容可分为三大部分。第一部分论证中国与东南亚国家跨国旅游合作的理论依据。第二部分对中国和东南亚各国的旅游资源、旅游需求做了较详细的介绍和分析。第三部分对跨国旅游合作提出了对策建议。

本书的内容充实，收集了大量的相关资料和数据。从现有的资料来看，由于中国与东南亚国家旅游合作参考文献不多，专门研究这个问题的专著缺乏，本书的出版将会受到学术和社会的关注。

总之，《全球化背景下泛东南亚国际旅游合作与发展》是一本既有一定创新性，又有较强的实践指导意义的著作。它的出版，将为中国与东南亚国家开展旅游合作提供有益的参考。

（原载李水凤编著《全球背景下东南亚国际旅游合作与发展》，云南民族出版社 2007 年版）

《侯方岳诗文选》序

方岳同志是应邀出席中华人民共和国开国大典的革命老前辈。在中国共产党领导的新民主主义革命、社会主义革命及现代化建设中，他立志为民为国，不论是在战火纷飞的战场，还是在新中国成立后的和平建设环境中，他都是头角峥嵘的志士。

我对方岳同志在革命战争年代创下的业绩知之不多，但对他用马克思主义观点指导学术研究所做出的建树则是有亲身之感受的。早在 1935 年 10 月，他就在《天府中学校刊》连续三期发表《生命、生机论、生机主义》的哲学论文，用马克思主义的辩证唯物论，对陈立夫《唯生论》宣扬的生命的存在"是受着一种特殊的不可思维的力所支配的"唯心主义观点进行批判，认为维系生命的是"矛盾对立的代谢过程，生命没有代谢过程就不能存在"，"生命是极度复杂的矛盾滚动的辩证的整体，是对立的统一"。如果说新中国成立前他以马克思主义指导的学术研究还只是初步的，还不具有专业特点，还谈不上在学术上有什么建树的话，那么新中国成立后的情况却不是这样，自 1956 年起，他先后担任云南省民族研究所的副所长和云南省历史研究所的所长，以马克思主义指导学术研究成了他一切活动的轴心，或者说成了他的工作之本。

1958 年，我在云南大学历史系资料室读到他撰写的《马克思主义的民族理论和中国共产党的民族政策》，这是他为全国人民代表大会云南少数民族社会历史调查组编写的学习资料，虽是一个难读的油印本，但由于内容新颖，既博引马克思主义的经典著作，又有框架体系上的创新和马克思主义民族观全面系统的阐述，所以爱不释手，一读而尽。它使人们学到应怎样用马克思主义的理论去分析中国的民族问题的方法。现在选编的这本集子，是由他在我国改革开放以来所撰写的 12 篇论文编成的，这些文章用马克思主义的立场观点分析历史和现实问题，发前人之所未发，多有创新观点。在《论人类各族历史发展的共同规律性——评黑格尔、魏特福格尔、梅洛蒂对亚的非历史发展论见之一》一文中，他引用马克思主义的基本观点，着力批判德国政治经济历史学派否定各族发展共同规律的"多线论"和民族学历史批判学派与新进化论主张民族发展的"多线论"，认为"形形色色的'多线论'号称'新马克思主义'，实质上是反马克思主义的陈词滥调。资本主义的最终灭亡是历史的规律"。在《中国历史发展的规律性和特殊性》一文中，他以历史唯物主义指导研究中国历史发展的分期问题，提出"夏朝是早期奴隶制，殷商已是发达的奴隶制社会""周公建立的是世界上最早的封建农奴制大国"等观点。在《中国封建社会的发展规律、特点和社会主义"四化"建设》一文中，他批判魏特夫的《东方专制主义》，认为魏特夫宣扬"中国几千年历史，不仅是停滞的，而且具有固定和静止的天性""缺乏自力发展动力""中国社会是典型的东方专制主义"是对中国历史的恶毒污蔑。他用具体的历史事实进行批驳，还了历史的本来面目。在《亚细亚生产方式的实质和几次质变》《亚细亚生产方式的共同性与社会历史发展的共同规律和各自的特殊性问题》《论亚细亚生产方式和中印历史发展的比较观》《西南民族研究的理论价值和实践意义及世界影响》《云南民族调查和五种丛书出版的重要意义》《关于民族学研究中的几个问题》等文中，他都以浓墨重笔去用马克思主义分析历史问题和现实问题，从而提出富有学术理论价值的见解。

　　阅读方岳同志的学术著作，了解他的论点固然十分重要，但最重要的是要学习他坚持用马克思主义指导学术研究的立场和方法，相信这本集子出版之后，会给学术界的同人以有益的启示。

《刘克光纪念文集》序

　　《刘克光纪念文集》，经过菊华同志精选、精编、精审之后，就要付梓了，这是云南理论界、史学界、文艺界、书法界的一件喜事。

　　克光同志不仅是一位品德高尚，信仰坚贞，为解放战争、社会主义革命和建设做出过卓越贡献的革命者，而且是一个对教育、对马克思主义理论、对历史研究、对民族问题研究、对诗文、对书法有过非凡建树的学者。这本文集是他留给人民的一份珍贵的遗产，是我省人文社会科学宝库中一颗灼灼闪耀光辉的明珠。

　　克光同志 1942 年至 1945 年在西南联大师范学院攻读文史专业课程。精良的国学教育和苦学深思的治学精神，为他奠定了从事理论和文史研究的深厚功底。1983 年 3 月 16 日，他在云南省党史学会纪念马克思逝世一百周年会议上发表的《马克思主义指引云南各族人民胜利前进》，全面反映了他对马克思主义所进行过的系统、深刻的研究。坚持学习和应用马克思主义，既是他毕生树立起来的风范和形象，又是他在革命征途上和学术研究上取得成功的关键。这使他能从一个普通的小学、中学教师，成长为一个能用革命理论指导群众进行革命和建设的学者，成长为能探讨历史问题的史学专家。他的《一二·一运动是怎样获得全胜的》《一二·一运动的由来》《民主堡垒的勃兴和抗战时期的昆明学生运动》《试论一二·一运动的历史作用》《对昆明"七·一五"运动的认识》《李闻惨案四十年》《纪念闻一多先生诞辰八十周年》等文章，被认为是对 20 世纪 40 年代中国共产党领导的昆明民主运动的权威著作。

克光同志任过中共峨山彝族自治县县委书记，他熟悉峨山，心系峨山，以峨山作为自己的研究基地，在高龄之后，多次深入峨山进行调研，以邓小平理论做指导，写出了《峨山彝族自治县社会主义精神文明的调查报告》《一个封闭型山区的现代化突破——峨山大西乡彝族支系勒苏的调查》《欢呼峨山社会主义建设的突飞猛进》三篇卓有理论价值和现实意义的文章，为我们树立了研究民族地区的现代化问题的很好的榜样。众所周知，学习马克思主义的目的在于应用，应用它去解决人们的世界观、人生观、价值观问题，解决理论创新和科学思维，解决对社会发展、经济发展的认识问题。克光同志始终坚持了这一点。他的理论联系实际的学风永远是我们应该学习，应该纪念，应该继承，应该发扬的。

从《刘克光纪念文集》中，我们可以再一次看到我们这一代人、下一代人与老一辈革命者和学者的差距，差就差在自觉学习和应用马克思主义的理论、观点和方法分析问题、解决问题之上。希望这本文集问世之后，能有更多的学人像克光同志那样，为我国的改革开放和发展学术事业做出更大的贡献。

2002 年 5 月 13 日

《彝学文库》序

  红河哈尼族彝族自治州彝学会决定出版一套多卷本的《彝学文库》，主编戈隆阿弘寄来各卷本的书名、提要及作者简介，要我为文库写序。

  彝学是一门综合性的学科，以研究彝族从古至今的政治、经济、文化、历史、哲学、宗教、语言、文字、艺术和民风民俗等人文生态为主要对象。这些研究对象中的每一项都有一个很广阔的范畴，每一个范畴又都有许多理论和应用问题的大文章需要做。彝学研究的对象虽然大都属于非经济领域，但是，每个领域与经济又都是密切联系在一起的，它们从另一个侧面影响经济的发展。实践已经证明：任何一个民族的经济发展，如果没有与之相适应的民族文化作为基础，包括抽象存在的价值观念、行为规范、伦理道德、理论典范，经济上即使出现了快速的发展，那也只能是脆弱而不能持久的。因此，在推进彝族社会经济发展的现代化进程中，发展彝学是十分必要的、迫不及待的。毋庸置疑，彝学是彝族社会经济快速发展的持续助推器。

  按照我的方法，进行彝学研究必须从具体到抽象，要亲自去做田野调查。一个文化现象一个文化现象地去做具体的观察、记录和思考，一个对象一个对象地去进行认真仔细的访谈。然后从大量一手的田野资料中抽象出理论。历史资料是进行田野工作的基础，是进行理论抽象的重要根据，任何民族学的科学理论都产生于对历史资料与田野考察资料的准确分析与使用。因此，在做田野工作的同时，应该对历史文献资料进行广泛的收集与深刻的分析。

《彝学文库》的价值既来源于田野调查，又来源于田野调查与历史文献资料的科学的结合。希望"文库"出版之后，有更多的学者应用从具体到抽象的方法，为彝学的发展做出新贡献。我相信，《彝学文库》将使彝学在一个更高的层次上得到发展。

《彝学文库》的首批作者有戈隆阿弘、师有福、杨六金等彝族学者，彝族学者在掌握彝文历史资料和对本民族特点、现状的了解方面比其他民族的学者具有优势。汉族和其他民族的学者应与他们一道合作，互相取长补短，共同构建彝学的未来。

1995 年 5 月 18 日

《滇南彝族祭大竜》序

　　1990 年 1 月，我在调研中发现石屏县哨冲乡的彝族不仅服装美，而且尚保留着对原始时代的民族英雄阿竜进行传统的"德培好"大祭的"祭竜"习俗，十二年一次的大祭将在 2 月 10 日后举行，乃与县长普宝元同志商定，邀请全国著名的民族专家、宗教学家及媒体记者参与，在哨冲乡进行一次大型的传统"德培好""祭竜"仪式。云南省社会科学院先后派专家深入现场进行调研，边调研边预演，并拍成图文并茂的影像集。这篇《序》就是为影像集《滇南彝族祭大竜》而写的。

　　我国是一个有数千年悠久历史的多民族国家。各民族在长期的历史进程中对发展祖国灿烂多彩的文化都做出过光辉的贡献。彝族古老的民俗、文学、歌舞和卷帙浩繁的彝文经典，就是勤劳、智慧的彝族人民对祖国文化的光辉贡献之一。在历代反动统治者实行民族歧视和民族压迫的历史时期中，彝族传统文化曾遭受无情的摧残。1949 年中华人民共和国成立后，在中国共产党正确的民族政策的光辉照耀下，各民族享有使用自己的语言文字和发展本民族优秀传统文化的权利，民族风俗习惯受到尊重，彝族的传统文化获得了不断的发展。但是在"文化大革命"十年浩劫时期，由于"极左"路线的干扰，彝族古老文化的传承者毕摩被作为"专政对象"，彝文书籍和作为彝族传统文化载体的祭俗，被作为散播迷信的毒草和温床而被焚烧、批判和取缔。但是，由于对人民具有有益的作用，彝族传统文化始终在彝族社会中存在和发展着。1978 年中国共产党第十一届三中全会召开后，在贯彻新时期党的基本路线的过程中，各民族的传统文化又不断得到弘扬光大。一批研究彝族文化的机构在中央和一些地方建立起来，很多毕摩被邀请参加彝文经典的编译和其他彝族文化的研究。

回到昆明后，我向省民委和主管民族工作的赵廷光副省长做了汇报，说明支持这次活动对增强民族团结，振奋民族精神，保护弘扬优秀民族传统文化，推动民族地区社会主义物质文明和精神文明建设等均有重要意义；建议省里拨经费予以支持。省民委和赵副省长采纳了这项建议。

云南省社会科学院接受石屏县政府的委托，邀请了北京、上海、四川、贵州和云南等省市研究彝族的一批专家到现场进行考察，并派出本院情报资料中心主任李先绪副研究员先期赴哨冲乡开展田野调查，为活动举办时由他带领的摄制组进行现场采访和拍摄做准备。李先绪同志一行前后三次，历时近一个月，走村问户，从当地彝族老人和祭司毕摩的陈述及祭场观察中获得了有关"德培好"祭典的真实、准确、系统的资料。在该次祭典后的四年中，先绪同志下功夫继续这一研究工作，最终完成了这部图文并茂的著作。尽管受当时物质条件的限制（如相机、胶卷的档次不高等）导致其中部分图片的质量不太好，但它的科学研究价值仍是显而易见的。

根据考古学资料，人类的原始宗教产生于公元前三万年至一万年的中石器时代。从对德国杜塞尔多夫尼安德塔人及其后的真人的考古发掘中，可知当时的原始人对生、死、食物三者特别重视，形成了一些与原始宗教有关的习俗，如尼安德塔人对亡故亲属的遗体作头东脚西的放置，并在遗体旁撒上红色碎石片及放置某些工具。在我国山顶洞人的遗址中，亦发现类似情况，所不同的只是山顶洞人撒在死者遗体旁的不是红色碎石片，而是赤铁矿粉末。可以断言，尼安德塔人和山顶洞人的上述举动，都是以一种奇怪的信仰意识作为基础的，说明在他们的氏族部落中已经产生了某种宗教理念。在后来的发展中，由于不能理解自然界各种变幻莫测现象的因果关系，原始居民认为在他们周围的各种事物中，存在一种超自然的力量，这种力量主宰或影响着人们的生活。于是，他们便对自然物、自然力及其人格化的神灵加以膜拜，并企望以祈祷、祭祀、舞蹈、歌唱等形式对它们施加影响。随着父权制家族的建立，已故祖先、氏族领袖和氏族英雄便成了他们最重要的崇拜对象。在氏族制瓦解，部落制形成后，氏族的神灵演变成为部落的神灵。各部落都有自己崇拜的神，这些神不是统一的，也没有上下尊卑之分和隶属关系。随着奴隶制国家的出现，神祇才有了主神、次神的等级之分，主神具有全部自然和社会的属性，被认为是至高无上的，次神对其有从属关系。不言而喻，这样的宗教已不是自发宗教，而是具有欺蒙性质的人为宗教了。

《滇南彝族祭大竜》的学术价值，就在于它为我们提供了一个研究自发宗教时期英雄崇拜及其演化规律的实例。恩格斯说："事情很清楚，自发的宗教，如黑人对偶像的膜拜或雅利安人共有的原始宗教，在它产生的时候，并没有欺骗的成分，但在以后的发展中，很快地免不了有僧侣的欺诈。"[1] 阿竜是一个领导自己部落战胜灾荒的英雄，早期对他的祭祀无疑属于自发宗教的范畴。在彝族进入阶级社会之后，这种祭祀就免不了要带上欺骗的成分，但是我们绝不能因此而认为祭阿竜是"巫师与鬼神打交道的迷信活动"而不屑于加以重视，拨开它所带有的神学迷雾和欺骗成分，我们不难看到，以这一祭祀活动为载体而保留下来的彝族传统文化是多么丰富而具有科学研究价值。即使是祭祀活动本身，对研究宗教的起源和演化规律，也是具有极大价值的。

我们期望在本书出版之后，有更多的学者去研究、抢救和保护彝族的传统文化，使它在本民族"两个文明"建设和繁荣祖国优秀民族传统文化中发挥更大的作用。

1995 年 4 月 8 日

---

[1] 《马克思恩格斯全集》第 19 卷，人民出版社 1963 年版，第 327 页。

《云南藏族的人权历史与现状》序

　　韩丽霞、杨学政著的《云南藏族的人权历史与现状》一书由云南人民出版社出版，嘱我写序。这是一本有学术价值和应用价值的重要著作，是为序之。

　　自 16 世纪欧洲文艺复兴时期，人文主义者提出"人权"概念，美国的《独立宣言》、法国的《人权和公民宣言》和《世界人权宣言》，都把尊重和保护人权作为重要的目标而加以奋斗。联合国在《世界人权宣言》精神指导下，相继通过了一系列有关人权的决议、宣言和公约，重申、补充和详细规定了各项人权原则，使人权的内容不断充实，概念不断发展，理念不断完善。

　　自孙中山先生领导的革命开始，中国革命者都为争取人权而斗争。在中国共产党领导的新民主主义革命中数以万计的革命者为争取中国人民的生存权、民主权、自由权、幸福权献出自己宝贵的生命。中华人民共和国成立后，我国政府制定了一系列的政策、法律和法规，采取了一系列卓有成效的措施，为改善和保护中国人民的生存权和发展权做出了巨大努力。我国政府尊重国际社会关于人权的普遍性原则，但世界是丰富多彩的，由于各国的历史传统、经济发展水平、政治制度不同，所以促进和保护人权必须与各国国情相结合，而不可能都遵循一个模式。经济文化发展和社会地位是决定人权内涵和外延的两大现实基础，把生存权和发展权列为首要的基本人权，是中国在人权理论和实践上的一项创造，不仅适合中国国情，而且具有普遍的国际意义。现在世界上有许多人，特别是广大发展中国家的大多数人，基本的生存权和发展权仍未得到解决，只有解决好这个问题，才有可能享有和实现其他各种社会权利。生存权和发展权是享有更充分的经济、社会、文化和政治权利的必要前提。我们一直强调生存权与发展权是基础人权，就是因为我们曾经因贫穷落后丧失过人权。

　　在人权领域的国际合作上，我们主张在平等和相互尊重的基础上开展人权对话与合作，以减少分歧，扩大共识。由于各国政治制度的不同，在人权问题上，一些西方国家同我国和广大发展中国家在许多问题上存在较大的分歧和争论。有的西方人士提出："对人权不容许有不同理解""人权无国界"的主张，强调人权是绝对的，把自己的人权概念和价值观念强加给别的国家。由于各国有着不同的政治、经济、社会和法律制度，存在各不相同的历史背景、社会习俗、文化传统、意识形态，各国对人权的概念和解释，历来存在不同的见解。各主权国家有权根据各自不同的具体情况，制定本国的人权立法。人权普遍性原则被越来越多的国家和政府所认同。1997 年、1998 年我国已正式签署了被看作保护人权方面最基本的两项公约：《公民权利和政治权利国际公约》和《经济、社会及文化权利国际公约》。1998 年12 月 7 日，联合国教科文组织召开纪念《世界人权宣言》发表 50 周年集会，法国总统希拉克在开幕词中说："在全球还有 5.8 亿人忍饥挨饿地处于最底层的时候，妄谈人权的人人平等没有任何意义。"

　　近一个时期以来，一些西方国家利用人权问题，特别是拿少数民族人权问题向我国施加压力，试图让中国接受他们的标准和价值观；有人甚至想借此以达到他们反对中国的政治目的。《云南藏族的人权历史与现状》一书的作者，以马克思主义人权观和邓小平有关人权的论述为指导，通过实地考察和实证研究，第一次对云南藏族历史上的人权和现状做了全面、系统的研究。全书内容广泛，涉及旧中国和 20 世纪 50 年代及当代云南藏族人权的诸多方面，包括生存权、发展权、政治权、宗教信仰自由权、文化教育权、医疗及人口发展权等。同时也对国际人权的发展历史和理论进行了简要的论述。

作者用翔实的资料，鲜明的立场、观点和明晰有力的论述，通过对云南迪庆藏族人权历史与现状的对比分析，使人信服地看到，云南藏族人民在中国共产党和中国政府的领导下，经过几十年的努力，人权状况发生了历史性的根本改变，空前良好，并将继续得到改善。云南藏区人民正享有比任何历史时期都更充分的人权。就云南藏族人权的系统论著而言，目前尚属空白。《云南藏族的人权历史与现状》一书的出版，对了解云南藏族人权状况具有现实意义，对推进有关人权的学术研究，亦有重要的学术理论价值。全书用对比手法，循循说理，读来使人信服。

1998 年 4 月

《中国西南文化》（创刊号）序

改革开放以来，中国西南川、滇、黔、桂、藏五省区的社会发生历史性巨变，经济的日益现代化是巨变的中心，而社会文化（包括生活方式、行为准则、道德观念、信仰习俗、艺术与娱乐等）的急速变迁，则是巨变在精神领域中的表现。

在文化变迁中，学习西方优秀文化已成为一种具有当今时代特色的共识。但是，对什么是西方的优秀文化，则是仁者见仁，智者见智的。要统一对这个问题的认识，答案只有到邓小平建设有中国特色的社会主义的理论宝库中去寻找。邓小平同志说："改革开放迈不开步子，不敢闯，说来说去就是怕资本主义的东西多了，走资本主义道路。要害是姓'资'还是姓'社'的问题。判断的标准，应该主要看是否有利于发展社会主义社会的生产力，是否有利于增强社会主义国家的综合国力，是否有利于提高人民的生活水平。"[1] 按照邓小平同志在此提出的思想和标准，判断什么是可供我们学习的西方优秀文化，那是不成问题的。成问题的是，应该怎样学习西方的优秀文化。我认为，学习西方文化的精华，必须以弘扬和推动中国优秀传统文化的发展作为出发点和归宿。若不是这样，中国文化就会在未来的世界文化中失去立足之地，更谈不上与西方文化争长短。因此，反对摒弃中国优秀传统文化的"西化"，过去是，今天是，永远是我们应该

---

① 《在武昌、深圳、珠海、上海等地的谈话要点》，《邓小平文选》第三卷，人民出版社1993年版，第372页。

坚持的原则。

中国文化是一个巨大的宝库，是人类文明的结晶，是中国实现现代化的根基。在这个宝库中，有许许多多有益于再创中国文化辉煌的因素。以"修身立己为本"的思想来说吧，在《礼记·儒行篇》中，曾对做一个理想化的人做出规范，提出"博学而不穷，笃行而不倦""推贤而进，不望其报""慕贤而容众""戴仁而行，抱义而处""委之以货财，淹之以乐好，见利不亏其义""先劳而后禄""虽危起居，竟信其志，犹将不忘百姓之病""言必先信，行必中正""身可危也，而志不可夺""程功积事，推贤而进之"等的主张，这些规范自秦汉以来久兴不衰，而且将永远为人们所推崇。诸如此类的中国传统文化的精髓，在中国文化宝库中的蕴藏是极为丰厚的，构建 21 世纪的中国文化，首先必须建立在对其进行开发和新的创造的基础上。其次是撷取西方文化精华，使它的独特性质中国化而更加得到发扬光大。只有这样，21 世纪的中国文化才能独树一帜，才能超越西方文化，高于西方文化，不同于西方文化。

中国西南居住着 34 个历史悠久的兄弟民族，它们各自的传统文化在中国文化宝库中大放异彩。中国西南地域辽阔，由于自然的和历史的原因，还形成了具有地域特征的地方文化，对中国传统文化进行开发和新的创造，包含对各兄弟民族优秀传统文化和各地方性的优秀传统文化进行开发和创新。

《中国西南文化》创刊的任务，就在于要在中国文化现代化中扮演一个积极而重要的角色，为开拓 21 世纪的中国文化贡献一分力量。因此，《中国西南文化》应以中国优秀传统文化（包括优秀的民族传统文化和地方传统文化）作为构建 21 世纪中国现代化的根本取向，并给撷取西方优秀文化以正确的导向。

1996 年 4 月 12 日

在全球环境基金会（GEF）山地生态生物多样性保护云南项目启动会上的讲话

在云南省人民政府和国家财政部的领导、支持和帮助下，"中国云南省多部门与地方的 GEF 山地生态系统生物多样性保护云南示范项目"，今天（2001 年 8 月 9 日）在这里召开启动会，这个项目是由财政部和联合国开发计划署（UNDP）联合领导的中国国家项目，我任这个项目领导小组的副组长和项目主任。让我代表项目领导小组，对代表 GEF 管理此项目的联合国开发计划署（UNDP）北京办事处首席代表科斯汀·莱特纳女士的到来表示热烈欢迎，对参加项目的专家：美国威斯康星大学环境学院院长托马斯·于意儿教授、林·康普顿教授、美中环境基金总裁马克·布罗狄先生、副总裁谌良仲先生、泰国清迈大学乌莱旺·泰其涌教授、联合国开发计划署北京办事处项目官员苗红军先生表示衷心的感谢和崇高的敬意，对参加本项目研究的省内专家和项目点南涧县、云县的领导和实际工作者表示热烈的欢迎。

中国云南省多部门与地方参与山地生态系统生物多样性保护示范项目，是经云南省政府和国家财政部批准，由云南省社科院经济研究所和美国威斯康星大学环境学院、美中环境基金、泰国清迈大学合作，向联合国全球环境基金（GEF）、联合国开发计划署（UN-DP）申请资助的多边国际合作项目。这一项目早在 20 世纪 90 年代中期就开始酝酿。美国威斯康星大学林·康普顿教授、美中环境基金谌良仲副总裁，曾多次与云南省社科院农经所的学者会谈，起草出向 GEF 申请的项目概念，在讨论修改过程中，中外专家又数易其稿，最后形成《项目概要》。2000 年 9 月，《项目概要》获 GEF 总部首席执行官批准。2001 年 6 月，国家财政部、UNDP 北京办事处首席代表科斯汀·莱特纳女士与国家项目主任、云南省社科院院长何耀华共同签署了项目文件。本项目的宗旨是通过试验示范，发掘和推广当地村民有价值的社区发展、生物多样性保护及小流域综合治理等方面的知识，建立适应云南山区发展和与生物多样性保护的新模式。对我国和东南亚国家提供生物多样性保护的样板。本项目将为全球生物多样性保护资料库提供填补空白的资料；将通过对社区干部、群众、少年儿童进行生物多样保护的公众环保意识教育，提高全体居民的环境意识，并开发出相应的培训教材；将通过建立社区生物多样性保护的有效机制，为可持续发展服务。本项目的两个项目点：一个点在南涧县的无量山国家级自然保护区；另一个在澜沧江西岸的云县后箐乡勤山小流域区。

项目将提出消除各种威胁因子的对策和方案，促进当地经济社会和生态建设的可持续发展。我们不仅要谋求实现保护生物多样性的生态环境建设的目标，而且还要谋求实现社区经济、社会发展、民族文化得到保护、民族团结、人民富裕、劳动者科学文化素质得到提高的目标。

在项目实施过程中，项目领导小组将根据云南省人民政府的要求，代表省政府对项目实施领导、协调和监督。项目办公室要组织省级各有关参与单位、国际国内专家及县级项目办共同完成好项目的调研并实施好项目。按照 UNDP 的规定，本项目无偿援助资金要接受中国国家审计署的审计。省政府的配套资金将以各个单项发展项目的形式，由省财政厅下达给省农业厅、林业厅、水利厅等实施。并接受省审计厅审计。

女士们、先生们，我相信，在 UNDP 北京办事处的直接指导和各参与方的共同努力下，特别是在项目点、乡、村各级领导干部和村民的积极参与下，我们的目标一定能够达到。

2001 年 8 月 9 日上午于昆明

在中国云南与东南亚北部
山地热带生态系统持续管理项目
创始会议上的讲话

    中国云南与东南亚北部山地热带生态系统持续管理（SAMUTE）项目，经过近一年的筹备，今天在美丽的春城，在云南省社会科学院正式启动了。美国威斯康星大学校长戴维·沃德、泰国清迈大学校长提差·披差隆为这个项目的设立进行了卓有成效的努力。当我忆起我和两位校长在清迈大学隆重签署三方合作协议的时候，激情就涌上心头。本项目美方主任托马斯·伊尔教授、副主任林·康普顿教授、泰方副主任乌莱旺教授、中方副主任赵俊臣副研究员为本项目的启动提出了各自的有科学价值和可行性的构想。值此项目启动之际，请允许我代表云南省社会科学院和课题组中方成员对上述诸位先生、女士表示由衷的敬意，并对不远万里而来参加研究的托马斯·伊尔、林·康普顿、布本热·格瑞、格瑞通·爱尔、莫蒙得·克瑞吉腾、米得尔顿·B.霍尔、米得尔顿·拉塞尔、雷·欧文、里得·吉士教授表示热烈的欢迎！

    "相知无远近，万里可为邻"，通过本项目的合作研究，中美、中泰三国学者之间所建立起来的真诚合作与情谊，将使云南省社会科学院的研究所与美国威斯康星大学、泰国清迈大学的系、所联系起来，使我们之间的交流与合作更加广泛而深入地发展。

    云南地处亚洲东南，一大部分地区在生态地理上与东南亚热带、亚热带同属一个系统。在东南亚经济圈和各国市场经济浪潮的冲击下，为获取最大的经济利润和追求近期效益，人们在开发利用包括热带雨林在内的自然资源时，很少注意资源的养护与再生，以致使热带山地生态环境受到破坏。建立一个可持续发展的热带山地生态的管理系统，使这个地区乃至全人类有长久生存与发展的物质空间，已成为东南亚各国人民的迫切愿望。

我认为这个管理系统包括生产领域、生活消费领域、行政执法领域三个方面。在生产方面，在开发资源的同时，应同时注意资源的养护与再生，在生产获利主产品的同时，应注意对废物的回收利用，使其不成为污染物，要发展清洁生产技术和无污染绿色产品，建立一个节约资源、保护环境、优质高效、有利于自然生态养护的生产体系，包括发展使原料变成产品，使废物变成新原料的技术与装备。在生活消费方面，要提倡文明而适度的消费与生活方式，树立人与自然必须协调发展的意识。在行政执法领域，应探讨在组织、政策及法制保障方面的全面宏观调控方案，以建立促进生态持续发展的有效的管理机制。为了增强地球养育人类的能力，联合国在 1972 年召开人类环境会议，在 1992 年召开环境与发展大会，这两次大会宣告了人类活动以征服和改造自然为主的历史时代的结束，人与自然协调，人与生物共处，保持环境清洁和维持地球生态平衡的历史新时期的到来。在这个新的历史时期中，现代自然科学与社会科学结合与融合，形成了生态学、产业生态学、生态经济学、生态人类学、生态民族学等新兴学科，逐步改变着人类发展中掠夺自然的倾向，生态学被引入经济和社会管理，而社会管理亦被引入实现生态的平衡和用于调控人类的生产行为和生活方式。

东南亚北部山地热带生态系统持续管理研究的目标之一是，创造一个美妙的、极少浪费、降低原材料消耗、极少影响环境的工业产业体系；目标之二是，提高山地农业的生产率，创造高产、优质、高效的农业产业生态网络；目标之三是，建立对热带雨林的合理开发利用与养护再生体系，使人与热带雨林相互依存、共同发展。实现这三个目标是一个艰巨的任务，它既涉及自然科学也涉及社会科学；既涉及科学家、政治家又涉及千千万万的普通民众。本项目的宗旨就在于为实现上述三个目标拿出一个科学的管理方案，在理论上建立一个科学的认识体系。因此，中、美、泰联合课题组的任务是十分有意义的。我坚信：我们的研究目标一定可以实现，我们的研究成果一定会获得有关各国的重视和利用。祝首次在思茅地区的实地考察研究取得圆满成功。

1995 年 11 月 6 日于昆明

在欢迎国际社会科学理事会
秘书长考辛斯基访问云南省
社会科学院会议上的讲话

今天，云南省社会科学院迎来了一个吉祥的日子，一位来自远方的人文社会科学巨人、国际社会科学理事会秘书长、加拿大皇家科学院研究员考辛斯基（Leszek A. Kosinski）及夫人玛丽亚（Maria L Kosinski）来我院访问。让我们以热烈的掌声，欢迎他们的到来。中国社会科学院外事局国际处处长陈振声先生，为考辛斯基秘书长和夫人的来访做了周密的安排，并陪同来访，我代表云南省社会科学院表示衷心的感谢。

国际社会科学理事会成立于 1952 年，属联合国教科文组织（UNESCO）A 类组织，其宗旨是推动全球社会科学研究的发展，鼓励社会组织和社会科学之间的合作，鼓励多学科和跨学科之间的合作，在国际学术界享有很高声誉，与国际科学院联盟、国际哲学人文理事会一起被称为人文社会科学界的三大宝塔尖。我国于 1996 年正式加入该组织。

考辛斯基（Leszek A. Kosinski）先生出生于波兰华沙，在波兰获得历史学硕士、博士学位，并攻读博士后课程。他曾在城市设计研究所、华沙波兰科学院地理研究所工作。20 世纪 60 年代在美国多所大学任教，最后定居加拿大，先后在加拿大金斯顿女王大学（Queen's University）和艾德蒙顿阿尔伯塔大学（University of Alberta）担任人文地理学教授一职（1969—1994 年）。曾任加拿大人口协会会长、国际地理联合会（IGU）人口地理委员会主席、秘书长，财政部长，一直是加拿大全球变化项目主要负责人。1994 年他在国际社会科学理事会第二十次全体会议上当选为该组织秘书长，1998 年连任。

考辛斯基先生研究人口流动与发展，全球环境变化中的人类问题等事关全球的重大问题，在学术上取得了卓越的成就。他撰写和编辑出版的《城市紧急疏散》（1991 年）、《生态失衡与亚马逊河》（1991 年）、《全球变化研究》（1996 年）、《合作——解决城市化问题的新方法？》（1999 年）等 30 本书籍、150 篇文章，在两个国家以 12 种文字出版。

考辛斯基秘书长此次访华，目的是促进国际社会科学的发展，加强国际社会科学理事会与我国社会科学界的合作与交流。访问云南省社会科学院是他的首选，接着还要访问上海、西安、北京的社会科学研究机构。他的访问对我院密切与国际社会科学界的联系，扩大国际学术交流具有重要的意义。希望考辛斯基先生对我院的研究工作，对云南的经济社会发展进行指导，希望我院出席会议的学者踊跃发言，认真学习。祝秘书长先生和夫人在云南的访问考察取得圆满成功，在云南期间生活得愉快而有意义。谢谢！

国际货币基金组织（OECD）"21 世纪中国区域经济研讨会" 闭幕词

尊敬的 OECD 发展中心主任海曼斯先生、

尊敬的中国社会科学院数计经所所长汪同三教授、

尊敬的与会代表：

通过两天的热烈讨论，OECD 的各位专家及与会的中国学者，就国际货币组织关注的国际货币基金与中国的发展问题取得了富有历史意义的共识。OECD 的各位专家在此次会议中与中国学者结下了难忘的友谊，这种友谊就像一朵含苞待放的鲜花，将越开越艳，大家在讨论中释放出的智慧，就像在中国滇池岸边树起的一块丰碑，将惠及未来的发展。正如海曼斯主任所说："两天讨论的时间虽短，但它的意义却是长远的。"

我在讨论中深深感到：此次讨论如同一根有力的杠杆，它将在启动 21 世纪中国经济改革和中国区域经济发展中发挥作用。

云南是一个充满魅力和发展活力的地方，不仅气候宜人，山川秀丽，民族文化异彩纷呈，而且改革有创新，区域经济有特色，是 OECD 研究中国经济的理想之地，希望 OECD 的各位专家常来这里研究，希望外省、区的领导和专家常来这里指导我们工作，祝各位返程顺风，旅途愉快！

1999 年 10 月 13 日于昆明滇池温泉花园酒店

在中国社会科学院研究生院 1996 级
研究生课程进修云南班
开学典礼上的讲话

在国务院学位委员会办公室、国家教委研究生工作办公室，中共云南省委、省政府和省教委的领导与关怀下，中国社会科学院研究生院 1996 级研究生课程进修云南班，今天在这里隆重举行开学典礼，我代表合办单位云南省社会科学院党组、院行政，向云南班的全体学员和老师表示热烈的祝贺；向前来出席典礼的中国社会科学院研究生院翁杰明副院长、培训主任王吉清副主任、马克思主义理论教研部主任唐源昌教授等同志表示热烈的欢迎；向省教委吴家仁副主任表示由衷的感激。

中国社会科学院研究生院是我国社会科学研究生培养的最高学府，自 1989 年以来，该院陆续在全国各省市举办研究生课程进修班，为国家培养了大批高水平高层次的建设人才，声誉大振，现有各专业研究生课程进修班学生五千余人，许多在职干部通过进修，或考上博士研究生，取得博士学位，或按照国务院学位委员会有关在职人员以研究生毕业同等学力申请硕士、博士学位的有关规定，最终取得硕士、博士学位。该院举办研究生课程进修班的成功实践说明，这是适应我国培养高级专门人才的一种重要而且有意义的形式。

我国《教育法》在"总则"中指出，发展教育事业，就是为了提高全民族的素质，以促进社会主义物质文明和精神文明的建设。随着我国改革开放和现代化建设事业的深入发展，培养高素质的人才，已成为我们国家刻不容缓的任务。1985 年 3 月，邓小平同志在全国科技工作会议上指出，"改革经济体制，最重要的，我最关心的，是人才。改革科技体制，我最关心的，还是人才！"同年 5 月，又在全国教育工作会议上强调指出："我们国家，国力的强弱，经济发展后劲的大小，越来越取决于劳动者的素质，取决于知识分子的数量和质量。"云南省是一个经济文化相对不发达的省份，知识分子的数量和质量都远远不能够满足蓬勃发展的需要，特别是高层次知识分子的不足，给经济社会的发展带来了严重的制约。中国社会科学院研究生院在我省举办研究生课程进修班，犹如雪中送炭，其意义是十分巨大而深远的。

从提高干部队伍素质，培养高层次人才，促进云南改革开放和现代化建设的办班宗旨来看："云南班"全体师生的任务是十分艰巨而光荣的。为办好这个班，我提出下列几点。

第一，要坚持以马克思列宁主义、毛泽东思想和邓小平建设有中国特色社会主义理论为指导，坚持理论联系实际，深刻地学好马克思主义的基本理论和学科基础理论，学好外语等研究生课程，使全体学员真正具有硕士研究生的政治理论水平和专业水平。

第二，要把讲政治贯彻始终，在提高学生科学文化素质的同时，努力提高学生的政治素质，使他们树立全心全意为人民服务的价值观、道德观和人生观。几千年来的教育家都是十分重视提高学生的政治素养的，孔子弟子三千，贤人七十二，但孔子最欣赏的不是子路的勇敢和帅才，不是子贡的外交能力与商业能力，不是冉求可居于首脑地位的才华，而是颜回的"人不堪其忧，回也不改其乐"的高尚品质。目前研究生培养存在忽视政治的倾向，这是我们应该避免的。

第三，严格执行教学计划和教学纪律，不得以任何借口不到校上课和不按时完成作业。铁的纪律是进修班生命之所在及成功的关键。

像孔子说的那样，要"约我以礼"，礼就是纪律，就是制度。应该指出，我们坚持制度和纪律，目的不是要大量淘汰学生，而是要把培养和选拔优秀人才建立在激励与保证绝大多数学生都能成才的基础之上。

同学们：我们伟大的祖国，正以新的雄姿，阔步迈向 21 世纪，21 世纪的云南将是一个什么样的状况，这是全省人民都在关心和思考的问题，我想，这个问题的答案不是在将来得出，而是在现在就要做出。怎样才能有正确的答案呢？关键是我们为下一个世纪准备了什么样的人才，能不能现在就为高层次的人才的成长创造条件，能不能使我们自己成为那个时代所需要的人才，希望昆明班的全体学员，通过两年的艰苦学习，成为去支撑、去开拓、去创造 21 世纪的一流人才。

最后，祝昆明班的举办取得圆满成功！

1996 年 10 月 25 日于昆明

在省纪念抗日战争胜利 40 周年
会上的讲话

日本军国主义侵略中国，在中外历史上创下了空前野蛮残忍的纪录，使中国陷入深重的灾难。仅在 1937 年 12 月日军侵占南京的大屠杀中，中国军民被集体枪杀与活埋的就有 19 万人之多，零散惨遭杀害的有 15 万多人。从战争开始到战争结束，日军杀死杀伤 2100 万中国人，中国损失财产约达 1000 亿美元。

日本军国主义之所以如此凶残地侵略与蹂躏中国，首先是由其侵略扩张的本性所决定，其次是由于它有发达的经济、科技、教育及强大的综合国力。而当时中国的极贫极弱，经济、科技、教育的落后，政治腐败及国家民族的四分五裂，则是它的侵略扩张图谋及法西斯残忍暴行能够得逞的客观条件。

中国共产党领导中国人民挽救民族危机，拯救国难，最为重要的一条就是大兴经济、大兴科学、大兴教育。大兴经济的重点是在抗日根据地发展农业、开发资源、建立工厂、发展贸易、建立银行、发行货币。著名的"大生产运动"，对南泥湾的开垦，都是围绕发展农业来进行的。晋察冀银行发行的钞票，流通很广，遍及华北地区。根据地银行对工商企业的建立和发展提供了良好的金融服务。为了大兴科学，从 1940 年 2 月 5 日在延安成立自然科学研究会开始，先后建立了医药、农学、地质矿冶、生物、机械机电、化学等学科的专门委员会。同年 8 月，又成立自然科学院，参加这个科学院和各学科自然科学学会，从事科学技术活动的专家有 300 多名。社会科学是认识和改造社会，促进社会进步的科学，世界上发生的所有重大问题和复杂问题，经济的发展，人的世界观的改造与革命队伍的建设，都要靠社会科学的发展去解决问题。为推进社会科学研究，抗战一开始，中国共产党就把研究中国政治、经济、军事、文化、历史等问题的历史重任交给当时在延安成立的抗日军事政治大学以及陆续成立的延安马列学院、陕北公学。当时的社会科学研究以解决抗日战争中提出的重大理论问题和实际问题为中心，大批社会科学研究者不但从宏观上研究世界上整个反法西斯战争的形势，而且深入抗日根据地和敌占区进行调查研究，为党制定抗日战争的战略战术方针提供科学依据。1937 年 7 月，朱德根据当时社会科学工作者提供的大量调研成果，分析敌我双方的力量对比，在《实行对日抗战》一文中提了抗日战争"将是一个持久的艰苦的抗战"的论点，在《抗日游击战争》一书中阐明了抗日游击战争的战略与战术问题。1937 年 8 月毛泽东撰写《中国共产党抗日救国十大纲领》，1938 年 5 月撰写《论持久战》，1939 年 12 月撰写《中国革命和中国共产党》，1940 年 1 月撰写《新民主主义论》，当时的社科研究成果都发挥了作用。社会科学基础研究对提高全民族科学文化素质具有重要的意义。当时在延安马列学院任副院长的范文澜主编了《中国通史简编》；在抗大、陕北公学、马列学院任教的大众哲学家艾思奇，撰写了一系列的哲学论文；刘少奇、陈云等党的高级领导人先后发表《论共产党员的修养》《怎样做一个共产党员》的有关党建理论的著作。这些基础研究成果既教育培养了一代新人，又巨大地推进了中国社会的进步。民族问题研究是当时社会科学家进行的一项应用基础研究。一些社会科学家深入蒙古族、回族等民族地区，用田野调查的方法进行实际的调研，提出解决中国民族问题的各种方案和建议，党的六届六中全会决议中提出的在少数民族聚居区实行民族区域自治政策的根据，就来源于这些在民族地区进行调研的成果。中共中央西北工委在《关于回回民族问题的提纲》《关于抗战中蒙古民族问题提纲》中提出的实行民族平等、尊重民族文化、民族风俗习惯和宗教信仰，帮助改善和提高各民族人民生活水平，发展生产，改善各民族之间的关系等方面的政策，也都是根据社会科学家的研究成果提出的。中共中央西北工委在 1939 年成立时设立了专门研究民族问题的研究室，一批民族学家在那里进行了卓有影响的民族研究。发展国民教育是实现抗战胜利的重要保证。由于日军的烧、杀、抢、虏，中国的国民教育受到严重的破坏，大批学校被烧毁，大批教职员惨遭杀害，师生流离失所，国民教育陷于瘫痪停顿。中国共产党把恢复和发展教育作为夺取抗战胜利的一个关键而予以实施，在物资缺乏、人民贫困、日军不断扫荡的艰苦条件下坚持办教育。一大批学有专攻的爱国知识分子被从全国各地吸引到各抗日根据地来当教师，抗日根据地的国民教育蓬勃发展。到 1940 年，陕甘宁边区办起的小学有 1341 所，中学有 7 所。在晋察冀根据地办起的小学多达 7697 所。

历史证明：经济、科学（包括社会科学）、教育落后，国家就要挨打，中华民族就要受难。中国共产党领导中国人民战胜日本军国主义的侵略，把中国人民从深重国难中解放出来的一条根本的经验，就是克服一切困难，领导人民发展经济，发展科学技术，发展国民教育。这既使日本军国主义灭亡中国的梦想遭到彻底的破产，又为祖国永远立于不败之地奠定了根基。和平与发展是当今世界的两大潮流，但世界并不太平，西方帝国主义灭我之心不死，他们正妄图通过制裁、渗透、遏制等手段，把社会主义中国搞垮。从力量对比上看，我国的综合国力虽不断增强，但是，和发达国家相比，还有很大的差距。我国的经济、科技、教育要赶上发达国家，还要走一段很长的路。"落后就要挨打"，总结抗日战争的历史经验教训，我们应该不忘国难，加速实现"科教兴国"之战略。

1995 年 8 月 27 日

《小额信贷：扶贫攻坚
成功之路》序

　　由云南省小额信贷领导小组办公室和云南省社会科学院农村经济研究所联合编著的《小额信贷：扶贫攻坚成功之路》一书，自1997年出版后，受到我国贫困地区实施小额信贷扶贫工作者的热烈欢迎。现在，为满足我国贫困地区普遍推广小额信贷扶贫到户实践的急需，作者根据党的十五届三中全会通过的《中共中央关于农业和农村工作若干重大问题的决定》的精神，对原书进行了较大修改，并补充了国内外小额信贷实践的许多成功经验。

　　提起小额信贷，人们可能会把它同现行的银行贷款中的小数目贷款相联系，认为是一种简单的金融信贷。其实这是不对的。

　　小额信贷是由孟加拉国尤诺斯（Yanus）教授于1973年创立的，以贫困农户中的妇女为承贷对象的扶贫模式。它由不设金库、不吸收社会存款的扶贫信贷机构——乡村银行①运作，亦称"GB模式"，被誉为世界上规模最大、效益最好的扶贫项目和扶贫方法，在国际上受到广泛的推崇，目前已在50多个国家、地区进行试验和推广。中国引进、借鉴和推广小额信贷GB模式虽然时间不长，但是由于试点推广地区的党委、政府重视，目前推进速度很快，而且结合中国各地不同的实际，进行了富有成效的创新，已成为落实党中央、国务院提出的扶贫到户的最重要的形式之一。

---

　　① 英文 Grameen Bank，缩写为 GB。后同。

小额信贷独特的扶贫到户制度,据本书作者的概括,可以简明地归纳为:第一,只向穷人贷款;第二,向穷人贷款无须担保和财产抵押;第三,小额度短期贷款;第四,以妇女为主要承贷对象;第五,整借零还;第六,小组与中心互助、互督、互保;第七,中心会议;第八,较高利率;第九,连续贷款;第十,对贷款贫困农户提供各类服务。

可见,小额信贷确是不同于现行金融信贷和扶贫贷款的一种崭新的扶贫模式。

对于小额信贷在扶贫攻坚中的地位和作用,人们有一个逐步认识的过程。开始时人们觉得它不过是扶贫攻坚的一种形式。随着实践的深入发展,特别是由于它所发挥出的作用日益突出,人们对它越来越另眼相看。1997 年年初,在美国华盛顿召开的高峰会议上,100 多个国家、地区的专家、小额信贷工作者、国际重要组织机构的官员及与会国家的元首、部长们一致认为,小额信贷是已知的扶持不发达国家、地区的有效办法,并提出经过努力使世界 13 亿贫困人口中的 8 亿人使用小额信贷脱贫。

就云南实践小额信贷的情况而言,中共云南省委副书记王学仁同志深刻指出:"云南推行小额信贷扶贫,是借鉴了孟加拉国乡村银行的成功经验,结合中国国情和云南省的省情创造的一种新型的扶贫模式,它不是权宜之计,而是一项具有战略意义的重大措施。现在我们用这一方式帮助贫困农户解决温饱问题,今后也将采取这一方式帮助贫困农户摆脱贫困,进而奔向小康,走向富裕。因此,搞好小额信贷扶贫工作是事关扶贫攻坚的大局,关系到全省贫困人口能否尽快解决温饱的问题,同时也是提高国民素质,奔向小康的战略措施。"

根据本书作者的研究,小额信贷是为绝对贫困户专门设计的崭新的扶贫模式,它在扶贫攻坚乃至农村社会经济发展中发挥着十分重大的作用:第一,真扶贫、扶真贫,有效地克服了以往扶贫中扶富不扶贫的缺陷；第二，投入少、见效快，有效地缓解了绝对贫困农户的贫困；第三，整借零还、零存整取，较好地实现了扶贫资金的高还贷率；第四，快借快还、滚动使用，提高了扶贫资金的周转率和有效利用率；第五，妇女承贷、惠及全家，在有效缓解贫困的同时，又提高了妇女的地位；第六，相信农民、依靠农民，激发出贫困农户精心经营的聪明才智和苦干脱贫的勤奋本性；第七，小组制度、互助、互督、互保，有利于建立新型的农户关系；第八，中心会议、多种功能，在实际上形成了农村物质文明和精神文明建设的坚强阵地。

以上是从贫困农户的角度来分析小额信贷的作用。就我国目前推行小额信贷的组织体系分析，它是由省、地（州、市）、县党委、政府为主导，各级扶贫办公室牵头协调，农业发展银行和财政提供主要贷款资金，各有关职能部门作为载体直接参与，依托小组与中心，直接向贫困农户发放小额信贷的运行机制，因而还具有明显的特点与作用：一是充分体现了党和政府关心贫困地区群众，全心全意为贫困农户服务，帮助贫困农户脱贫致富。二是充分发挥了各级扶贫部门在扶贫攻坚中的指挥部作用。三是充分发挥了农业发展银行作为国家政策性银行在扶贫攻坚中的职能作用。农业发展银行将能够充分吸收小额信贷成功的运作经验，根据中国国情特点，逐步探索出一条管理国家政策性贷款的运作模式。四是充分发挥共青团、妇联等有关部门在扶贫攻坚中的特殊作用。

本书由云南省小额信贷的参与者和中国社会科学院小额信贷扶贫经济合作社的专家编写。因此，它是参与小额信贷扶贫到户的专家学者们自己实践经验的总结。

承担本书主要编写任务的云南省社会科学院农村经济研究所的同志们，自 20 世纪 80 年代中期起一直把扶贫作为主攻方向之一。他们曾先后与云南省有关部门一起，完成了云南省政府下达的《云南省 41 个贫困县脱贫致富战略研究》、国家社科基金课题《云南省多民族特困地区脱贫致富研究》、福特基金会资助的云南贫困山区综合开发试验示范与推广项目的理论总结《扶贫理论与实践的新发展》，以及云南省 12 个贫困县脱贫致富发展规划的研究编制等。1995 年起，该所作为社区工作队队长派出的单位，自始至终参与了联合国开发计划署（UNDP）云南金平、麻栗坡两县小额信贷试点的实践。1997 年，该所被云南省人民政府小额信贷领导小组指定为专家单位，5 月承担了云南省小额信贷扶贫试点培训班的教学组织工作。该所张松副研究员曾赴孟加拉国考察，并参与云南省小额信贷协调领导小组办公室的领导工作。至于参与本书编写的中国社会科学院的杜晓山、张保民、孙若梅等，则是首次把孟加拉国小额信贷扶贫模式引进我国，并在河北等地试点的知名专家。因此，由他们把自己参与小额信贷试点的实践经验进行总结，是再恰当不过了。本书的大部分章节和几乎所有的重要观点，都曾在国内的云南、四川、陕西、山西、广西、贵州等省区的培训班上讲授过，有的还在国际反贫困学术会议上交流过，经历了多次质疑和辩论。因此，本书可以认为是孟加拉国 GB 模式与中国实际相结合的比较成熟的理论和对策建议。

《洛尼山考释》序

　　禄劝县档案局李从光局长，代表编委会，将该县民族宗教事务局与彝族文化研究学会合作编辑的《洛尼山考释》送给我，嘱我为该书作序。该书所收 16 篇文章，主题都是论证洛尼山在何处的，粗读之后，深感论证严谨，资料多为第一手调研所得。大家从不同角度论证得出了相同的结论，即认为洛尼山在云南禄劝县的云龙乡，当地彝族称"火期洛尼白"。"火期"为山下的一个人口众多的彝村村名；"白"，彝语意为山。火期洛尼白在汉文历史文献上称为"幸丘山"，万历《云南通志·武定府山川》说："幸丘山，在禄劝州故易笼县东北，四面陡绝，顶有三峰，可容万家。昔为罗婺寨，天生之城，坚不可破。"又说："废易笼县，在禄劝州北一百八十里。"《元史·地理志·禄劝州·易笼县》说："易笼者，城名。在州北，地名培场。县境有二水，蛮语谓夷为水，笼为城，因此为名。昔罗婺部大酋居之，为群蛮会集之所。至元二十六年（1289 年）立为县。"《武定凤氏本末》亦说："罗武，本为罗婺寨，在幸丘山。"《新唐书·两爨蛮传》曰："爨蛮之西有徙莫祗蛮、俭望蛮，贞观二十三年（649 年）内属，以其地为傍、望、览、邱、求五州，隶郎州都督府。"《南诏德化碑》载爨部首领有"求州爨守懿"，《石城会盟碑》有"求州首领代连弄"。方国瑜先生说："求州为部族势力较强者，疑即在罗婺部地。大酋所居幸丘山，'丘'即'求'之对音也。"其说甚是。彝学学界对洛尼山的解读甚多，有巧家堂琅山说、会泽洛尼山说、东川罗衣山说、禄劝洛尼白说等。每种解读都言之有理，都能激起彝族人民对历史和始祖的记忆。但重要的是，要深入发掘沉淀在不同的洛尼山深处的历史、文化资源。因为地名是政治、经济、文化发展的产物，又是研究历史、文化的依托。

洛尼白这个地名，传说是彝族始祖希母遮第三十一代后裔笃慕俄（又称仲牟由，或居木乌乌）躲避洪水的地方，或洪水退后新迁而居的地方。其妻有三房，皆为"仙女"，生六子，即为传说中的"六祖"。笃慕俄在洛尼白分迁三房子孙，让他们向四方拓展。长房子孙在滇西、滇中、滇南；次房子孙在昭通和川西、川南，为今大小凉山彝族之祖；第三房子孙在会泽、宣威、曲靖，贵州毕节、兴义、安顺、六盘水及广西隆林等地。有一说认为，笃慕俄所处的时代，下限相当于西周末年蜀地洪水泛滥时期。但《贵州图经新志》、王仕性的《黔志》、田雯的《黔书》说，黔西北的"默"部首领慕齐齐（笃慕俄之子）曾受蜀汉封号，其子济火"佐诸葛亮刊山通道，擒孟获有功，封为罗甸王"，若按此计算，笃慕俄约为东汉时代人。他可能就是滇中、滇东北地区众多的"昆人、叟人邑长"之一。若以25年为一代计算，上推31代至希母遮，希母遮当是西周初年的人。若以慕齐齐受蜀汉封号来推算，笃慕俄当为东汉时人。他的长房子孙在滇中繁衍，经历三国至唐、五代、宋时期。根据唐代樊绰《蛮书》记载，滇东北、滇中、滇南地区，有东爨乌蛮和西爨白蛮。其中武定、禄劝一带分布着属于东爨乌蛮的罗婺部蛮。经过三国至唐、宋时期，罗婺部崛起为"雄冠"滇中、滇东北三十七部大部。禄劝火期洛尼白是罗婺寨之所在地，为罗婺大酋阿而所居，大理国段氏使阿而治其地，举其为罗婺部长。元朝至元二十六年（1289年）设县，在山下筑易笼城。从纵向横向分析，我认为幸丘山（火期洛尼白）是笃慕俄分迁三房子孙之地的可能性最大。因此《洛尼山考释》一书是具有学术价值的。

本书不仅具有学术理论价值，而且具有较高的应用价值。书中的作者从历史上、文化上论证了火期洛尼白山的开发价值，对指导禄劝的经济、社会、文化发展及生态建设，具有重要的意义。我建议在保护掌鸠河水源工程的前提下，激活幸丘山（火期洛尼白）的历史文化沉淀和作为自然遗产而独具的特征，对它的"地质、地貌形成物""天然名胜或严格保护的自然地区"及其他景物，和"从历史学、艺术学和科学观点看来具有突出普遍价值的"遗产遗迹进行评估，按4A级景区的标准进行开发利用，使它成为昆明的又一大经济增长源。

2014 年 9 月 18 日于禄劝

《中国少数民族革命史研究》序

中国是一个统一的多民族国家，中国革命史是各民族的革命史。写中国革命史，成功的关键之一是必须写好中国少数民族革命史。经过多年的努力，云南民族大学罗开云教授率领课题组完成了"九五"期间国家社会科学基金课题指南提出的《中国少数民族革命史研究》的课题。2003 年 9 月，他们的研究成果《中国少数民族革命史》由中国社会科学出版社出版。

这是一本全面、系统、科学、准确地阐述中国少数民族进行革命斗争的巨著。它极大地丰富了中国革命史的内容。全书共 9 章，计 50 余万字，从 1840 年鸦片战争爆发一直写到中华人民共和国诞生。内容既包括旧民主主义革命时期，中国少数民族为反对封建专制统治、保卫祖国边疆进行的英勇斗争；又包括在中国共产党的领导下进行的新民主主义革命斗争，为创建中华人民共和国所做出的伟大贡献。

该书资料翔实，除查阅了大量革命历史档案、人物传记、回忆录及其他地方历史文献之外，还深入全国各地进行了实人实地实事的调查，获取了大量第一手的调查资料。从资料的收集使用上看，这本书的文风是严谨的、求真务实的。它使人读后有可贵可信的深刻感受。

在观点创新方面，本书有许多亮点。如在认识和对待少数民族革命运动与中国革命的关系问题上，作者认为"既不能将二者混为一谈，彼此替代，也不能将它们割裂开来，孤而论之。正是各民族在不同历史阶段和社会领域内，展开了一系列特殊的革命活动，并赋予丰富而生动的内容，才形成整个中国气势磅礴、绚丽多彩的革命斗争画卷；各民族的革命斗争也正是在整个中国革命的影响下，带动和导引下，才获得了自己的独立自由和解放，走向发展繁荣的今天"。过去写少数民族的革命斗争，不是孤论，突出了个性而忘了共性，就是笼而论之，突出了共性而忘了个性。本书的科学之处就是严防"彼此替代"。既突出个性，也重视共性。在少数民族革命史的框架和体系方面，本书在旧民主主义革命时期以反对外国侵略，保卫祖国的神圣领土，维护国家的统一和民族的团结为主线；在新民主主义革命时期则突出了在中国共产党领导下的反帝反封建反官僚资本主义的斗争，以五四运动、土地革命、抗日战争、解放战争时期的少数民族革命史事论证少数民族为建立新中国而做出的伟大贡献。这种在纵向上突出它的共性，在横向上从微观上展开，突出它的个性的做法，也不能不说是一种具体的创新。

该书语言生动可读，这不像一些史学著作那样，重视了它的科学性而忽略了它的可读性。只有具备可读性的特点，一本著作才能实现它的科学价值及巨大的社会效益。总而言之，《中国少数民族革命史》不仅丰富了中国的史学宝库，而且为人们提供了一本发扬少数民族革命传统，以史育人，对广大群众，特别是对青年进行爱国主义、共产主义教育的生动教材。

（原载《云南日报》2004 年 5 月 5 日第 3 版）

《中国农村经济与社会变迁：云南省石林县案例研究》（中译本）序

　　《中国农村经济与社会变迁：云南省石林县的案例研究》（下文简称"石林案例"），是中日合作研究课题组在 20 世纪 90 年代中期，对云南石林农村经济与社会两次实地调研成果的汇编。由课题组的日方组长东京大学经济学部教授中兼和津次编著；日本御茶水书房出版；石林彝族自治县史志办公室翻译出版。全书共 13 章，第一章《吉林彝族自治县经济发展史》，由中方学者何耀华撰写；第二章《石林县农村市场经济发展概况》，由中方学者王崇理撰写；第三章《石林县少数民族经济与少数民族教育的相互促进作用》，由中方学者范祖锜撰写；第四章《旅游业和石林县经济发展》由中方研究者左娅莎撰写。其余 9 章由日本学者撰写，内容包括财政、烟草、粮食、农业经营、市场和商人、市场意识等内容。

　　合作调研在中方课题组长，云南省社会科学院院长何耀华研究员的主持下进行。调研主题是 20 世纪 90 年代中期石林县的农村市场经济，调研地点一是彝族聚居的山区乡圭山乡；二是汉族聚居的坝区乡板桥乡；调研方法是问卷普查，农户直访及召开县、乡两级政府及乡财政所、税务所、工商所、农村信用合作社、供销社、集市贸易等相关部门负责人参加的专题座谈会；主要参考的文献资料是何耀华、李培山、王光华主编的《中国国情丛书：百县市经济社会调查路南卷》（中国大百科全书出版社 1996 年版），以及县、乡统计部门统计的数据。

20 世纪 90 年代是中国农村改革的蓬勃发展期，进行农村经济社会调查是中国经济学界、社会学界的学者们助力中国农村改革的盛举，也是国际学术界研究中国经济的一大选项。这个时期出版的胡必亮的《中国村落制度变迁与权力分配——陕西省商州市王铜村调查》（山西经济出版社 1996 年版），张禾天出版的《告别理想——人民公社制度研究》（东方出版社 1998 年版），中国社会科学院经济研究所"无保"调查课题组出版的《中国村庄经济——无锡、保定 22 村调查报告（1997—1998）》（中国财政经济出版社 1999 年版）中兼和津次编著的《改革后的中国农村社会与经济——基于日中共同调查的实况分析》（日本筑波书房 1997 年版），石田浩编著的《中国传统农村的改革与工业化——上海近郊农村调查报告》（日本晃洋书房 1996 年版），三谷孝编的《中国农村改革与家族·村庄·国家——华北农村调查记录》（日本波古书院 2000 年版）等都对中国的农村经济改革起了重要的推动作用。中日合作的石林调研客观上是当时全国村落调研中的一个重要的组成部分。"石林案例"不仅对研究石林县的农村改革，而且对研究当时整个中国的农村改革具有重要的参考价值。

"石林案例"中的第一至四章是中方课题组成员所写的调研报告，其中一些在国内刊物发表后被政界学界广为推崇，未发表的也在省、市、县、乡政府的科学决策中发挥了效益。第五至十章及导论、附录是日方课题组成员编撰的，由于未及时翻译这些报告迟至中译本问世才与中国读者见面。

中兼和津次教授在导论编中对各章的内容做了提要和评论，在附录中则根据问卷对农民的社会意识、市场意识、市场行动及经营意识三年中的变化进行了梳理。作为著名的日本经济学家和中国问题专家，他的评论和梳理，给人以启发。田岛俊雄是东京大学社会学研究所的资深教授，他在第五章从宏观微观上研究 20 世纪 80 年代中期的乡镇财政制度的"国家财政化"和 1994 年开始实施的"分税制改革"，并就"预算内资金"与行政部门、事业单位留存的"预算外资金"进行剖析，他认为乡镇的财政还是挂在县财政上无法分离，地方政府间的财政关系还未能规范化。佐藤是东京经济大学的教授，他着重调查了农村定期集市的微小自营工商业者个体商户的经营行为，用美国人类学家格尔茨（Geertz）关于爪哇自由市场经济的理论作为分析的框架。提出了有参考价值的见解。其余各章对石林烟草产业的研究，农业经营行动与阶级变迁的研究，农兼营问题的研究，也都具有参考价值。尽管日本学者个人提出的某些见解我们不是都赞同，但"石林案例"的学术理论价值，为当前和今后的农村改革提供参考借鉴的应用价值是值得肯定的。

2013 年 9 月 26 日于昆明

《中国彝族大百科全书》
前言与后记

一 前言

彝族历史悠久，文化灿烂，在开发和保卫祖国西南数千年的历史中，创造了著称于世的物质文明和精神文明。《中国彝族大百科全书》旨在对彝族数千年的历史文化进行集成，以弘扬其优秀的传统文化，及它们为创造中华民族伟大文明而奋斗不息的精神，促进各民族之间的相互交流、相互学习、共同团结奋斗和共同繁荣发展。

自 1978 年国务院决定编辑出版《中国大百科全书》以来，中国大百科全书编辑部通过编辑、出版各学科全书，在知识分类、编辑方式、图片配备、检索系统等方面，为我们创造了成功的经验和范式，《中国彝族大百科全书》力图以此为借鉴。

中共云南省委宣传部对编辑出版本书十分重视，批准将其列入云南省哲学社会科学重大委托项目（zd201106），2012 年，该书增补为"十二五"国家重点图书出版规划项目；2013 年 10 月，该书被国家新闻出版署列入《2013—2025 年国家辞书编纂出版规划》。云南楚雄彝族自治州、红河哈尼族彝族自治州，漾濞、南涧、景东、宁蒗、峨山、石林彝族自治县、新平彝族傣族自治县、元江哈尼族彝族傣族自治县、宁洱哈尼族彝族自治县、江城哈尼族彝族自治县、镇沅彝族哈尼族拉祜族自治县、巍山彝族回族自治县，四川马边彝族自治县、峨边彝族自治县、贵州威宁彝族回族苗族自治县等地方党委、政府，不仅为本书提供资料，有的还在经费上给予积极的支持。四川省民族研究所、贵州省民族研究所、凉山彝族自治州民族研究所、楚雄彝族文化研究院、红河哈尼族彝族自治州民族研究所等单位，派专家为本书撰写条目；云南省社会科学院、云南民族大学、云南大学、云南省文史馆、中国西南民族研究学会、云南省民族学会彝学专门委员会及楚雄大厦等单位、团体在各方面提供积极的帮助。在本书付梓之际，谨对以上单位和有关人士表示衷心的感谢！并衷心希望广大读者提出批评意见，使本书再版时能有所改进。

二　后记

20世纪90年代，在以国家民委副主任伍精华同志为主任的《中国少数民族大辞典·彝族卷》编委会的领导下，我职司主编，与云南、四川、贵州、广西等省、自治区的彝族和汉族学者，共同编纂《中国少数民族大辞典·彝族卷》。参加编写工作的专家深入彝族地区，对彝族的历史、文化进行深入调研，对彝、汉文资料及前人研究成果进行系统的收集、整理，陆续撰写出数以千计的词目。遗憾的是，由于《中国少数民族大辞典》总编委会及云南分编委会的工作终结，加之伍精华同志病逝，云南省楚雄彝族自治州、红河哈尼族彝族自治州及贵州省威宁彝族回族苗族自治县的编写组各自将稿撤回自行出版，再继续编写出版《中国少数民族大辞典·彝族卷》已经不可能。在对原稿进行善后处理的情况下，我与王天玺、马立三等同志，组建中国彝族大百科全书编纂委员会，共同编纂《中国彝族大百科全书》。

《中国彝族大百科全书》是浓缩性、综合性的百科全书，是一部古今彝族历史、文化等知识的集成，是彝族人民文明智慧的总汇。据统计，全书共 9031 个条目，348 万字，142 幅插图，249 幅彩色图片。具有学科门类齐全，条目总量大，覆盖范围广；释文融政治性、学术性、知识性、资料性、特色性、通俗性等为一体；用彝、汉文资料互证；体例规范，框架结构纵向有系统性，横向有可比性；类目层次清楚等特点。

大百科全书不像字典那样专收单字，注明读音，解释字义，然后列举一些包含这个字的词语，用例句说明它的用法；也不像词典那样，以解释词语为主，解释名物与词语的含义和变迁，列举例句供人模仿使用，而是以条目介绍独立的、稳定的词语、史事、物质文化、精神文化事项。条目的释文要回答条目讲的是什么、何时发生、何地发生、发生过程、有何影响、有何价值等，不仅要求实写，还要求有论有分析，因此，编写本书的意义是不言而喻的，难度也是很大的。

在本书即将付梓之际，让我对编委会的各位顾问、各位编委的指导，对一直参与编辑工作的杨绍军研究员以及张启仁、沙马阿青、邹逢佳、夏光辅、曾黎梅，对后期进行审读修改的张波、邱忠文等同志表示衷心的感谢，祈请读者对本书存在的缺点进行批评指正。

2011 年 8 月 31 日

《云南通史》总编前记及
第四卷前言

一 总编前记

奉献在读者面前的，是肇自远古，止于 1949 年的六卷本，共 300 多万字的《云南通史》。

自 1954 年周恩来总理视察云南，要求研究云南地方史、民族史以来，我省以方国瑜、江应樑、李埏、马曜、尤中为代表的老一辈史学家，力行周总理指示，曾写出众多石破天惊的云南史学著作；年轻史学家们跟进，又写出每多卓识高见，令人色喜的论著。

本书就是在前人研究基础上，坚持实事求是，既立足现实，面向未来，又以学术创新为本的集体研究成果。本书能否实现旨在认知云南，为建设云南、繁荣云南服务的立项初衷，尚有待实践的检验。

中共云南省委、省人大、省政府、省政协对编著出版本书高度重视，省委书记、省人大常委会主任白恩培同志，省委副书记、省长秦光荣同志，省政协主席王学仁同志为本书写序言；省委办公厅、省政府办公厅、省政协办公厅、省委宣传部、省委研究室、省政府研究室、省文史研究馆对编写工作进行指导和帮助；省财政厅提供经费；省社会科学院、云南大学、云南民族大学、云南师范大学、省地方志办公室派著名学者操笔；省社会科学院、云南民族大学、省文史研究馆对课题的前期、后期工作进行管理，谨在此表示衷心的感谢。

本课题立项时，省政府责成我主事，职司总主编，深感自身要素不足，恳请政府示请有关单位选精锐共就。课题组的各位专家呕心沥血，以严谨科学的态度进行研究，耗时13年才完成写作。现在的书稿已是二稿、三稿甚至四稿。各位分卷主编及著者的敬业和团队合作精神，给我巨大的激励。在总编过程中，我做过章、节、目结构的改变；或拾遗补阙，做过内容的增删；或对论点论据进行变更；或做过文字的精减修饰，目的是为不负人民重托。但由于水平和能力的限制，书中仍存在论列有失、荒疏遗漏等问题，敬祈读者指正。

云南省社会科学院历史研究所先后三任所长荆德新、郭净、段玉明同志在课题前期参与管理；谢本书教授助审第五卷；课题组秘书颜恩泉、杨世领、邹逢佳同志，贡献了大量的时间和精力，谨在此深表谢忱。

2009 年 5 月 26 日

二 第四卷前言

元、明、前清时期的云南史，自元宪宗二年（1254 年），至清道光二十年（1840 年），跨度为 587 年。这是云南各民族空前大融合，与祖国空前大统一的时期。民族大融合促进了云南与祖国的大统一，与祖国的大统一又促进了各民族的大融合，二者互动，使民族融合与国家统一不断向纵深发展。

本卷突出《云南通史·绪论》"融合、统一"的主题，对元、明、前清时期云南与祖国内地大一统的行政、军事、经济、文化、社会、对外关系等史事进行系统的阐述。对元代云南行省的设置；明代后期到清初"改土归流"前后出现的民族大融合；清代平定吴三桂的藩镇割据等有关"统一、融合"的史实，着重进行了论证。

云南历史是云南各民族共同发展的历史，那种以汉族史代替云南史的做法是不可取的。在这一卷中，我们既着力阐述汉族对促进土著民族经济、社会、文化发展的积极贡献；又着力论证汉族对土著民族文化的吸收。为把这个时期的云南史撰写成云南各民族的历史，我们对土著民族的社会制度和文化，都立专章进行评介。如第十二章对土著民族形成于元、明、清或延续至元、明、清时期的氏族制、奴隶制、封建领主制及地主制进行了论述。第十三章对源之早期，而盛于明、清，或形成于明、清的纳西族先民的图画象形文字及典籍；彝族先民的爨文及爨文典籍；白族先民的白文及白文文献；傣族先民的傣泐文及贝叶经；壮族先民的古壮字及布洛陀经诗等进行介绍；对彝族先民的毕摩教，纳西族先民的东巴教，白族先民的本主教、阿吒力教，藏族、普米族先民的藏传佛教等宗教文化进行叙述，对这个时期文献记录中出现的么些、栗些、怒、古宗、西番、百夷、蒲、峨昌、哈剌、倮黑、基诺、白人、㑩㑩、窝泥、苗、瑶、土僚、土人等各族的生产、生活习俗进行阐述。

实事求是是治史的基本原则，在这一卷中，我们坚持以历史唯物主义、辩证唯物主义进行指导，力求对历史事件、历史人物进行科学的评论。在讲民族关系时，既讲各民族团结友好、密切交流、相互融合的一面；又讲民族之间的矛盾斗争乃至战争的一面。对土著民族反对封建压迫、奴役的战争，我们大书特书；对其统治者发动的破坏民族团结和国家统一的战争，则进行批判。如对麓川思氏反叛的评论就是这样。对忽必烈、兀良合台、赛典赤、张立道、舍利畏、沐英、郑和、杨一清、李定国、吴三桂、鄂尔泰、兰茂、担当、钱沣等重要历史人物的评价，也力求准确，因为不准确就不真实，就不科学。简而言之，实事求是是本卷志在必求的价值之所在。

我们认为，重史实是元、明、清云南史学的一大传统，元代李京的《云南志》，明代张洪的《南夷书》，严从简的《云南百夷篇》，杨慎的《滇载记》，钱古训、李思聪的《百夷传》，毛奇龄的《云南蛮司志》，诸葛元声的《滇史》，刘文徵的《滇志》，清代冯甦的《滇考》，师范的《滇系》，倪蜕的《滇云历年传》等，都是以史料讲话，以大量史料揭示历史真实的名著，在这一卷的撰写中，我们既选用他们的资料，又学习他们的方法，力戒空论及以点代面的偏论。

本卷四编十五章的框架不可谓不大，节与目不可谓不多，但这样的框架体系，要厘清元、明、前清云南历史的方方面面，是不可能的。本卷在框架、立论、史料引用、文字表述等方面的不妥之处，诚望读者批评指正。

附录

李铁映同志点赞云南社科院的
重点学科建设

　　1999 年 6 月，中共中央政治局委员、全国人大常务委员会副主任、中国社会科学院院长李铁映同志来云南考察，在听取了中共云南省委、省政府领导的工作汇报会上，要何耀华汇报云南省社科院的重点学科建设，而后，就云南省社会科学院的重点学科建设和人文、社会科学研究发表了重要讲话，点赞何耀华关于云南社科院进行重点"学科建设"的汇报。

　　李铁映同志说：邓小平同志有两句著名的话，一句是"科学当然包括社会学"。这句话就像邓小平同志讲"知识分子是工人阶级的一部分"一样重要，强调了社会科学重要地位。这里的社会科学，实际上包括了人文科学和社会科学两个方面。人文科学主要指哲学、文学、历史、宗教等学科，社会科学则主要指经济、法律、社会学、国际问题研究等。小平同志的另一句话是：在可比的范围内，我们的社会科学落后了。江总书记指出：社会科学的发展状况和水平关系到我们党和国家的前途和命运。回顾我们决策上、指导思想上的错误，大多与人文社会科学上的错误有关，违背了它的规律。对马寅初的批判，导致了几亿人口的增加，而且无法改正。所以，一旦我们在指导思想上、理论上或者决策上发生重大的偏差，将造成巨大的损失。云南省社会科学院受到省委、省政府的重视，这是我们决策科学化、民主化的一个重要举措，也是一个重要的决策过程的组成部分。

李铁映同志说：云南省社会科学院何耀华院长谈了云南院加强邓小平理论研究、经济研究、民族研究和东南亚研究情况，这和我所了解、所想到的是一致的。深入研究民族问题、经济问题、东南亚问题，同时集中精力建立云南省邓小平理论研究中心，是非常精当的。

他指出：民族问题关系到国家的稳定和长治久安，深入开展民族研究十分重要。云南在民族研究方面有自己的传统，有自己的特色。要把这一学科作为重点，长期坚持研究，形成一批专家学者。同时，把民族研究与边疆研究、宗教研究结合起来，与民族地区的扶贫与发展结合起来，为民族团结、边疆稳定和发展服务。经济研究方面，地方社会科学院要形成自己的特色和优势，研究工作的重点可考虑两个：一个是研究中长期发展战略，提出一个统一的能够使云南发展同时又为国家接受的发展云南的思想；另一个是对经济形势及时进行分析和预测，提出对策性建议。研究经济体制改革要有重点，与北京的同类研究机构，与国务院的研究机构有所区别。东南亚研究在云南、广西、广东有特色，特别是云南，在研究缅甸、老挝、柬埔寨、越南方面有自己的特色。要有几个学者始终研究某国家，培养国别学专家。现在中国社会科学院提出建立美国学，出版国别年鉴，写美国政治、经济、历史、文化、地理、民族、宗教各方面系统的专著。

（《云南社科要报》2000 年 3 月 15 日第 13 期）

附记：

《中国社会科学院通讯》对何耀华意见的报道

跨越 21 世纪的钟声余音未尽，云南省社会科学院立即于 2000 年 1 月 2—4 日召开全院工作会议，总结 1999 年的工作和部署 2000 年的工作，何耀华院长以"加强重点学科建设，繁荣云南社会科学"为题，作会议主题报告。

何耀华院长在报告中，集中就"以重点学科建设为主轴的2000年工作"进行了部署，他说，2000年我院的总体要求是高举邓小平理论的伟大旗帜，全面贯彻落实党的十五大，十五届三中、四中全会精神，继续强化基础，突出应用，立足创新，强化重点学科建设，搞好党的建设，加强科研、人事、后勤等各项管理工作和图书信息刊物等各项科辅工作。建设重点学科是全院进入21世纪的当务之急和启动我院2000年各项工作的杠杆。重点进行邓小平理论研究、东南亚研究、经济研究、民族研究四个重点学科建设。南亚研究、社会学研究、宗教学研究、历史学研究、古籍文献研究诸学科也应根据重点学科建设的要求，搞好自身建设。邓小平理论研究要实行专题分工，科研人员要按邓小平哲学思想、经济思想、社会主义论等专题定位，为培养不同理论领域的专家创造条件。经济研究应结合云南实际，对经济学的学科领域进行分工，有所侧重，突出重点。民族研究和东南亚研究要进一步按云南民族和东南亚国家进行分工和定位，突出重点，培养族别学和国别学专家，出高水平的应用研究成果和基础研究的精品著作。各学科尤其是重点学科，应该抓住国家进行西部大开发的机遇，积极为建设云南"绿色经济强省""民族文化大省"及中国与东南亚、南亚国际大通道做贡献。在人事制度方面，建立云南省社会科学院院士制度，在重点学科领域聘请和选拔院内外、国内外高水平的高级专家为本院第一批院士。完善原有的特约研究员制度，扩大对外联系、交往和合作。重点学科由实力雄厚的学术梯队和有名望的专家作为学术领导人，鼓励院内人才流动，研究人员试行公开招聘，正副所长、处长通过考试选拔。各重点建设的学科，要具体落实到研究项目上，由院拨出专项研究经费和学科建设经费给予支持。

何耀华院长还指出，搞学科建设要破除计划经济条件下形成的思维模式的影响，解放思想，更新观念，实事求是，从实际出发落实

"三定"。学科建设的核心问题是基础研究，社会科学院的研究应当是以深厚的基础研究为前提的学术型研究。建设有中国特色社会主义的伟大实践，不断增长的人民的精神文化需求，要求有思想建树的哲学社会科学成果，社会科学院应当担负起出这种成果的使命。

（原载中国社科院办公厅主办的《中国社会科学院通讯》第 6 期，总第 195 号）

在《云南通史》首发式上的讲话

中共云南省委常委、宣传部部长　赵　金

尊敬的李慎明副院长：

各位领导、各位专家、各位朋友、各位来宾，早上好！

　　一个多月前，中国社会科学院常务副院长王伟光同志，中共云南省委副书记、省长李纪恒同志，在云南大厦共同签署了中国社会科学院与云南的战略合作框架协议。今天，我们贯彻落实协议第一个重要项目，非常荣幸地在中国社会科学院学术报告厅，举行《云南通史》首发式。首先，我代表中共云南省委，向出席首发式的各位领导和全体来宾，表示热烈欢迎！对《云南通史》的出版表示热烈祝贺！向关心、指导、支持《云南通史》编纂和出版的中国社会科学院、中国社会科学出版社的领导和专家，表示衷心感谢！向主持和参与《云南通史》编纂、出版的全体作者、编者，致以崇高敬意和亲切慰问！

　　云南是人类发祥地之一。丰富的古生物化石，170 万年前的元谋人化石，系列化的旧石器、新石器文化遗物遗址，清晰地反映了早期人类文明在云南的起源与发展；越来越多的考古材料，多角度、全方位展现了云南辉煌灿烂、特色鲜明的青铜文明。从"周武牧誓"到明清移民，云南与祖国内地紧密地连为一体，成为伟大祖国不可分割的一部分。在五千年的中华文明史上，云南各族人民之间、云南各族人民与内地各族人民之间，相互帮助，相互依存，团结共处，荣辱与共，为加强民族团结、维护边疆稳定、捍卫民族尊严、维护国家主权、推进睦邻友好、拓展对外交流，做出了重要贡献。

云南各族人民勤劳朴实，在数千年的历史长河中，锐意进取，开拓创新，创造了特色鲜明的物质文明和精神文明。各族人民立足云南特点，驯化稻种，栽培茶叶，传播玉米，引种橡胶，兴修水利水电，采冶盐铁五金，沟通中外商贸，高度重视生态保护，有效利用本地资源，大力培育特色产业，丰富了人民物质生活；各族人民结合云南实际，弘扬爱国主义精神，高度重视科技教育，学习、传播、弘扬先进文化，繁荣民族文化，创造和谐文化，丰富了中华文化的内涵。近代以来，云南不仅创办陆军讲武堂，承接西南联大内迁，接纳、吸引、聚集、培养了一大批杰出人才，而且涌现了艾思奇、聂耳、熊庆来等等思想家、艺术家、科学家，为推进云南乃至全国文明进步的步伐，做出了应有的贡献。

为全面、系统地阐述自古以来云南历史发展的脉络，揭示中华文明史上云南地方历史发展的共性与个性，进一步深化国情、省情认识，充分发挥历史文化资源在文化建设中的基础性作用，更好地为促进云南现代化建设提供历史借鉴，中共云南省委在 13 年前做出了编纂多卷本《云南通史》的决定。云南省社会科学院院长何耀华研究员，受命组建课题组，主持这项工作。13 年来，在省委、省政府的领导下，在中国社会科学院的大力指导下，何耀华研究员依托云南省社会科学院，团结带领多年从事云南历史文化研究卓有成就的优秀学者，广泛吸收、借鉴前人研究成果，系统搜集文献资料，深入开展调查研究，精编细研，数易其稿，最终完成了这部鸿篇巨制。

《云南通史》以马克思主义为指导，第一次系统全面地阐述远古至 1949 年云南历史发展过程及其规律，是迄今为止篇幅最大、内容最完整、最系统的云南历史著作。全书资料丰富，主题突出，结构严谨，特色鲜明，集思想性、科学性、知识性、可读性于一体，从政治、经济、军事、文化、科技、法律、宗教、艺术、民俗等领域，客观记述数千年波澜壮阔的云南历史，生动地反映云南历史上的重大事件、重要人物及经济文化建设成就，真实地描绘了云南各族儿女不屈不挠、开拓创新、艰苦创业的可歌可泣的事迹，反映了各族群众热爱祖国、团结进步、追求美好生活、自强不息的奋斗精神。《云南通史》既是一部系统、科学的学术著作，又是一套内容丰富、内涵厚重的云南名片；既是一部特色鲜明的国情、省情读本，又是一部优秀的爱国主义教材。《云南通史》的出版，是云南繁荣发展哲学社会科学、建设民族文化强省取得的又一重大创新性、标志性成果，并将在未来云南科学发展、和谐发展、跨越发展中，特别是在云南民族文化强省建设中，发挥不可替代的基础性作用。

《云南通史》的编写，广泛吸收、借鉴了包括中国社科院专家在内，全国历史学、边疆史地、民族学、宗教学、经济学、社会学、亚太研究、世界政治经济研究等领域的成果。中国社会科学院李慎明副院长出任顾问，多位专家担任编委，对编纂工作给予了精心指导，为高质量完成书稿做出了重要贡献。中国社会科学出版社担负起了《云南通史》出版的重任。出版社领导、编辑、校对及全体工作人员，经过一年多的辛勤劳动，最终推出了这部规模浩大、编校精审、印制精美、庄重大方的精品。

《云南通史》凝结了中国社科院领导、专家，中国社会科学出版社领导、专家和工作人员的辛劳与汗水。让我们再一次对中国社会科学院、中国社会科学出版社，为出版《云南通史》，为云南社会科学研究和文化建设做出的重要贡献，表示衷心的感谢！

历史学是哲学社会科学中公益性、基础性很强的学科。历史学的繁荣发展，是文化自觉的基本标志，是文化自信的科学前提。脱离了历史，文化自觉难以克服盲目冲动，文化自信难以避免盲目迷信。在中华民族伟大复兴的进程中，在文化强国、民族文化强省建设中，历史学担负着十分重要的使命。中共十七届六中全会、云南省委第九次党代会以来，省委、省政府认真贯彻中共中央《关于深化文化体制改革，推动社会主义文化大发展大繁荣若干重大问题的决定》，按照实施文化强国战略、加快民族文化强省建设的部署，高度重视哲学社会科学研究，高度重视优秀文化传统的传承、优秀历史文化的传播，高度重视依托丰厚的历史积淀，繁荣发展地方文化、民族文化。

当前，省委制定了《贯彻落实党的十七届六中全会精神，加快建设云南民族文化强省的意见》，制定了《云南省哲学社会科学"十二五"发展规划》，全面启动了 17 卷本《云南大百科全书》、300 卷的《云南文库》《学术大家文丛》《学术名家文丛》《百人百部学术名著》（三大系列丛书）出版工程。云南地方史的研究和出版，在其中占有重要地位。在《云南大百科全书》中，《历史卷》独占 2 卷；在《云南文库》中，半数以上是云南各历史时期的精品著作。同时，省委、省政府拟专门支持编写《云南专史丛书》，翻译出版《剑桥南亚史》，进一步支持历史学高层次人才培养和重大历史课题的研究。服务于文化自觉与文化自信的云南历史研究、历史文化的传承与弘扬，进入了一个新的大繁荣、大发展时期。

我们将进一步加强和改善对云南哲学社会科学的领导，把历史研究纳入云南哲学社会科学创新工程的总体部署，进一步加强学科建设、人才培养，大力支持专家学者，深化和拓展中国西部开发史、西南生态变迁史、西南民族史、民族关系史、西南边疆史、对外开放史、多元文化交融发展史、印度洋周边国家与中国云南关系史、东南亚南亚华人华侨史等重点领域的研究，为历史学的繁荣发展，创造更好的条件。

我们真诚地希望，全国各界专家学者，特别是中国社会科学院、中国社会科学出版社领导、专家，继续关心、指导、支持云南哲学社会科学的繁荣发展。我们热忱欢迎各界专家，从全球、全国的战略高度，研究云南，发现云南，成就云南，在云南史、西南史研究中，在边疆民族地区哲学社会科学繁荣发展和民族文化强省建设中，贡献智慧，展现才华。

我们相信，以《云南通史》的出版为标杆、为起点，在省委、省政府的正确领导下，在中国社会科学院、中国社会科学出版社，以及全国各界专家的大力关心、指导、支持、帮助下，云南历史学界也一定能够在实施文化强国战略、建设民族文化强省的宏伟事业中，结合学科特点，发挥学科优势，按照哲学社会科学创新工程的部署，再接再厉，开拓创新，不断深化和拓展云南地方史研究，充分发挥历史学在创新知识、传承文明、咨政育人、服务社会中的作用，为传播优秀文化，创造和谐文化，建设民族文化强省，做出更大的贡献。

谢谢大家！

云南文化史上的盛事

——专家学者纵论《云南通史》

云南日报记者　杜　京

　　由省委宣传部及中国社会科学出版社共同主办的多民族的融合与共同发展——《云南通史》出版发布座谈会 2012 年 4 月 5 日在京举行。

　　中国社会科学院党组副书记、副院长李慎明，省委常委、省委宣部部长赵金出席并讲话。

　　李慎明在讲话中说，中共云南省委、省政府坚决贯彻科学发展观，把云南建成中国面向西南开放重要桥头堡的战略构想，已经中央批准成为国家大战略的组成部分。实施这个战略离不开人文社会科学软实力的支撑，离不开史学研究的支撑。《云南通史》的编者以"古为今用"作为治史的宗旨和归宿，用大量的历史资料说明：在云南数千年的历史发展中，与东南亚、南亚国家的经济、文化交流始终绵延不断，对西南的开放使云南的经济、文化获得快速的发展，又使对外开放的水平和效益获得不断的提高。这部通史卓有说服力地论证了云南自古以来在中国对东南亚、南亚开放中的战略地位和历史贡献。

　　赵金说，《云南通史》编纂出版工作以马列主义、毛泽东思想、中国特色社会主义理论体系为指导，第一次系统全面地阐述远古至1949 年云南历史发展过程及其规律，是迄今为止篇幅最大、内容最完整、最系统的云南历史著作。全书资料丰富，主题突出，结构严谨，特色鲜明，集思想性、科学性、知识性、可读性于一体，从政治、经济、军事、文化、科技、法律、宗教、艺术、民俗等领域，客观记述数千年波澜壮阔的云南历史，生动地反映云南历史上的重大事件、重要人物及经济文化建设成就，真实地描绘了云南各族儿女不屈不挠、开拓创新、艰苦创业的可歌可泣的事迹，反映了各族群众热爱祖国、团结进步、追求美好生活、自强不息的奋斗精神。

座谈会上，《云南通史》总主编何耀华介绍了本书编纂过程及其特点，何耀华说，在探索云南历史发展规律方面，本书以"融合""统一"作为云南历史发展的主轴。"融合"是指云南土著民族与内地华夏族、汉族，土著民族与土著民族的互融，即"夷变夷""汉变夷""夷变汉"的现象；"统一"是指云南各民族与祖国其他各民族，统一于中国的国土之内，接受一个中央政府（包括汉族和少数民族在全国建立的王朝和政权）的管辖。把中华各族之国（中国）作为国家的统一体，是云南历史发展的基础、民族兴盛和社会进步的源泉与动力。

何耀华谈到，云南历史告诉我们：民族融合与促进国家统一，是贯穿云南历史发展的两条主线，是推动云南历史前进的两大主轴。二者互动，相辅相成，相互制约。云南历史上的每一次民族大融合，都推动了中国的统一向纵深发展，而每一次国家统一的纵深发展，又为新的民族大融合开创了新基础，构筑了高平台；各民族之间的经济、文化交流是民族融合的主要媒介。云南历史证明：云南各少数民族和汉族，都是相互不断融合形成的民族共同体，具有"我中有你，你中有我"的共同特点。云南民族融合所产生的对祖国的内聚力及汉族与各少数民族，少数民族与少数民族之间的互聚力，是云南各族人民在中国共产党领导下，与全国各族人民共同奋斗，实现共同繁荣的重要保证，是中华民族自强于世界各民族之本。

中国社会科学出版社社长兼总编辑赵剑英在出版座谈会上说，《云南通史》的出版是深入贯彻党的十七届六中全会精神，推动文化大发展大繁荣的一项重要成果，是云南省文化建设的一项标志性成果，也是我国学术界和文化建设的一大盛事。

中国社会科学院学部委员、学部主席团成员、原副院长汝信在座谈会上发言说，《云南通史》最大的特点、最主要的优点是，始终以贯彻马克思主义的历史唯物论为指导，立意高远，纵贯古今，站在历史与现实相结合的高度，准确地叙述了自古至今云南的波澜壮阔、丰富多彩的历史，清晰地勾画出云南历史发展的基本线索并深刻地揭示出其发展的规律。

中国社会科学院学部委员、副秘书长、学部主席团秘书长郝时远说，我看了这部通史，的确像各位刚才谈到的，是一部非常难得的、独具特色的地方史。从这部通史的特点来讲，它既是一部地方史，也是一部民族史。因为云南最重要的特点就是族别众多，是我们国家各个民族聚居、族别最多的地方。而这部书的确体现了这个特点，而且站在了最基本的立场——中华民族的立场上。云南率先提出建设文化大省，而且在文化大省建设中，集那么多专家的才智，历经13年，完成出版《云南通史》实属不易。

中国社会科学院荣誉学部委员、民族所原所长杜荣坤认为，《云南通史》抓住地区和民族特点，以"融合、统一为云南历史发展的主轴"为核心对云南地区发展之脉络，进行深入探索，其立意独特，行文气势磅礴，令人耳目一新。中国社会科学院荣誉学部委员、社会学所原所长陆学艺感慨道：一部书能花十多年的时间做出来，大概也不多。现在不少是快餐式的文化，甚至有的重大课题、重点课题，经费投入不少，但时间安排很短、要求很紧，甚至不要三两个月就出一本书，那样会有质量吗？

云南省社会科学院副院长王文成在座谈会上说，深入研究云南地方史，对丰富中华文明史研究的内涵，弘扬和传播先进文化，发展和创新和谐文化，对深化国情、省情认识，借鉴历史经验，促进边疆民族地区科学发展，提高对外开放水平，都有着十分重要的意义。《云南通史》坚持马克思主义唯物史观，弘扬爱国主义精神、民族团结精神，努力吸收国内国际学术前沿成果，总结新中国成立以来云南地方史研究取得的成果，系统阐述远古至 1949 年云南历史发展的脉络，在中华文明史的宏观视野中，揭示云南历史发展的阶段性特征和长时段发展趋势。

中国社会科学院科研局副局长朝克认为，《云南通史》历史资料丰富，突出原始文献、原始答案，大量运用考古发现、前沿调查资料，其中还附有数量可观的弥足珍贵的历史图片资料，图文并茂，资料翔实，具有深远的历史学、地域学、文学、文化学、资料学方面的学术价值。总的来说，这是一套内涵丰富、科学求真的好史书，可以说这是云南文化史上的一件大事，该成果的出版填补了云南史学研究中的许多不足和遗憾。它的出版对于我国南方民族史的研究，乃至对于中国史的研究，以及中国与东南亚、东亚各民族的研究具有重要的学术价值。特别是在当今我国文化大繁荣大发展的时期，该成果的出版有着重要的历史意义和现实意义。

云南省文史馆副馆长张勇在座谈会上说，《云南通史》的编者们都是云南文史学界的饱学之士，他们大都一辈子从事云南的史学研究，掌故典籍娴熟于心，又倾力耕耘十余年，遍参云南史学著述，广泛吸纳前人研究成果，广集博采，科学梳理，在已有著述成果的基础上再进行深入的研究、创造，精心写作，终成云南史学之鸿篇巨制。《云南通史》全书以新颖的理论框架和基本思路展开论述，提出了许多新颖独到、颇具说服力的观点，新意迭出，亮点频现。全书立足云南、放眼全国，兼顾中国云南与东南亚、南亚关系，取材精审、论证严密、文字精练，通古今之变而成一家之言，集历史性、科学性、时代性、学术创新性于一体，是一部高水平的学术论著。

《云南通史》的出版，开了云南地方编修五千年通史的先河，实现了云南人盼修通史的夙愿，填补了云南无通史的空白，是云南文化史上的一大盛事。《云南通史》既具有很高的学术理论价值，又具有丰富的历史文化知识，极具可读性，是读者了解云南历史文化的一部好书；又是对干部群众进行爱国爱家乡教育的一部好教材，更是专家学者研究云南必不可少的工具书。

（原载《云南日报》2012 年 4 月 10 日）

《云南通史》概说

云南大学　张昌山

　　由何耀华任总主编，李昆声、钱成润、朱惠荣、林超民、段玉明、夏光辅、蒋中礼、王文成、牛鸿宾、谢本书等任分主编的《云南通史》，已由中国社会科学出版社出版。这是迄今篇幅最大、内容最完整、阐述最系统的云南通史著作，也是近年来云南地方史民族史研究的重要成果。

　　作者们以唯物史观为指导，对云南各民族肇自远古迄于 1949 年的各个不同时期的历史，进行了深入阐释和全景式展现。

　　全书包括远古至战国时期的云南；秦汉、三国、两晋、十六国、南北朝、隋时期的云南；唐、五代、宋时期的云南；元、明、清时期的云南；近代前期（1840—1919 年）的云南；近代后期（1919—1949 年）的云南等 6 个分卷，共 334 万余字，并配以数百张历史图片。资料翔实，文字流畅，图文并茂，可读性强，在同类书中颇具特色。这是一部集大成之作。云南地方史料十分丰富，图书文献、原始档案、考古发现、田野调查、口承材料等的搜集整理颇具规模，学术成果大量涌现。1954 年周恩来总理视察云南时提出，要加强对云南地方史、民族史的研究。此后，一大批重要著述相继问世，如方国瑜的《云南史料目录概说》《彝族史稿》《滇史论丛》，江应樑的《傣族史》，马曜主编的《云南各族古代史略》《云南简史》，徐嘉瑞的《大理古代文化史稿》，李埏的《滇云历年传点校》，尤中的《云南民族史》《云南地方沿革史》，木芹的《南诏野史会证》，何耀华的《武定凤氏本末笺证》《中国西南历史民族学论集》，朱惠荣的《徐霞客游记校注》，谢本书的《唐继尧评传》《龙云传》，汪宁生的《云南考古》，李昆声的《云南考古学论集》及段玉明的《大理国史》等，在国内外产生了重要影响。本书作者们倾十余年之力，立足前沿，科学梳理，广集博采，精心著述，终成这一鸿篇巨制。

这是一部创新之作。本书主要作者大都是云南当今史学精锐，在相应的学术领域多有建树。书中既有继承，更重创新。以《绪论》为例。作者以"融合、统一：云南历史发展的主轴"为题，着眼于宏观，深入其微观，以丰富的史料、生动的文笔，简明扼要地勾画出云南各民族在大迁徙、大融合中形成与发展的历史轮廓，又清晰地描绘了云南与祖国大家庭血脉相连的渊源关系。提炼出周克商、设置郡县、南中大姓、爨族、南诏国及大理国、云南汉族等重要概念，并分别对夏商周时期云南土著与华夏族的政治交融，秦汉时期云南土著王国与多民族统一国家的合一，魏晋南北朝时期汉族移民统治者与云南土著融合形成南中大姓，隋唐时期土著民族自融及融合汉族移民形成历史民族共同体——爨族，唐宋时期云南土著民族自融及融合汉族移民形成南诏国、大理国等政治实体，元、明、清时期汉族移民与土著民族融合促进汉族的发展，近代革命与云南的民族融合，特别是对土著民族与土著民族、土著民族与汉族的融合，即"夷变夷""汉变夷""夷变汉"，并通过融合共荣而与中华各民族内聚成统一而不可分割的国家等论题，进行深入探讨与阐述，进而得出民族融合与促进国家统一，是贯穿于云南历史发展的两条主线，是推动云南历史前进的两大主轴的结论。这是一个新颖独到、颇具说服力的观点。全书以此为理论框架和基本思路展开阐发。书中新意迭出，亮点频现。三篇序言亦都是佳作，高屋建瓴，内涵丰富，实为高水平的学术论文，予人耳目一新之感。

这是一部填补空白之作。云南地处祖国西南边陲，历史悠久，民族众多，山川秀丽，文化富集，是人类最早的发祥地之一。既有灿烂的古代文明，也有近现代光荣的历史进程。编写一部云南通史，一直是云南人的共同心愿，也是时代赋予云南史家的历史责任。本书的出版，开了云南编修五千年通史的先河，实现了云南人的夙愿，填补了云南史学的一大空白，是云南文化史上的一大盛事。它的出版，对于正确认识云南、全面建设云南、促进云南更好更快地发展具有重要的借鉴作用，对于研究中国历史、云南地方史民族史及中国与东南亚、南亚交流史等具有重要的参考作用。

《云南通史》总主编何耀华先生是一位资深的历史学家，早年师从"南中泰斗""滇史巨擘"方国瑜先生，得方先生真传，以究天人之际，通古今之变，成一家之言为旨归，在云南地方史、民族史及民族学诸领域成就卓著，享誉海内外。何耀华先生曾在《中国社会科学》《文史》《中国藏学》《世界经济》等刊物发表学术论文 170 余篇，完成省部级决策咨询研究项目 50 余项，其著作除此之外还有《中国各民族原始宗教资料集成》51 卷、《西南民族研究彝族专集》等 27 种。何耀华先生现为云南省社会科学院研究员、云南大学博士研究生导师、云南省文史研究馆馆员、中国西南民族研究会会长，获得国家有"突出贡献专家"称号，享受国务院特殊津贴。

（原载《云南大学学报》2012 年第 2 期）

何耀华传略

云南省社科院情报资料中心　谢蕴秋

何耀华，云南开远县人，汉族，1937 年 7 月 27 日出生于一个靠手工织布为生的工人家庭。祖父是四川宜宾一位颇擅长烹饪的厨师，父亲敦厚善良，与世无争，然而，当多事之秋的中国处于外患丛生、内忧不绝之时，尚未成年的父亲也未能逃脱军阀混战给百姓带来的沉重灾难，而被川军强抓为背夫，随军流入云南而落籍于滇。为了养家活口，父亲只有奔波于石屏、建水、开远一带，替人纺织彝族妇女包头用的土布，以此换取微薄的收入。母亲是位勤劳、能干，在饥寒生涯中百折不挠的劳动妇女。母亲刚直、倔强、勤劳的性格给何耀华的一生以很大的影响，致使他自幼就萌发了立志谋求超前能力的意识，在开远市布沼坝小学念书时，他的成绩历年名列榜首。1951 年小学毕业，在参加县立初中升学统考时，不料其名却缀于榜末，这对自强不息、少成若性的何耀华来说，无疑是个打击，努力搏击，奋发砥砺，刚强执拗的秉性使他迅速缩短了农村学生与城市学生在学业水平上固有的差距，而一跃夺取全年级终考的桂冠，并被推选为全校学生会的主席。1954 年 7 月，他以优异的成绩考入教学质量名列云南省前茅的个旧中学念高中。当时的个旧是一座文化教育发达的工矿城市，依旧身着父母自织的粗蓝土布衣裤的何耀华，一旦步入这五花八门的文化商场，自觉有一种新鲜感，而面对教学上的高起点和同班同学颇高的文化知识素养，则又使他碰到不少困难。但何耀华并不因此自馁，他那蕴含的不甘示弱、勤奋苦学的精神使他在高中继续成为强者。1956

年 8 月 29 日，何耀华因一贯品学兼优而成为云南省第一个被吸收加入中国共产党的高中生党员。入党后，他把个人生存价值的标尺定得更高了，除了兢兢业业地做好繁杂的学生工作之外，便如饥似渴地博览群籍，废寝忘食地行思坐想。1957 年，他再次以优异的成绩考入云南大学历史系；1964 年，在被称为"西南地方民族史学之父"的著名教授方国瑜先生指导下，于云南大学圆满地完成了中国民族史专业研究生的学业。

行成于想，业精于勤，在校深造期间，他尤为服膺导师乾嘉考据学的宏才，并深受导师历练老成而又严谨的治学风格的熏染。在方国瑜教授的精心指导和严格要求下，他遂潜志从事中国西南少数民族历史，特别是彝族史、藏族史的研究。他在对史料的收集、正误、比勘、考辨的过程中勤于思维、钻研，善于观点的创新，常以出类拔萃的成绩博得导师的赞赏，并为以后的治学道路奠定了扎实、深厚的基础。

1963 年，他奉导师之命，对刚问世的北京大学教授向达数十年的力作《蛮书校注》写评论。使导师没料到的是他写成的《蛮书和蛮书校注》一文，竟能从向达先生"天衣无缝"的著作中指出四条错误。该文在《云南日报》发表后，曾在学术界引起反响。"后生可畏"，向先生读文后致函肯定和称赞了他，他第一篇学术议论获得成功，绝非偶然，这是他多年辛勤积累的结果。

祖国西南川、藏、滇、黔、桂、渝等省、区、市聚居着 34 个少数民族，在这块土地上进行民族学和少数民族史研究有得天独厚的优势。何耀华研究生毕业后，一直在云南大学、云南省社会科学院从事有关西南少数民族的科学研究，教学和学报书刊的编辑工作，在逝去的大半生中，他孜孜不倦、辛勤笔耕的多本学术论著均深深地植根于西南少数民族这块"亟待开掘的土壤"，涉及了西南少数民族的历史学、民族学、社会学、经济学、民俗学、宗教学、考古学等多门学科。他刻意求新，不但在学科上开辟了新的研究领域，而且在研究方法上形成了自己所特有的风格——把少数民族历史研究与民族学田野调查有机地结合起来，既重历史文献的全面收集与考辨，又重民族历史和现状的实地调查；既强调民族历史发展的纵向研究，又不忽视民族发展现状的横向开凿。其做学问，贵在求实严谨，有疑必质，极富开拓精神。

"科学是对客观规律的揭示，任何具有科学价值的结论都是不能以人的意志为转移的"，这是何耀华在长期的科研实践中恪守的一条立学原则。

彝族史是中华民族史的一个重要组成部分，拥有 670 多万人口的彝族是中国西南地区的主体民族之一。20 世纪 60 年代初，何耀华以从事彝族史研究为起点，开始了他的学术生涯。这期间，他以宋、元以来一个著名的彝族部落罗婺部为研究对象，以笺证为体裁，广采博取考古学、历史学、民俗学、民族学、宗教学学科的有关资料，多次进行深入细致的实地考察，在充分运用典型材料的基础上，对南宋孝宗淳熙年间（1174—1189 年）至清乾隆末期 600 余年以罗婺部为代表的彝族历史进行了深入的论证，完成了他的开篇著作——《武定凤氏本末笺证》。《武定凤氏本末》系清代檀萃所撰，他用以作笺证的是讹误、错漏迭出的手抄本，全书不过四万余字。通过何耀华颇殚心力的精心梳理、缜密校勘、严谨考辨立言。最后将它拓展为一本 26 万字的专著，从而开创了彝族部落史研究的先河。他的新颖而又有创见的立论，为人们系统地展现了武定彝族土司凤氏由盛及衰的历史全貌。许多学者评论道：该书兼具学术性、资料性、考证性的立体型优化结构，"为古籍史料的整理和对少数民族部落进行系统的微观研究树立了成功的范例"。

创新是理论研究的生命，学科研究方面强烈的开拓精神和不甘拾人牙慧的学术风格，使何耀华在开创性、突破性方面成果斐然。在基础理论与应用研究有机结合的实践中，他认为："现代科学的进步是以学科的不断分化和互相渗透作为特征的。在民族学研究领域，只有从历史的角度认识民族，才能真正认识少数民族，才能为少数民族的现代化发展提供历史唯物主义的论证和切实可行的建设方案。"所以，他总是长于把民族史和民族学这两门不同的学科有机地结合在一起，使它们碰撞出新的"历史民族学"的学科火花。他在钩稽故实，发微阐幽的同时，深入少数民族之中，长期与他们生活在一起，细致地观察他们的物质文化和精神文化生活，体验民族心理特点，发掘足以反映他们历史现状的材料，然后辅之以历史文献进行综合研究。1988年，云南人民出版社出版了他的《中国西南历史民族学论集》（以下简称《论集》）。这是他在学术上独辟蹊径的代表性著作。《论集》收入了他自1978年以后十余年间所写的部分科研成果，荟萃了他倡导建立历史民族学学科的理论精华。他认为历史民族学以认识功能、意识形态功能和应用功能为自己的基本功能，民族史是其研究的核心，民族学则是另一个重要内容，二者相互渗透、交叉即形成了历史民族学的本体。他说："历史民族学是建设具有中国特色的社会主义不可缺少的学科。要使我们建设的社会主义具有中国特色，就必须从中国各民族今天的现实特点出发，使之具有中国的民族特色，而今天，我国各民族的特点是历史地形成的，只有充分了解各民族的历史实际，才能真正了解他们的特点，只有了解他们的特点，才能把我们的现代化建设建立在适合于各民族特点的基础上，这是历史民族学研究的出发点和落脚点。"在《论集》中，最能反映他历史民族学学科思想的代表作是曾在1981第2期《中国社会科学》上发表的《论凉山彝族的家支制度》。这篇文章不仅对几千年来直到民主改革前存在于凉山彝族社会中的家支制度进行了全面的分析，而且对其现状进行了深刻的解剖，并从二者的结合中引出具有创见的看法。国内外不少学者认为，他的论述为"历史民族学"的问世做了实体性的铺垫。该文主张用发展商品经济的手段来解决家支总问题的观点,经专家评审,被认为是对学术理论研究有重大突破,对解放思想、贯彻三中全会的理论路线有重要现实意义的科学见解。《论集》以42万字的篇幅收入的二十多篇章,亦是用历史民族学的观点、方法写成的,这部《论集》曾荣获1988年滇版优秀图书社科唯一的一等奖。《论集》中若干独到的见解被学术界采纳,论点被引入《中国大百科全书》(民族、宗教等卷)、《简明宗教辞典》《中国民俗辞典》等工具书中。从"只要涉及中国西南民族研究领域,都不能不认真阅读和参考这部《论集》"的书评中,便可知此书的学术地位。

"藏学"是何耀华自20世纪80年代以来潜心研究的又一个重要领域。为筹备在拉萨召开的全国首届藏学会议,他两次深入西藏,不畏条件艰苦,调查了当地民族的历史与现状,他为会议撰写《为建立和发展马克思主义藏学而努力》的开幕词,针对国外一些人以分裂我国西藏为目的的所谓"藏学",阐明了发展中国藏学的主张。自拉萨回昆后,他建议把藏学作为云南大学博士研究生必修的一门学位课程,并为三届博士生开出了《藏汉民族关系史》的课程。他连续在《中国藏学》、中国台湾《大地》、日本早稻田大学的"中国民俗研究通信"等刊物上发表了多篇卓有创见的藏学论文。1985年,中国藏学研究中心在北京成立,他在1983年提出的建立和发展中国藏学的主张得以实现。他发表的《从远古文化遗存看藏区与祖国内地的关系》《川西南藏族史初探》《试论古羌人的地理分布》《早期吐蕃史事考》等文,反映了他从事藏汉民族关系研究的理论思辨状况。这些研究成果,均以资料翔实、观点新颖、论证深刻而引起国内外学术界的关注。1988年,日本国立民族学博物馆聘他为客座教授,香港中文大学邀请他去讲学,他先后到日本、中国香港做了半年的"藏汉民族关系史"的研究,并开办了专题讲座。台湾淡江大学以大陆杰出学者的身份特邀请他去讲学。香港《文汇报》等多家香港报纸报道了他在香港讲学的情况，并给予了很高的评价。

20 世纪 80 年代以来，何耀华具有较高学术价值的著作就有 12 本，个人发表的论文 80 多篇，独著、主著、主编出版的民族学学术论著共计 360 余万字。由于他对中国民族史、民族学研究所做的突出贡献，及其在国内外学术界的影响。1985 年 2 月，何耀华被特批破格晋升为研究员；1986 年，国家科委授予他"国家级有突出贡献的专家"称号，他先后被选为中国民族学学会、中国民族史学会、中国社会学学会的副会长和中国西南民族研究学会会长。

荣誉和成绩对于何耀华来说，仅是他在学术道路上不断开拓、创新的动力。

在国家推行改革开放、搞活经济的大气候中，研究少数民族地区改革开放中的理论问题，推进民族地区"两个文明"的建设是他的一个奋斗目标。1988 年，他在接受国家"七五"重点课题《中国百县市经济社会调查·通海卷》的调研任务后，组建一个由多数未搞过科研的青年组成的调查组，赴通海县进行全面的调查和"练兵"，使课题组的青年获得独立开展调研的能力，由他设计并最终统修完成的《中国国情丛书百县市经济社会调查·通海卷》《通海县经济、社会、生态协调发展系统工程研究》两本书，共 100 万字。前者获得中国国情丛书评审委员会的高度评价。在中国社会科学院科研局于河北香河县召开的国情丛书工作会议上，他被作为分卷主编负责的典范而受到表扬，后者则受到省、地、县三级领导机构的高度评价，而被县里采纳，并付诸实施。《中国国情丛书百县市经济社会调查·通海卷》获中国社会科学院优秀图书二等奖，他获先进个人奖。

何耀华先后担任云南大学学报《思想战线》的党支部书记、副主编、主编，云南大学科研处处长，1987 年调任云南省社会科学院副院长，在从事科研管理的实践中，何耀华亦做出了不平凡的贡献。1987 年 4 月被评为云南省劳动模范。然而无论是从事科学研究抑或科研管理，他都从不甘心让自己的思想流停止在一个水平点上。1990 年，根据国家建设社会科学研究的需要，他在中国社会科学院主办的《社会科学管理》和上海《社会科学报》上发表了关于加强基础理论和学科建设的文章，受到了全国社科界许多学者的赞同与好评。鉴于他长期置身于社会科学领域，为发展云南社会科学事业积累了一定的经验；1991 年 8 月他升任云南省社会科学院院长、党组书记。

何耀华孜孜以求，数十年如一日地在社会科学研究与管理的道路上搏击前进，他治学的严谨、勤奋和不断开拓、求索进取的热情与日俱增。从他那常常是风尘仆仆而又精力饱满的身影中，或堆满资料、文稿的办公桌上，熟悉他的人们都知道，他又在为构建边疆社会科学更加完美的学术殿堂倾心地设计、忙碌着……

1991 年 11 月 1 日

何耀华先生访谈录

《中国民族研究年鉴》主编　揣振宇

揣振宇（以下简称揣）：何先生，您是新中国培养起来的第一批民族学家之一，在中国西南历史民族学领域取得了很多成果，为推动中国西南历史民族学研究做出了很多贡献。现在，先请您简要谈谈您的家世和个人成长经历。

何耀华（以下简称何）：好的。我的父亲是四川宜宾人，从小就跟随祖父在宜宾的轮船公司做搬运工，后因川滇军阀混战，被抓夫到云南。我母亲是云南石屏人，我于 1937 年 7 月出生在石屏。在我 5 岁以前，我们家一直流落在云南石屏、建水、蒙自等地，5 岁后才定居在云南开远小龙潭，6 岁半我在当地小学上学，受到赵国英老师的鼓励和支持，成绩优异。

1950 年云南解放后，我要求参军，曾到部队警卫团待过 5 个月。1951 年回乡参加当地的土改工作队，帮助工作队工作，到开远读初中，1954 年初中毕业考入云南个旧中学读高中，高二时加入中国共产党，成为当时云南第一个高中学生党员。1957 年，我考取云南大学历史系历史专业读本科，大学期间曾脱产一年到校党委和系党总支任党的专职干部，直到 1962 年才本科毕业，考取方国瑜先生的中国民族史专业副博士（硕士）研究生。

1963 年，北京大学教授、著名历史学家向达先生的《蛮书校注》出版，请国瑜师写评论，他指定由我撰写。我在 1963 年 1 月 17 日的

《云南日报》上发表《〈蛮书〉和〈蛮书〉校注》，得到国瑜师和向先生的鼓励，向先生在给我的回信中说"后生可畏"。1965 年，我研究生毕业后留校在云大历史系任教。1975 年省委和云大党委创办《思想战线》杂志，任命我做杂志的党支部书记，1983 年，校党委又加担子，任命我同时做科研处处长，并代江应樑教授主讲博士研究生的民族史课程。1985 年由讲师破格晋升研究员。1986 年 12 月被国家人事部批准为国家有突出贡献的中青年专家。1987 年 4 月，因科研管理上做出突出贡献，被评为云南省的劳动模范。1987 年 7 月调到云南省社会科学院任副院长、院党组书记。1991—2001 年任院长，2003 年退休。

揣：在您成长过程中，有许多老师和同事对您产生过影响，能具体举例介绍一下吗？

何：我的研究生导师方国瑜先生，是被誉为"南中泰斗""滇史巨擘"的国内外著名教授。他品德高尚，为人师表，以德立人。记得第一次讲课时，他说："政治家讲修身治国，学问家讲修身治学，不讲道德修身，学问是做不好的。""治学要超过前人，'学以聚之'，发前人之所未发，正前人之瑕疵，但不能淹没前人，任何无得而发，或不下苦功夫，有一点皮毛之见，就洋洋万言，都是应力戒的。写论文，犹如炼钢铁，只有千锤百炼，才能写出传世之作。"国瑜师以弘扬国学为治学之本而非为追名逐利，他做学问精益求精，反对任何的急躁与急于求成。他所讲的"修身治学"成了我一生在政治上追求进步，树立为党、为人民而奋斗的思想的座右铭。

在另一次课上他说：上古时代有位知识老人下凡，收凡间弟子，以培养传人。一天，他聚弟子们于膝下，让诸生说出自己最想得到的东西，然后由他赐予。弟子们争先恐后地报出金银、珠宝、土地、兵器、书籍等物品，每报出一样，知识老人都以右手食指点石而成，以满足之。众生中唯有一人沉思不语，老人问道："你为什么不报？"该弟子说："我想要的东西，你是不会给的。"老人说："任何东西我都可以满足你。"该弟子说："我要你点石的食指。"知识老人高兴万分，迅速断食指而予之，并化为雾气升空而去。国瑜师讲完后问我："得何启示？"我说："这个弟子私心太重，他想要的是整个宇宙，连恩师的手指也不放过。这样的弟子是逆徒。不过，这个弟子的智力过人，他抓住了根本，要继承老师的方法。我认为还只有他可以做这位老人的传人。"国瑜师边听边点头，边敦促我说下去。我说完以后，他高兴地说："知识老人之所以化雾升空，是因为他已找到了满意的传人，找到了理想的传人。"我听后茅塞顿开，知道国瑜先生的苦心，是告诉我们不要仅仅重视他得出的研究结论，更要学会他的治学方法。不要仅仅只知道他讲了什么，更要知道他是怎么做的。

应该说，对我帮助最大的先生和同事很多很多，如云南大学的李埏、江应樑、杨堃，四川大学的蒙文通、赵卫邦和中国社会科学院的胡庆钧等，但不一一展开说了。

揣：那么，是什么原因促使您选择研究中国西南历史民族学呢？

何：我想历史民族学应该源于中国，从司马迁著《史记》开始，甚至追溯到夏、商、周时期，我国的史家就把纵向的历史文献资料与横向的现实民族学调查结合起来，写出了众多有影响的历史民族学著作。到近代，史家又用西方民族学、人类学的理论与实践，使历史民族学现代化、中国化、大众化。我实际是向前辈学习，学习用历史民族学的理论、方法来研究现实问题的。

揣：作为国家有突出贡献的历史民族学家，您对中国西南历史民族学的研究做出卓越的贡献，也是得到肯定的。1995 年，日本东京大学出版社出版的由末成道男主编的《中国文化人类学文献题解》，对您的《中国西南历史民族学论集》做了题解，给予很高的评价，请您给我们做些介绍。

何：好的。末成道男教授在评论时说："《中国西南历史民族学论集》是 1988 年从作者长达 24 年的历史民族学研究中收集了近十年发表的 26 篇论文。这是一部中国民族学复兴之后，实地调查又成为可能而积累起来的研究成果，它充分反映出作者的研究特点。论文中既有作者作为历史学家深厚功底的文献研究，又有作者为寻求新的资料和解释线索而到实地进行的考察。"他的说法是在对我的研究做过系统的考察后得出的结论，说我具有作为历史学家深厚功底的文献研究，又有为寻求新的资料和解释而进行的实地考察。这是客观的评论。我不认识末成道男先生，我想他这样说，绝不是要夸大于我。

20 世纪 60 年代，我就以川滇大小凉山彝族作为研究对象，在大量进行历史文献收集考察的基础上，深入凉山腹地进行田野考察，对四川昭觉、美姑、布拖等凉山彝族的社会制度、历史和文化、社会结构、家支制度、宗教形态等进行了历史民族学的研究。1980 年 10 月，在中国民族学会成立大会上，我宣读了对凉山彝族家支进行探讨的《论凉山彝族的家支制度》。这篇论文受到与会专家学者的特别关注，1981 年《中国社会科学》中、英文版作为中国民族学恢复后的首篇代表作予以全文发表，《新华文摘》对该文进行了全文转载。这篇论文不仅对家支的构成、特点、蜕变、职能以及家支存在的历史原因等进行了全面的阐述，而且还提出了用大力发展商品经济的方法去解决血缘家支的各种问题。家支以血缘纽带作为存在的基础，而血缘纽带只有大力发展商品经济才能促其解体。这篇论文发表后，引起国内外学界的重视和好评。中国社会科学院研究凉山彝族奴隶制的权威专家、现任中国社会科学院荣誉学部委员的胡庆钧先生曾经评论说："本文引用资料准确扼要；归纳论点鲜明突出；从分析家支的蜕变中，明确了凉山彝族家支的氏族制度的实质及其历史地位；对家支的职能及所以能够长期存在的原因简单归纳，要言不烦，作者在前人基础上引申剖析，提出了自己独到的见解，一扫过去某些人对家支制度认识模糊不清的迷雾，因而做出了贡献。"当然，也有学者对这篇文章的创新观点，即用发展商品经济的办法来解决家支问题提出异议，认为在社会主义制度确立以后，解决少数民族前资本主义社会制度的残存问题，不能再走发展商品经济的老路。但是后来的实践证明，我的论断是具有科学理论价值和实践意义的。这篇论文是我进行历史民族学研究的代表性成果，日本末成道男的评价是比较客观的。

在《略论彝族奴隶社会的发展阶段》《奴隶制与凉山彝族奴隶制》《论川滇大小凉山彝族等级制度的起源》《论"曲诺"的阶级属性》等论文中，我用历史民族学的理论和方法，探讨了凉山彝族奴隶社会的发展阶段、等级制度的起源和曲诺的阶级属性等，拓宽和深化了历史民族学研究。

揣：确实，您的《论凉山彝族的家支制度》，作为中国民族学恢复名誉后首篇由《中国社会科学》杂志发表的论文，曾在国际民族学界产生巨大反响，日本学者末成道男说这是中国民族学复兴之后的重要成果是实事求是的。那么，您的《武定凤氏本末笺证》，专家同样给予了很高的评价，说它开创了彝族古代部落史研究的先河，请您介绍一下。

何：《武定凤氏本末笺证》是我做研究生时方国瑜先生布置给我的作业，一直到 1986 年才在云南出版。

20 世纪 50 年代，我国学术界对彝族的研究几乎都是以四川大凉山彝族为中心的，对云南彝族研究的很少，有人说云南彝族自元、明、清以来就接受汉文化，他们的特点不多了，没有什么可研究的。我想，云南是中国彝族最多的省区，云南彝族的历史文化特点也应该作为学者研究的对象。但是，研究云南彝族从什么问题入手呢？南诏大理时期彝族先民有 38 部，我选择罗婺部作为研究云南彝族的切入点，通过用历史民族学的方法，把历史文献和民族学的田野调查融为一体，在校点、笺证清代学者檀萃《武定凤氏本末》的基础上，对生活在云南武定、禄劝一带的罗婺部兴衰史及该地区彝族的社会制度、宗教文化、民族生活习俗等做了系统的梳理和考释。该书出版后，滇、川、黔、桂四省区彝族学者们高度认同，四省区彝文古籍研究系统协作会议也给予较高评价，认为开创了彝族古代部落史研究的先河。

揣：确实，你对西南彝族历史研究的成果是相当突出的，那么，能介绍一下四川米易萨连《倮倮安氏纪功碑》的研究情况吗？

何：1982 年，我在《文史》第 15 辑上发表《四川米易萨连〈倮倮安氏纪功碑〉质疑》。《倮倮安氏纪功碑》原是法国人亚陆纳于 1906 年在四川米易萨连土署中发现的一块石碑。他经过考释，认为这块石碑是明代洪武年间米易彝族土司安氏所立的。他将碑文及考释文章发表于 1910 年《亚洲学报》第 10 编第 16 卷上，后经人翻译载于国内的《国闻译证》上，一直被作为定论，在国际上流行了近 80 年之久。我根据大量的文献资料及其他碑刻，对该碑的材料和所涉及的史实进行了详尽的考证，指出这块石碑的立碑年代不在洪武年间，而是在正统十三年，即 1448 年以后。同时，我还指出了这块石碑主要讲的是傣族而非彝族的史实，廓清了在国际上流行近 80 年的错误观点。

揣：藏学研究也是您西南历史民族学研究的重要内容，能谈一下这方面的具体情况吗？

何：好的。1983 年 7 月，我在全国首次藏族学术讨论会上提出在中国建立和发展马克思主义藏学的主张，为建设团结、富裕、文明的社会主义新西藏服务，当时与会学者对我的主张不太认同，认为藏学是西方国家的提法，我们不能同流合污，否则就会被别有用心的分裂主义者利用。但不到两年，藏学就被国家和学术界普遍认可为一门学科。

自拉萨回到昆明后，我决定把藏学作为自己研究的重要领域展开。我开始编写《藏汉民族关系史》，把它作为一门博士研究生的学位课对云南大学的博士研究生进行讲授，在云南积极培养研究中国藏学的学者。这一时期，我还在《中国藏学》《思想战线》等多种学术刊物上发表《从远古文化遗存看藏区与祖国内地的关系》《试论古代羌人的地理分布》《古代羌人与藏区土著居民的融合》《川西南藏族史初探》等一系列研究藏汉民族团结的论文。这些论文，一定程度上拓宽和丰富了我国的藏学研究。

1987年到云南社科院工作后，又根据考古资料、文献记载，集中对藏汉关系发展史进行深入研究，陆续发表了《论松赞干布的统一事业》《论文成公主入藏》《论金城公主入藏》《西北吐蕃诸部与五代、宋朝的历史关系》等论文，这些论文对维护祖国统一、促进民族团结和推进中国藏学深入研究起到了一定的作用。

揣：您是中国少数民族原始宗教研究的开拓者之一，曾发表过众多原始宗教论文，还被北京大学考古学专家李仰松教授选为教学参考论文。同时，您还与中国著名宗教学家吕大吉先生共同主编过《中国各民族原始宗教资料集成》。能介绍一下这些情况吗？

何：我国西南地区不仅是一个多民族的地区，而且还是一个有多种宗教（包括佛教、伊斯兰教、基督教、天主教、道教、原始宗教等）存在的地区。宗教问题、民族问题、发展问题往往交织在一起。由于历史的原因，宗教在这些少数民族当中有着不可忽视的重要影响。

我在多年的田野考察中注意到原始宗教问题，就对原始宗教的资料进行收集整理和研究，先后完成了《彝族的原始社会与原始宗教》《彝族的图腾与宗教起源》《彝族的自然崇拜及其特点》《试论彝族的祖先崇拜》《彝族社会中的毕摩》《浅析纳木依人的本教》等原始宗教论文。特别要提的是我的《彝族社会中的毕摩》，在这篇论文中，我运用了宗教学和历史民族学的方法对毕摩（巫师）进行了长期的调查，大量运用汉文史料和彝文资料考证了毕摩及其名称的历史渊源和演变过程,又综合各种碑刻、实物和调查资料,对毕摩的社会功能、法术、占卜的表现形式以及毕摩所使用的法器、经书等进行了全面研究。针对当时毕摩作为从事原始祭祀的祭司,长期被扣上"神汉""封建迷信职业者"的帽子而遭受歧视和打击的事实,我认为具体人应该做具体的分析,不搞巫事,精通彝文和本民族文化的是知识分子;虽搞巫事,但对本民族古籍有研究和造诣的,也应作为知识分子对待,这正如将那些对佛学和宗教经典有研究和造诣的喇嘛视作知识分子一样。这篇文章发表后,在中国民族学、宗教学界引起强烈的反响。

自然崇拜作为原始宗教的一个重要组成部分,自远古时代产生以来,就一直存在于彝族社会生产生活之中,并影响着彝族人民的物质生活和精神生活。我在《彝族的自然崇拜及其特点》一文中,根据彝文典籍中关于自然崇拜的记述和新中国成立前彝族社会中的自然崇拜情况,对彝族自然崇拜的特点进行了归纳,认为彝族的自然崇拜始行于氏族社会时代,而且是原始氏族最主要的公共活动之一;自然崇拜大都与农牧业生产有关,是彝族先民适应自然环境,保护自然环境的产物。在《试论彝族的祖先崇拜》《彝族的图腾与宗教起源》等论文中,我则从彝族祖先崇拜的内容、形式和彝族图腾崇拜产生的原因等,对彝族残存的原始宗教进行了系统研究。可以说,这些论文共有的特点是广泛运用汉文史料、彝文资料、民间传说和亲身调查材料所进行的综合性研究,这些论文发表于20世纪80年代,时为我国改革开放的初期,具有强烈的时代气息。它打开了长期以来学术研究的一个禁区,而且将我国的宗教学研究扩展到少数民族宗教研究中。

此后,在著名宗教学家任继愈先生主编的《宗教大词典》中,我作为入选的7个副主编之一,担任中国少数民族宗教的分科主编,积极参与《宗教大词典》的编撰工作。与此同时,我还与中国著名宗教学家吕大吉教授共同主持国家社会科学基金"七五""八五""九五"

"十五""十一五"重点项目，我们两人共同担任主编，到今年，累计在中国社会科学出版社出版《中国各民族原始宗教资料集成》43卷，总字数达1800万字。这套丛书是新中国成立以来我国宗教学家、民族学家共同完成的特大型学术基础性、资料性的成果，凝聚着中国宗教学者的学术智慧和辛勤劳作，牟钟鉴、张践两位教授在其巨著《中国宗教通史》中说："尤为可喜的是吕大吉、何耀华主编的大型资料库《中国各民族原始宗教资料集成》已经陆续出版，它是民族学、考古学、文献学中原始宗教资料的一次重要结集，其学术意义是重大的。"

揣：据我所知，您从20世纪50年代中期开始进行学术研究，迄今已有50多年，您觉得有哪些好的经验和治学感受需要讲给同行学人呢？

何：回想50多年的学术经历，我觉得做好学问，首先要学会做人。做人讲什么？无非就是待人、处世之类。人在社会中有国、有家、有单位，形成了各种各样的社会关系，适应社会的潮流，合乎人类的发展，这就是做人的根本原则。待人诚恳、忠实、讲信用、重承诺，这就是我的自律。至于处世，关键是一个态度，我把它概括为"乐观、热情、积极、进取"。有时遇到不太顺利的环境，也能保持乐观、积极的态度。在取得成绩时，总感到不满足，仍要继续努力，这样在政治上和学术上都能取得进步。

说到做人与治学，我不想说出什么大道理来，但觉得"道德文章"的说法，很有一些道理。做一个人，特别是做学者，应该把两者结合起来。说得具体一点，就是一个人对自己的思想、品德的要求，和他的学术成果的质量是有关系的。当然，要做好学问，还必须勤奋。我个人虽难说勤奋，但也很少懒惰，为了写成一本书或论文，坚持思考和写作，不断修改和完善，以期有所成、有新见。

揣：在这50多年当中，您一直从事学术研究，主要侧重于中国西南历史民族学的研究，请您总结一下自己的学术思想和治学特点，可以吗？

　　何：可以。我想应该是这些：第一，坚持马克思主义的立场、观点和方法。在科研工作中，坚持以马克思主义思想为指导，坚持正确的政治方向、理论方向和科研方向，力求运用历史唯物主义和辩证唯物主义的方法来分析和解决问题，这是我多年来治学的心得。第二，坚持历史研究和现实问题的结合。在我国历史上，各少数民族的特点是历史地形成的，只有真正了解它们的历史特点，才能对其进行研究；同时，研究历史问题必须与现实紧密结合起来，才能找到解决问题的方法和途径。我对西南藏族问题的研究就始终坚持历史与现实的结合。我的论文《从远古文化遗存看藏区与祖国内地的关系》，就是通过分析青藏、川藏藏区石器时代文化遗存的特征，指出其和华北、华南的同类遗存共同性多而差异性较少，说明它们与祖国内地的远古文化有不可分割的关系；同时我还在这篇论文中批驳了英国学者黎吉生等认为西藏人种不是黄种人，而是从西方迁来的异种人的说法，指出西藏石器时代的文化遗存表明，西藏人属于蒙古人种是无可置疑的，对维护祖国统一尽到自己的责任。第三，坚持实地调查的综合研究方法。在多年的历史民族学研究工作中，我一直强调田野调查的重要性，提倡生活在少数民族中间。当年在对《武定凤氏本末》的研究中，我在调查云南武定地区彝族的基础上，又到禄劝等彝族地区进行实地调查，然后根据田野调查来解决疑难问题，如关于凤氏之先为宋孝宗淳熙间的阿而一事，我除了用流传在彝族地区的老彝文经典《六祖分支》《六祖魂光辉》等资料外，还参照彝族地区老毕摩的口述资料进行综合比较，得出凤氏最早的先祖不是宋孝宗时代的阿而，而是彝族六祖分支时代的长房德布。第四，坚持多学科研究方法。在对西南历史民族学进行研究的过程中，我通过调查、记录、整理、思考、学习等，提出了自己的观点和看法，在这个过程中，综合运用了历史学、民族学、宗教学、民俗学、语言学、地理学等多学科的知识，对历史问题和现实问题进行深入研究，取得了一些成果。

揣：而今，您依然坚持在科研一线工作，能简单介绍一下最近的研究情况吗？

何：好的。目前，我在做的工作主要有以下几项：一是由我主编的《云南通史》6卷本已基本完成，将在中国社会科学出版社出版。我还担任其中第4卷《元明清时期》的主编，负责具体的撰写工作。在《云南通史》中，我写了8万多字的绪论，题目为《融合、统一：云南历史发展的主轴》，对云南历史发展的规律性进行了探索，这篇送审稿受到北京专家的好评。二是承担了云南省委、省政府推动云南民族文化建设的重大项目——《云南大百科全书》的编纂，由我担任《云南大百科全书·历史卷》编委会主任和主编，这项工作还在进行当中。三是担任《中国彝族大百科全书》主编，预计明年可以完成。此外，我还组织和主持《"三江"水能开发与环境保护》等调查研究，为云南省委、省政府决策提供支持和帮助。

（原载《中国民族研究年鉴·2009年卷》）

从现状追溯历史

——访中国历史民族学创立者何耀华

《光明日报》记者　叶　辉

　　记者采访了著名历史民族学家、云南省社科院院长何耀华。何耀华的名字在中外史学界、民族学界早已广为人知。他第一个将民族史和民族学科学地结合在一起，创立了中国历史民族学；他开创了彝族部落史的研究；他最先提出建立中国藏学的主张；他用历史民族学推动民族地区经济发展。

　　谈起自己倾注了 30 年心血的事业，何耀华研究员充满感情。他1964 年从云南大学历史系研究生毕业便开始了西南少数民族史的研究。云南有 25 个少数民族，研究民族史的条件得天独厚。但何耀华发现，仅用乾嘉考据学的方法在故纸堆里"钩稽故实，发微阐幽"，收效甚微，不少少数民族的历史记载几近空白，能否用民族学的田野调查方法，从现状追溯历史呢？

　　当时的民族学被斥之为"伪科学"。何耀华冒着风险，尝试着将民族史与民族学结合起来研究。这一尝试使他走出一条独特的道路。

　　凉山彝族民主改革前还处于奴隶社会，对彝族史的研究 20 世纪60 年代初只有很少的人问津。1963 年，何耀华深入大凉山腹地调查。半年时间他和彝族同胞吃、住、劳动在一起，搞清了凉山彝族是个由家支血缘纽带聚成的奴隶社会，分 4 个等级，奴隶主是黑彝。他据此写成的《论凉山彝族的家支制度》一文在学术界反响强烈，这是中国在 1980 年后对民族学恢复名誉选发的第一篇历史民族学论文。他在论文中提出，对家支制度不能简单用政治办法解决，而应用发展商品经济的办法来淡化血缘关系，这一观点已被事实证明。

藏学是兴旺于西方的一个热门学科。然而西方藏学多以分裂西藏为基调，以致谬论流传。

中国必须有自己的藏学，世界藏学的研究中心必须在中国！何耀华率先在云南大学为博士生开出藏学课程。1983 年，我国首次藏族研究学术讨论会在西藏召开，何耀华在为西藏自治区政府领导撰写的题为"为发展马克思主义中国藏学而努力"的开幕词中，正式提出建立中国藏学。1985 年，中国藏学研究中心在北京成立，藏学研究从此在我国如火如荼地开展起来。

"社会科学不能光纸上谈兵，应为社会现实服务。"何耀华说，"我力求使自己的研究贴近人民生活，推动民族地区经济发展。"

的确，由他发起中美联合开发纳西族、彝族地区经济的课题已见成效。他着力调查和研究的玉龙雪山地区 4 个贫困的彝族村寨，其生态旅游正在发展，已有 1000 多匹用于出租的马送游人进云山坪雪线观光，一向靠返销粮为生的山民迈出了脱贫致富的第一步。他用历史民族学的方法搞清了雅砻江下游藏民的经济状况，他早年提出的改变藏民自给不足的经济状况，建立初级交易市场，促进当地经济发展的建议被当地政府采纳。抗日战争期间，由国际主义战士路易·艾黎发起，得到我党和宋庆龄等爱国民主人士支持的国际工合（工业生产合作社）组织迅速发展，成为当时的一个经济支柱。云南丽江也发展了几十个合作社。何耀华领导的课题组与加拿大 1991 年联合研究的《云南丽江工合的历史演变及发展前景》这一课题不但搞清了当时的状况，还发动群众建立了 4 个工会组织。

30 年来，何耀华的足迹踏遍了云、贵、川、藏的少数民族地区，他探明了一个个民族的政治、经济、社会结构、宗教信仰，编写出 8 部 360 万字的论著。1986 年，他被授予国家级有突出贡献的专家。

（作者叶辉是《光明日报》驻杭州记者站站长。此文原载《光明日报》名人专访栏，后被选入林旭主编的《成功之路》第 14 集，南开大学出版社 1994 年版）

人生双行道

——记国家级有突出贡献的专家何耀华

《昆明日报》记者　王晓洁

"又红又专"，久违了，虽然它经历过一个特殊的历史时代，但它并不属于那个时代，因为它蕴含的不仅是一种政治意义，更有一种人生意义。当我读懂了何耀华院长的人生履历表，萦回在我耳边的，就是由这红与专共同谱成的旋律。

采访手记

《逆境成才100例》里找不到他，在美国新近出版的《世界名人录》里却发现了他的名字，这绝不是偶然。

如果他只是社科院院长，他只属于官员阶层；如果他只是民族学家，他只属于学者阶层；而他既是官员又是学者，他拥有两个世界。

1＋1＝2，这在数学领域大概是最简单的计算方式，然而将它运用于人生领域，就变得特殊而复杂了。

因为，并不是每个人都能拥有两个世界。因而，也不是每个人都能成为"世界名人"。

名人都有一个蜿蜒曲折的人生故事。这已成为人们的思维定式。可何耀华的故事似乎没有那些跌宕激昂的节奏，不过细细一听，分明可以感觉出那是用一双刚毅坚韧的手弹拨出的生命乐章……

第一乐章：唱给母亲的歌

1956 年，锡都个旧。

盛夏的风，都被隔在山外了。方圆不到 3 公里的个旧城像是在蒸笼里，格外闷热。坐落在城西的个旧中学，失去了往日的喧哗，家在锡矿的学生都回家度周末去了。高二年级学生宿舍，只剩下寥寥几名来自农村的学生。昏暗的灯下，有人已蒙头大睡，有人还静静地读书。

刚刚走过第十八个春夏的何耀华手里拿着一本《古代汉语》，却一个字也看不进去。他觉得胸膛里有一腔滚烫的血要往外溢，脸上热得像是发烧一样。他终于坐不住了，独自走到空寥的校园里。

夜很宁静，只有远山上锡矿闪闪的灯光依然那么辉煌。校园里弥漫着纯纯的桂花芳香，何耀华不由得深深地吸了一口气。他想起白天学校党支部书记神色庄严地把他找到办公室里，与他的一席话。

"何耀华同志，根据你一贯品学兼优的突出表现和你的愿望，党组织决定吸收你加入中国共产党，要记住，你才 18 岁，但已是全省高中学生中的第一个共产党员。你千万不要辜负这光荣的称号……"

党支部书记对他讲了许多希望和鼓励的话，每句话都像重锤，一锤锤地敲在了何耀华心上。望着党支部书记那庄严却又慈祥的脸，何耀华像是看到另一张脸，那是母亲的脸。

他从记事起，母亲就是他的偶像。那是一个刚毅倔强的普普通通的农村劳动女性。她从来没有在艰难的人生路上低过一次头。开远小龙潭 99 个村子，处处留下她不屈不挠与饥饿劳累抗争的脚印。这位勤劳朴实的农村妇女，把自己身上争强好胜、坚忍顽强的个性遗传给了唯一的儿子。在何耀华的记忆里，找不到母亲的眼泪，深深印在他心里的，只有那双女性少有的刚毅的眼睛。这双眼睛教会他的不仅仅是怎样活着，而且让他学会了怎样把握好生命的航船。

从很小的时候，他就懂得了他的航船要最先登陆。在开远布沼坝小学，他的考试成绩年年名列榜首，在开远县立中学，他又总要夺全年级统考的桂冠。当他考上了个旧中学，他的分数让那些看不起农村学生的工矿子女感到矮了半个头。

这仅仅是机遇吗？

何耀华：我从不相信运气，我的人生哲学里只有四个字，搏击进取。这是母亲教会我的。

第二乐章：唱给田野的歌

大凉山的夜，山风刺骨，呼啸的谷风伴着野兽的嚎叫，震荡着昭觉滥坝乡的原野。

刚刚经过民主改革的"娃子"们早已进入梦乡了。山谷里只有一户曲诺家的火塘还在熊熊燃烧着。

云南大学历史系中国民族史专业 61 级研究生何耀华在火塘边席地而坐，他用盘着的双腿为桌子，借着火光整理着傍晚考察补尤家和尔恩家家谱的记录，他的嘴里念念有词，火光在他兴奋的眼中跃动着，他全然忘记了腿上还浸着血迹的伤口，那是他白天与彝族同胞上山割燕麦时不留心被镰刀划破的。

夜更深了。火塘的光微弱下去，何耀华这才站起身，伸展了一下已麻木的四肢。"咕咕咕"，一阵肠鸣，他想起晚饭就吃了两个烧焦的洋芋。他从床头的碗中找出彝族大嫂送他的两块苦荞粑粑，一口气全吃完，这才躺到用干草铺成的床上。

虽然劳作了整整一天，但何耀华此时却久久不能入睡，自1961年他从云大历史系毕业又考上著名民族史学家方国瑜先生的研究生后，这是他头一次那么长时间地扎在这块"文化田野"里。半年来，他在大凉山上，身穿黑色的披毡，头顶黑色的包头，打着沾满泥土的赤脚，白天干活晚上走访，几乎已忘了都市那些诱人的灯光。他把这样的"田野的调查"看作是人生的驿站，哪顾得什么苦与累。现在他已深深体会到了人类学家摩尔根在北美易洛魁人的部落里长期生活的苦与乐了。那本震惊天下的《古代社会》，不就是在苦与累的深层堆积中成就的吗？何耀华今天的目标，就是要去摘下当代中国人类学王冠上的钻石——西南少数民族的历史和文化制度。

6个月来，他从美姑巴普乡到昭觉城南乡、滥坝乡，基本查清了八且、阿侯、苏呷、尔恩、瓦渣、倮姆等家支的谱系和史事。他已一步步走近了那顶"王冠"，能不兴奋吗？

火塘里的光越来越暗了。何耀华忽然想起白天乡邮员送来的一封信，赶忙从衣兜里找出。这是妻子的信，此时虽然已看不见她写些什么，但何耀华已感受到了那份温馨的爱。

屋内，一片漆黑，只有何耀华熟睡后深深的喘息声，他又做梦了。梦见妈妈的那台土制织布机一梭梭织成的布，变成了彝族姑娘的包头。他又听见了彝族姑娘甜甜的笑。这笑声化在绿绿的田野里，变成一首无字的歌……

第三乐章：唱给导师的歌

挽联、哀乐沉重地笼罩着悼唁大厅。大厅中间悬挂着"西南地方民族史学之父"方国瑜先生的遗像。

云南大学学报《思想战线》主编何耀华默默地站在导师的遗体旁，聆听着校领导宣读悼词。那 3000 字的悼词是何耀华含泪写成的，字里行间渗透了他对这位民族史学大师的崇敬。

是他的这位恩师把他引进了民族学的大门。他忘记不了 1963 年，著名史学权威，北京大学历史学教授向达的力作《蛮书校注》刚一问世，向先生请方国瑜先生写书评，方先生却把这次机会让给了他。他一气把这本书读了多遍，竟在这本堪称天衣无缝的书中找出许多错误。当他写的书评《〈蛮书〉和〈蛮书〉校注》见报后，大江南北的史学家们频频赞叹。向达先生亲笔给这个名不见经传的青年学生写了一封信，叹呼"后生可畏"。当他怀着忐忑的心去见导师时，发现导师眼光里不是埋怨，而是欣慰和赞许。

何耀华正是从导师的目光中获得了启示和鼓励，在民族学和民族史学的海洋里扬起了风帆。1979 年，在沉默了 22 年的中国民族学恢复名誉的大会上，何耀华一篇《论凉山彝族的家支制度》，唤起了民族学界的热情，最具权威的社科刊物《中国社会科学》从这次大会收到的 150 多篇论文中优选此篇，以中、英两种版本全文刊载，发行海内外。国内外专家认为这篇论文为中国历史民族学的问世做了实体性的铺垫，美国几所著名大学图书馆皆对此文做了推荐。

何耀华不会忘记他刚刚踏上民族学阶梯时导师对他的谆谆教导：研究民族史、民族学需要献身精神，既要读万卷书又要行万里路。20 多年来，他读过的书连他自己都数不清；他走过的路布满川、滇、黔、藏民族山区的红土地。

为了使新中国文化人类学即民族学绽开艳丽的花朵，何耀华坚持到最艰苦的彝、藏、苗、傣等族山寨进行艰苦细致的"田野调查"，通过参与和观察，他搞清了历史上彝族的经济制度、政治制度、社会结构、宗教传统；探明了滇西南藏族的起源、藏族与古代羌人融合的历史，以及藏区的古文化遗存。他的《奴隶制与凉山彝族奴隶制》

《论川滇大小凉山彝族等级制度的起源》《彝族的图腾与宗教起源》《凉山彝族与汉族的关系》《川西南藏族史初探》《古代羌人与藏区土著居民的融合》等数十篇洋洋百万字的学术论著,为历史民族学研究踏出了一条崭新的路。

何耀华最不能忘记的,是方国瑜先生为他的开篇专著《武定凤氏本末笺证》的问世所做的努力。《武定凤氏本末》是清代檀萃撰写的一本手稿,方先生一直很重视它的学术价值,认为它是研究云南彝族必不可少的资料,他要求自己的弟子何耀华对这本4万字的手稿进行研究,以开创彝族部落史研究的先河。

"文革"十年,何耀华卧薪尝胆,把这部手稿梳理了数十遍,在严谨考辨、缜密校勘后,又广采博取考古学、历史学、民俗学、民族学、宗教学的有关资料,并多次深入实地考察,最终完成了这本26万字的《武定凤氏本末笺证》。方国瑜先生去世后,这本书按方先生的愿望出版了。何耀华捧着书,用心声告慰九泉下的导师……

第四乐章:唱给自己的歌

那是一张很黄很旧的中国地图。何耀华今天也说不清是谁贴在自己家的。他认识世界,就是从这张地图开始的。那时他刚满8岁。

今天的何耀华,早已脱去了那套土布蓝衣,成为一院之长、国家级有突出贡献的专家、国务院政府特殊津贴证书获得者,中国民族学会、中国民族史学会、中国西南民族研究学会副会长、研究员,他个人发表的论文达80多篇,学术专著8本。独著、主著、主编的学术论著逾360万字。

可是,他仍然还记得那张地图。

当他被日本国立民族学博物馆聘为客座教授，当他在日本名古屋大学、中国香港中文大学开办讲座；当他在泰国西北大学做学术讲演；当美国威斯康星大学人类学系的博士研究生穆尔克拜他为博士导师；当他以社科院院长和著名民族学家的身份接待美国、英国、法国的学者时，他心中装着的仍然是那张中国地图。

他无法忘记，日本出版的大型画册《世界民族大观》覆盖了几乎是世界所有地区，甚至包括南美亚马孙河、奥里诺科河三角洲这些"神秘地带"，但中国是空白，云南是空白。

也许就因为这个"空白"，如今的他虽然已成为官员，但他仍放不下那块养育他成长的红土地。他还在奔走，还在著书，《中国国情丛书·通海卷》他是主编；国家级课题《少数民族地区现状与发展调查》他是组长。

从乡村来到都市，从田野进入办公室。他拥有了两个世界，而这两个世界里，都印着那张地图，那张中国地图。

（原载《昆明日报》1992 年 3 月 4 日）

身心走近基层，舀得一瓢活水来

中国社会科学网记者　方筱筠

1196 年，南宋哲学家朱熹到上塘蛤蟆窝村讲学，在那里写下了"问渠那得清如许，为有源头活水来"的著名诗句。自此，"源头活水"，便成了汲取养分和用心观察生活的警言。

2011 年，全国新闻战线积极响应党中央的号召，在不同的新闻宣传岗位上努力实践"走转改"的活动部署方针。对于广大的新闻记者来说，这份"源头活水"，便是天地广阔的大基层。

老一代的新闻记者穆青，曾有句肺腑之言"勿忘人民"。在这样一个网络、通信飞速发展的时代，新闻工作者在对"勿忘人民"的实践中，实实在在扎根基层，用自己的身心去贴近和感受老百姓的现实生活，更是必要和珍贵的。

2011 年 8 月上旬，应工作之需，我赴云南采访了 74 岁的何耀华老人——这位 50 多年来从无间断、持之以恒致力于边疆民族地区研究的原云南省社会科学院院长。接下来，同何老将近半天的接触聊天中，我的眼前无数次展开的是一卷卷这样的画面：何老背着包，走在四川大凉山崎岖的山路上，同老乡热火朝天地聊着，记着……

常说：好的新闻是记者用脚跑出来的。若放置在何老的身上，这句话便可说成：好的研究，一半是学者深扎案头的研究积累，另一半则是用脚跑出来的鲜活的田野素材。这样的"活水"，方可真实、切肤，同时也深深考验着像何老这样埋头于科学研究战线上的学者身心。

走进大凉山，于我已是改革开放的 33 年后，这里的面貌已有崭新之变，却仍能分明感受到何老当年扎根于此做研究的艰苦的岁月容貌。何况之于何老，面对的还有当年一群奴隶主的叛乱分子，个人安危显而易见。用何老的话说，他早已把生命置之度外，住百姓家，吃百姓饭，聊百姓话。更多的时候，常常只吃个烧洋芋填填肚子。他跟着彝族翻身奴隶一起上山劳动。对于当时的凉山彝族地区，广种薄收很是正常，出去半天扯回来的豌豆枝也不过一小把，村民们常常边采边吃那些生的豌豆。何老采的时候也会吃一些，只是回来后上面还会剩余一些果实。到了晚上，一群人围坐在没有电灯的火塘边上，火塘里仅有的微弱光亮便成了大家的"照明灯"，何老边和老乡聊天，边在膝盖上的本子上做着记录。每晚的记录，后来都成了何老研究的重要组成部分，而这样的不懈记录，也让何老的近视程度迅速严重化。就在这样艰苦的条件下，何老几乎走访了每家每户，把凉山彝族的历史情况、现状、村落老百姓的情况做了详细的了解，并重点调查了经济社会形态、等级结构、家支血缘纽带以及它反映在婚姻和民俗方面的情况。何老就把这些珍贵的一手资料拿回来搞研究，并写成了《论凉山彝族的家支制度》，在《中国社会科学杂志》发表。

采访虽然结束了，记者的旅程却永无止境。源头有活水，基层天地阔。作为一名新闻工作者，我们的根在基层，本在实践。唯有走出高楼大院，跳出文山会海，走进基层的广阔天地，我们才能拥有取之不尽的鲜活素材，写出打动人心的精品力作，新闻事业才能获得永不枯竭的发展动力。比之今天的"走转改"活动，何老不就是我们新闻工作者基层采风的"精神楷模"吗？不再是蜻蜓点水，不再是隔山观景，也不再是走马观花，只有身入基层，心入基层，只有心贴心的采访，心与心的交流，才能酿出好的新闻。

身近，心亦近，新闻才能近了群众，近了百姓，进了人民的心中。

中国著名的民族学家何耀华先生

《学术研究》编辑部

何耀华，1937 年 7 月生，云南开远市人。1961 年考取云南大学中国民族史专业博士研究生，师从被誉为"南中泰斗""滇史巨擘"的学术大师方国瑜先生，1964 年毕业后留校任教，1985 年经云南省人民政府特批破格由讲师晋升为研究员，1987 年从云南大学科研处调任云南省社会科学院副院长、党组成员，1991 年 8 月任院长、党组书记，2003 年退休。曾为云南省政协七届委员、八届常委，云南省九届人大代表，第一届云南省政府经济社会发展咨询团顾问，兼任全国社科规划民族问题学科评审组成员、中国地方志协会学术委员、中国西南民族研究学会会长、中国民族学学会副会长、中国民族史学会副会长、中国社会学学会副会长。曾应聘为中国台湾淡江大学淡江讲座教授、佛光大学社会系客座教授，日本国立民族学博物馆第二研究部及名古屋大学历史学部客座教授。云南大学中国民族史专业博士研究生导师。在长达 40 年的学术生涯中，何耀华在历史民族学领域卓有建树，在民族宗教学、社会学、经济学等学科也取得了同行专家称道的创新成果。先后出版个人独著、主著、主编及合著 20 余种，在《中国社会科学》《文史》《中国藏学》《世界经济》等国家级、省级刊物发表论文 90 余篇。

多年来，何耀华先生试图让历史学和民族学在为民族现代化服务的基点上有机结合起来，倡导建立中国历史民族学。他认为："我国各民族的特点是历史地形成的，只有充分了解各民族的历史实际，才能真正了解他们的特点；只有真正了解他们的特点，才能把我们的现代化建设建立在适合于各民族特点的基础上。"（何耀华《中国西南历史民族学论集·序言》）于是，何耀华初步建构了历史民族学的学科体系。它的内容是民族历史学和民族学的有机结合，基本功能是认识功能、意识形态功能和应用功能，它的研究方法是田野调查与历史文献的发掘考辨相结合。《中国西南历史民族学论集》是何耀华倡导建立中国历史民族学学科的重要论著。这部著作在 1988 年 8 月由云南人民出版社出版，曾发行至 20 多个国家和地区，获得当年滇版优秀图书社科唯一的一等奖，1987 年国家教委将其中一些文章作为民族学精品而在全国高校优秀论文选中加以著录。在该书中，何耀华坚持一贯的宏观研究与实证研究相结合、历史研究和现实研究相结合的学术思路，使该书所讨论的问题和所获得的结果都达到了较高的学术高度，在学科领域内具有规范性的方法论意义，"填补了中国民族学学科发展的空白"。因此，日本末成道男编的《中国文化人类学文献题解》，对其给予了高度评价："这是一部中国民族学复兴之后，实地考察又成为可能积累起来的研究成果，它充分反映出作者的研究特点。论文中既有作者作为历史学家深厚功底的文献研究，又有作者寻求新的资料和解释线索而到实地进行的考察。"

在彝族社会历史研究方面，何耀华先生以滇川大小凉山彝族作为研究对象，探讨其奴隶制性质，分析其社会结构、家支制度、宗教形态等。何耀华所著《论凉山彝族的家支制度》于 1980 年 12 月在中国民族学会成立大会上宣读后，1981 年《中国社会科学》中、英文版全文发表，《新华文摘》全文转载。该文详细论述了大凉山彝族家支制度的构成、功能和长期存在的原因，提倡"用发展商品经济的手段，去解决前资本主义制度的残存形态，使少数民族摆脱贫困而实现现代化"，该文写于 1979 年，在学术理论上有重大突破，对解放思想，肯定商品经济的发展有重要的现实意义和科学价值。江应樑先生认为该文不仅有重要的学术价值，更重要的是它还丰富和验证了马克思主义的唯物史观。在《凉山彝族与汉族的历史关系》《凉山土司考索》《驳所谓"独立罗罗论"》等论文中，他追溯了从秦汉起历代中央政府在凉山地区的设治情况，历史上彝汉民族之间在政治、经济、文化方面的密切联系与发展，有理有据地驳斥了"独立罗罗论"和"外国统治论"。在刊载于中华书局《文史》上的《四川米易萨连〈倮倮安氏纪功碑〉质疑》中，他审慎地判定了该碑的族属不是彝族而是傣族，纠正了学术界流传近一个世纪的错误结论。特别值得一提的是，何耀华在《武定凤氏本末笺证》这部集学术性、资料性和考证性为一体的专著中，既遵守了考据极其严格的科学规范，又根据民族文献特点探索新的行之有效的方法，采摭了考古学、历史学、民俗学、宗教学等诸学科的材料及田野调查资料，对南宋淳熙至清朝乾隆末期六百年间以罗婺部为代表的彝族历史进行了史论结合的阐述和考释。从他的笺证中，不仅可以全面了解以凤氏为首领的罗婺部的兴衰史，而且对云南彝族的政治史、经济史和彝汉关系史都能有所认识。该书研究态度严谨，用工极深，考证规范，民族学界专家评论"为古籍史料的整理和少数民族部落进行系统的微观研究树立了成功的范例"。

　　在藏学研究方面，何耀华于1983年提出在中国建立和发展马克思主义藏学的主张，并赴拉萨召开全国首届藏学讨论会。在担任云南大学博士生导师期间，招收主攻藏学的博士生，讲授《藏汉民族关系史》；在《中国藏学》，台湾《大地》等多种刊物上发表《古代羌人与藏区土著居民的融合》《川西南藏族史初探》《论松赞干布的统一事业》《论文成公主入藏》《论金城公主入藏》《西北吐蕃诸部与五代、宋朝的历史关系》等一系列研究藏汉民族团结的学术论文。《川西南藏族史初探》评论了川西南藏族的起源，证明该地区的藏族与西藏藏族同源；分析了雅砻江下游的拍木依、纳木依人的源流及其与藏族的融合；研究了该地区藏族与汉族、彝族和西藏藏族的历史关系。《论文成公主入藏》论述了文成公主入藏的历史背景和过程，并对文成公主入藏使吐蕃在政治、经济、文化、宗教等方面与中原地区的交流做了探讨。《西北吐蕃诸部与五代、宋朝的历史关系》以翔实的史料，对河西吐蕃、西凉吐蕃、唃厮啰部等与五代王朝、宋朝的历史关系进行了论证，廓清了这一段阙知的史实。这些论文对维护祖国统一，促进民族团结和促进藏学研究起到了积极的作用。

20 世纪 90 年代后，何耀华的学术重心转向社会学、经济学研究，在区域社会学方面亦取得突出成就。他创立"同心圆经济圈发展区域经济"的理论；并于 1996 年 7 月在《推动云南现代化建设的新思路》中提出我国的第二次经济增长为投资拉动型，该论断对党中央、国务院制定扩大内需、拉动经济增长的政策提供了重要的决策参考。同时，他还主编了《中国国情丛书百县市经济社会调查》"通海卷""路南卷""曲靖市卷"等。"通海卷"于 1992 年由中国大百科全书出版社出版，中共中央宣传部认为，"这样的调查对进一步认识国情、拓展和深化社会主义初级阶段的理论研究，以及形成科学决策，都有重要意义"。作为一本质量高、价值大的调查成果，"具有较高的社会研究价值和保存价值"，此书获中国社会科学院科研二等奖。

作为一位钟情于学术研究的严谨学者，在担任云南省社会科学院院长期间，除完成诸多的科研工作，参与主编《邓小平经济思想研究》《邓小平理论与云南的发展》等重点著作，在《世界经济》发表剖析东南亚金融危机的论著，主编《中国各民族宗教词典》，副主编《宗教大词典》，主编《中国彝族大百科全书》《云南通史》《滇西北保护与发展行动计划》外，还积极推动云南省社会科学院的学科建设，以他广博的学术视野，求真务实的学风，促进和带动了一批具有鲜明特色的重点学科及优势学科的形成，如邓小平理论研究、南亚和东南亚研究、经济学研究、民族学研究等，不仅培养了一大批青年学者，而且这些特色学科的研究成果在国内外都享有一定的声誉，为发展和繁荣云南哲学社会科学做出了自己的独特贡献。退休后，何耀华仍潜心学术，笔耕不辍，著文倡导"建立金沙江下游生态能源经济带（区）"。2004 年 6 月，国家社科基金办公室下达国家最高档次的重点项目《中国原始宗教资料调查研究》8 个民族卷，由他担任主编。鉴于何耀华在民族学等学科研究领域内做出的突出贡献，1986 年 12 月被授予"国家有突出贡献的专家"称号，1987 年 4 月被授予云南省劳动模范称号，1991 年 10 月首批享受国务院政府特殊津贴。1991 年美国版《世界名人录》（*Intenational Book of Honor*）为他立了传。

（原载《学术研究》2004 年第 9 期）

何耀华治学问道五十年

云南大学人文学院　杨绍军

　　何耀华研究员，男，博士研究生导师，1937 年 7 月 27 日出生，云南开远人。1964 年云南大学中国民族史专业硕士研究生毕业，师从被誉为"南中泰斗""滇史巨擘"的学术大师方国瑜先生学习，毕业后留云南大学任教。1985 年经云南省人民政府特批，破格由讲师晋升为研究员，1986 年获国家级"有突出贡献专家"称号，1991 年起享受国务院政府特殊津贴。1987 年从云南大学科研处处长兼《思想战线》主编岗位上调任云南省社会科学院副院长、党组成员，1991 年 8 月任院长、党组书记，2003 年退休。2007 年 4 月，由云南省省长聘为云南省文史馆馆员。在长达 50 余年的学术生涯中，何耀华先生在中国西南历史民族学领域卓有建树，在民族宗教学、社会学、经济学等学科也取得了同行专家称道的创新成果。先后出版个人专著《武定凤氏本末笺证》《中国西南历史民族学论集》，主著、主编《西南少数民族风俗志》《西南民族研究彝族研究专集》《中国国情丛书》（通海卷、路南卷、曲靖市卷）、《邓小平经济思想研究》《滇西北地区经济与社会发展研究》《中国原始宗教资料丛编》《中国各民族原始宗教资料集成》37 卷（与吕大吉教授共同主编）、《"三江"水能开发与环境保护》（与冯建昆共同主编）等 26 种，在《中国社会科学》《文史》《中国藏学》《世界经济》等刊物公开发表论文 147 篇，为发展我国哲学社会科学和推动边疆民族地区的经济建设做出了卓越的贡献。

一 为建立中国西南历史民族学做贡献

多年来，何耀华试图让历史学和民族学在为民族现代化服务的基点上有机结合起来，倡导建立中国西南历史民族学。他认为："我国各民族的特点是历史地形成的，只有充分了解各民族的历史实际，才能真正了解他们的特点；只有真正了解他们的特点，才能把我们的现代化建设建立在适合于各民族特点的基础之上。"① 于是，他"坚持生活在少数民族中间，与他们打成一片，细致地观察他们的物质文化和精神文化生活，体验其民族心理素质，发掘足以反映他们历史、现状特点的材料，然后辅之以历史文献进行综合比较，提出个人的见解"。他认为，中国西南历史民族学既要利用西南各族历史上形成的民族志资料，又要利用现实的民族调查资料，立足解决各民族需要解决的现实问题，揭示其发展规律。其方法论特点是将民族历史学和民族学有机结合，使其具有强大的认识功能和应用功能。《中国西

① 何耀华：《中国西南历史民族学论集》，云南人民出版社1998年版，第1页。

南历史民族学论集》是他倡导建立中国西南历史民族学的重要论著，1988 年 9 月由云南人民出版社出版后，曾发行至 20 多个国家和地区，荣获当年滇版优秀图书社科唯一的一等奖，1987 年国家教委将其中一些文章作为民族学精品在全国高校优秀论文选中加以著录。在该书中，何耀华坚持一贯的宏观眼光与实证研究相结合、历史研究和现实研究相结合的学术思路，使该书所讨论的问题和所获得的结果都达到了较高的学术高度，在学科领域内具有规范性的方法论意义，"填补了中国民族学学科发展的空白"。因此，日本末成道男在其编撰的《中国文化人类学文献题解》中给予高度评价："《中国西南历史民族学论集》是 1988 年从作者长达 27 年的历史民族学研究中收集了近十年发表的 28 篇论文。这是一部中国民族学复兴之后，实地考察又成为可能而积累起来的研究成果，它充分反映出作者的研究特点。论文中既有作者作为历史学家深厚功底的文献研究，又有作者为寻求新的资料和解释线索而到实地进行的考察。"①

　　同时，何耀华主张用历史民族学研究推动民族地区政治、经济、文化和社会的发展。1981 年 11 月，中国西南民族研究学会在昆明召开成立大会及首次年会，会议倡导并在会后组织了多学科的"六江（怒江、澜沧江、金沙江、雅砻江、大渡河、岷江）流域民族综合科学考察"。1982 年 5 月，六江流域民族综合科学考察队正式组成，何耀华任考察队副队长、冕宁雅砻江流域民族综合考察队队长，承担冕宁县里庄乡藏族纳木依人、拍木依人的考察任务。考察队克服了交通不便、酷暑炎热、生活艰苦等重重困难，取得了较好的调查成果。在他撰写的《雅砻江下游纳木依人、拍木依人和多须人》的考察报告中，针对冕宁纳木依人、拍木依人和多须人的经济状况，他提出"要改变纳木依人和拍木依人的经济面貌，应该……

---

① ［日］末成道男编：《中国文化人类学文献题解》，东京大学出版社 1995 年版。

调动农民的生产积极性，引导他们采用现代农业的生产技术，加强科学种田和牧畜，克服农牧业的粗放经营……其二，发展多种经营……其三，因地制宜地建立和发展副业生产……其四，在农牧业生产自给有余的基础上，扩大剩余产品的再生产，建立商品市场，发展集市贸易，活跃山沟山地经济"[1]。这些建议对改变当地经济落后状况起到了积极的作用。

抗日战争时期，由新西兰国际主义战士路易·艾黎发起，得到中国共产党和宋庆龄等爱国民主人士支持的国际工合（工业生产合作社）迅速发展起来，成为抗日救亡的经济支柱。当时云南丽江也建立了 36 个工业合作社。1991 年 7 月，云南省社会科学院与加拿大温哥华西门弗雷泽大学国际交流中心在多次研究和实地考察的基础上，共同提出《云南丽江工合的历史演变及发展前景》的课题，由何耀华担任联合课题组组长。课题组认真查阅相关文献资料，走访 20 世纪 40 年代丽江工合的当事人，探讨与工合经济相关的教育、文化、科技、生态环境保护、丽江与加拿大的合作等问题，为新建工合企业的发展提供了有益的思考。项目成果在丽江市实施后，受到丽江市政府和国际工会组织的好评。

1998 年年初，云南省政府与清华大学决定实施省校合作项目：滇西北人居环境可持续发展规划研究。该项目同时被纳入云南省与美国大自然保护协会（TNC）合作的滇西北大河流域国家公园项目。何耀华受中国科学院院士、中国工程院院士、清华大学人居环境研究中心主任吴良镛教授委托，组建滇西北地区经济与社会发展研究课题组。为此，他利用历史民族学的研究方法，对滇西北藏族、纳西族、彝族、白族、傈僳族、怒族、普米族、独龙族聚居的 15 个县、市进行调研，他在系统论证滇西北的自然环境、经济环境、历史发展进程、

---

[1]　何耀华：《中国西南历史民族学论集》，云南人民出版社 1998 年版，第 325—326 页。

民族文化走廊、茶马古道、514年的政治经济文化中心大理、新中国成立前"三江"并流区域的土司制、原始氏族制、奴隶制、封建农奴制及母系制的基础上，他提出滇西北《走向21世纪的发展建议》及《建立大河流域国家公园的构想》。他主张提高山地农业的成长率、发育率，坚持走可持续发展道路，以特殊政策加快发展教育，消除贫困，发展社会主义的民族关系，实行滇西北地区经济一体化的发展战略，把旅游业作为滇西北的龙头产业，加速城市化进程[①]，对促进滇西北地区的政治、经济、文化、社会建设，加强民族团结，实现各民族的共同发展具有重要的科学决策价值和指导意义，在中国科学院主持召开的该成果的评审会上，受到院士和专家们的充分肯定。

二 在彝族社会历史研究上成绩斐然

早在20世纪60年代，何耀华就以川滇大小凉山彝族作为研究对象，深入大凉山腹地进行田野调查，在昭觉、美姑、布拖与彝族同胞一起劳动、生活，全面了解凉山彝族的社会制度、历史和文化，对其社会结构、家支制度、宗教形态等进行考察。1979年12月在中国民族学会成立大会上，他宣读了其对凉山彝族的家支进行探讨的《论凉山彝族的家支制度》，受到与会专家学者的关注，1981年《中国社会科学》中、英文版作为中国民族学恢复后的首篇代表作予以全文发表，《新华文摘》进行了全文转载。该文详细论述了彝族家支制度的构成、特点、蜕变、职能、长期存在的原因，提出用发展商品货币经济淡化和瓦解血缘纽带的主张。他认为，"凉山彝族的家支是一种父系氏族组织，尚保留着许多古代父系氏

---

① 何耀华：《加快滇西北经济社会发展研究》，《云南社科要报》2001年第5期。

族制度的特征。但它已不是原生形态即原始社会时代的氏族，而是次生形态即阶级社会中的氏族。它是由原生形态的氏族蜕变而来的。蜕变首先表现为统一的利益一致的原始家支，分裂成以阶级划分和阶级对立为基础的黑彝家支和白彝家支。黑彝家支是由原始氏族内部阶级分化产生的贵族阶级繁衍而来的，白彝家支则是由与其对立的被统治者滋衍的。其次表现为原始氏族的许多特点发生了适应黑彝奴隶主阶级压迫的变化。其最终结果是原始氏族机关变成为黑彝奴隶主阶级专政的工具，即黑彝家支头人操纵的家支议事会，在对内和对外方面具有政权的职能。为什么阶级划分和不断激化的阶级斗争未能炸毁家支而代之以地域组织，并最终形成统一的政权呢？原因在于彝族社会经济的不发达，在于没有足以使血族团体导致瓦解的商品经济"①。因此，他提倡"用发展商品经济的手段，去解决前资本主义制度的残存形态，使少数民族摆脱贫困而实现现代化"。该文写于1979年，在学术理论上有重大突破，对解放思想，肯定商品经济的发展有重要的现实意义和科学价值，受到民族学界的高度评价。中国民族学会副会长、中国社会科学院荣誉学部委员、民族研究所胡庆钧研究员认为："本文引用资料准确扼要，归纳论点鲜明突出，从分析家支的蜕变中，明确了凉山彝族家支的氏族制度的实质及其历史地位，对家支的职能及所以能够长期存在的原因简单归纳，要言不烦，作者在前人基础上引申剖析，提出了自己独到的见解，一扫过去某些人对家支制度认识模糊不清的迷雾，因而做出了贡献。"② 著名民族学家、云南大学江应樑教授认为该文不仅有重要的学术价值，更重要的是它丰富和验证了马克思主义的唯物史观。当然，也有学者对这篇文章的重要论点，即用发展商品经济的办法来解决家支问题提出异议。一位民族学者指出：

① 何耀华：《中国西南历史民族学论集》，云南人民出版社1998年版，第245页。
② 同上书，第3页。

"在社会主义制度建立以后，解决少数民族前资本主义社会制度的残存问题，不能再走发展商品经济的老路，因为商品经济是资本主义的温床或同义语。"但是，任何具有科学价值的结论是不以人的意志为转移的。1986年3月，中共中央在《关于第七个五年计划的报告》中指出："商品经济的充分发展，是社会主义经济不可逾越的阶段，在社会主义这个历史时期，尤其是在像我们这样一个经济不发达的社会主义国家，要实现生产的高度社会化和现代化，迅速发展生产力，不断改善人民的物质文化生活，必须大力发展商品经济。"实践证明，何耀华在论文中的论断是科学的、超前的，是经得起时间和历史考验的。

近现代以来，一些西方学者为实现殖民中国的需要，发表过不少歪曲我国西南少数民族历史的论作。如有的称四川大凉山彝族是"独立罗罗""未曾受中国人征服过""凉山是在中华帝国腹心之地建立的国中之国"；有的虽然认为中央王朝征服过凉山，但说中央王朝对凉山的统治是"地地道道的外国统治"。针对这些谬论，何耀华在《凉山彝族与汉族的历史关系》《凉山土司考索》《驳所谓"独立罗罗论"》《关于元初罗罗斯土官宣慰使的设置问题》等论文中，追溯了从秦汉起历代中央政府在凉山地区的设治情况，历史上彝汉民族之间在政治、经济、文化方面的血肉联系与发展，有理有据地驳斥了"独立罗罗论"和"外国统治论"。在刊载于《文史》第十五辑上的《四川米易萨连〈俅保安氏纪功碑〉质疑》中，他审慎地判定了该碑的族属不是彝族而是傣族，纠正了学术界流传近一个世纪的错误结论。

特别值得一提的是，何耀华在《武定凤氏本末笺证》这部集学术性、资料性和考证性为一体的专著中，开创了研究中国云南彝族部落史的先河。在这本著作中，他既用乾嘉考据学的国学研究方法和范式，对汉文文献中的疑点、难点和错讹进行冰释；又应用彝文文献资料进行匡正，对南宋孝宗淳熙（1174—1189 年）至清朝乾隆末六百年间以罗婺部为代表的彝族部落史进行阐述和论证。罗婺部是宋朝时期"雄冠"云南东部三十七个少数民族部落的强大彝族部落，南宋孝宗淳熙时该部酋首阿而能服其众，被大理国主段氏举为罗婺部长。此前，罗婺部首领未见有汉、彝文史书记载，说明其社会经济发展尚处于落后阶段，自阿而后则有明确的系谱及史事之记录，何耀华以笺证体裁对彝族罗婺部酋长及其后裔凤氏进行的系统研究，拓展和丰富了中国史的内容，使彝族历史文化的研究向纵深发展。该书论证科学，用工极深，考证规范，出版界、民族学界专家评论"为古籍史料的整理和少数民族部落进行系统的微观研究树立了成功的范例"①。

三 致力于建立和发展中国藏学

1983 年 7 月，时任中国西南民族研究学会副秘书长的何耀华，受会长马曜教授、副会长李绍明研究员的派遣，前往西藏拉萨，与藏族著名学者、中国西南民族研究学会副会长平措次仁教授共同筹备召开全国首次藏族学术讨论会。经中共西藏自治区委员会多吉才旦书记和西藏自治区党委批准，全国首次藏族学术讨论会在拉萨召开。在会议上，何耀华同志在我国首次提出在中国建立和发展马克思主义藏学的主张："建立和发展马克思主义藏学，是我国社会科学工作者肩负的一项光荣而迫切的任务。马克思主义藏学就是以马克思、列宁主义、毛泽东思想的立场、观点、方法为指导方针，研究藏族的历史和现状。以唯物史观为武器揭示藏民族的起源、形成

① 李惠铨：《彝族史研究的新收获——读〈武定凤氏本末笺证〉》，《云南社会科学》1987 年第 1 期。

和发展的规律；研究藏民族在缔造我们伟大祖国中的历史地位、作用和贡献；研究藏民族的政治、经济、文化，包括语言、科学、文学艺术和宗教等等。当前特别要注意研究西藏改革开放和'四化'建设中提出的重大理论问题和实际问题，为建设团结、富裕、文明的社会主义新西藏服务。"① 与会者对他的主张不太认同，认为"藏学"是西方的提法，我们不能与之同流，否则就会被"藏独"分裂主义者利用。但不到两年，"藏学的故乡在中国""藏学的中心在中国"就成为国家和学界的共识。

自拉萨回昆明后，何耀华坚持自己的主张，决定把藏学作为进行中国西南历史民族学研究的重要领域展开研究，为此，他开始编写《藏汉民族关系史》，把它作为一门博士研究生的学位课对云南大学 5 名博士研究生进行讲授。同时，在《中国藏学》《思想战线》《云南社会科学》等多种刊物上发表《古代羌人与藏区土著居民的融合》《从远古文化遗存看藏区与祖国内地的关系》《试论古代羌人的地理分布》《川西南藏族史初探》《论松赞干布统一事业》《论文成公主入藏》《论金城公主入藏》《西北吐蕃诸部与五代、宋朝的历史关系》等一系列研究藏汉民族团结的学术论文。《从远古文化遗存看藏区与祖国内地的关系》通过分析青藏、川藏藏区石器时代文化遗存的特征，指出其和华北、华南的同类遗存共同性多而差异性较少，说明它们与祖国内地的远古文化有不可分割的关系；他批驳英国学者黎吉生等认为西藏人种不是黄种人，而是从西方迁来的异种人的说法，指出西藏石器时代的文化遗存表明，西藏人属于蒙古人种是无可置疑的。他认为："从考古学的材料证明：从远古时代开始，藏族的祖先，就劳动、生息、繁殖在今青藏和川西高原地带，并与祖国内地各民族先民，结成一个共同发展的整体。"②《川西南藏族史初探》讨论了川西

---

① 何耀华：《为建立和发展马克思主义的中国藏学而努力》，拉萨，1983 年 7 月 21 日。
② 何耀华：《从远古文化遗存看藏区与祖国内地的关系》，《思想战线》1986 年第 4 期。

南藏族的起源，证明该地区的藏族与西藏藏族同源；分析了雅砻江下游的拍木依、纳木依人的源流及其与藏族的融合；研究了该地区藏族与汉族、彝族和西藏藏族的历史关系。《论文成公主入藏》论述了文成公主入藏的历史背景和过程，并对文成公主入藏使吐蕃在政治、经济、文化、宗教等方面与中原地区的交流做了探讨，认为"文成公主入藏，使吐蕃在政治、经济、文化、宗教等方面与中原地区进一步结合成为一个不可分割的共同整体"①。《论金城公主入藏》论述了金城公主入藏的历史背景，对金城公主的身世及其入藏的过程进行了探讨，认为金城公主"在藏维系和平友好，推动唐、蕃经济、文化交流的业绩，是有很多表现的"②。《西北吐蕃诸部与五代、宋朝的历史关系》以翔实的史料，对河西吐蕃、西凉吐蕃、唃厮罗部等与五代王朝、宋朝的历史关系进行了论证，廓清了这一段阙知的史实。这些论文对维护祖国统一，促进民族团结和推进中国藏学深入研究起到了重要的作用。

四　在中国民族宗教学研究上的建树

在多年从事田野考察的过程中，何耀华深深认识到，原始宗教的残存形态是研究宗教起源和宗教衍化史的活化石，而研究宗教的起源及其信仰形式和内容的衍化，同研究人类社会结构的衍化及人类认识能力的衍化密切相关，与民族地区的经济社会发展密切相连。因此，研究原始宗教不但具有科学理论意义，而且具有重要的现实意义。在田野考察中他就特别注意原始宗教的资料收集和研究，先后写出《彝

---

① 何耀华：《论文成公主入藏》，《云南社会科学》1998 年第 1 期。
② 何耀华：《论金城公主入藏》，《云南社会科学》1998 年第 4 期。

族的原始社会与原始宗教》《彝族的图腾与宗教起源》《彝族的自然崇拜及其特点》《试论彝族的祖先崇拜》《彝族社会中的毕摩》《浅析纳木依人的本教》等论文。《彝族的原始社会与原始宗教》根据考古学资料对彝族的原始社会状况进行了分析，对广大彝区新石器时代墓葬、崖画反映的原始宗教，彝族远古神话反映的原始宗教做了研究，探讨了彝族的图腾崇拜遗迹、自然崇拜遗迹、祖先崇拜遗迹对彝族社会经济发展产生过的重要影响。此文已被收入 20 世纪中国宗教学的经典文库。毕摩作为彝族从事原始祭祀的祭司，长期被扣上"神汉""封建迷信职业者"的帽子而遭歧视和打击。党的十一届三中全会后，何耀华运用宗教学和历史民族学的方法对毕摩进行深入的调查研究，做出毕摩是彝族传统社会中固有的知识分子的结论。他的《彝族社会中的毕摩》发表后，在中国民族学、宗教学界引起重要反响。自然崇拜是原始宗教的一个重要组成部分，自远古时代产生以来，就一直存在于彝族社会生产生活之中，并影响着彝族人民的物质生活和精神生活。他的《彝族的自然崇拜及其特点》根据彝文典籍中关于自然崇拜的记述和新中国成立前彝族社会中的自然崇拜情况，对彝族自然崇拜的特点进行了精辟归纳，认为：彝族的自然崇拜始行于氏族社会时代，而且是原始氏族最主要的公共活动之一；自然崇拜大都与农、牧业生产有关，是彝族先民适应自然环境，保护自然环境的产物。《试论彝族的祖先崇拜》《彝族的图腾与宗教起源》等则从彝族祖先崇拜的内容、形式和彝族图腾崇拜产生的原因等对彝族的残存的原始宗教进行系统研究。何耀华研究原始宗教的一系列论文，发表于我国改革开放的初始年代，具有强烈的时代气息，它打开了长期以来不能认真研究的一个禁区，对我国宗教学研究、世界三大宗教研究延伸到中国少数民族宗教研究起了推动作用。20 世纪 90 年代任继愈先生主编《宗教大词典》，他被选为 7 个副主编之一，并担任中国少数民族宗教的分科主编和主要撰稿人。1987 年以来，他与中国著名宗教学家吕大吉教授共同主持国家社会科学基金"七五""八五""九五""十五""十一五"重点项目，两人共同主编，已在中国社会科学出版社出版了《中国各民族原始宗教资料集成》2 卷，2008 年即将出版的 8 卷和计划在 2009 年出版的 6 卷，总字数达到 1800 万。这套书是新中国成立以来我国宗教学家、民族学家共同完成的特大型学术基础性、资料性的成果，也是吕大吉、何耀华两位主编 20 多年学术奉献的结晶之一。

五　坚持以社会科学研究推动民族地区经济社会发展

20 世纪 90 年代后，何耀华把研究改革开放和现代化建设中的理论和实践问题作为主攻方向之一。在社会学、经济学研究方面取得众多成果。1996 年 6 月 30 日，他在给中共云南省委中心学习组作的《推进云南现代化建设的新思路》中提出我国第二次经济增长为投资拉动型，该论断对中共中央、国务院制定扩大内需、拉动经济增长的政策有重要的参考价值。他在 1996 年中国社会学学会学术大会上宣读的《加快中国西部发展之探索——同心圆经济发展论》论文，提出"同心圆经济发展"理论。1997 年 12 月，他在《云南仍处于社会主义初级阶段的主要表现形式及其特征》中提出的"四低四高"论断，中共云南省委以其作为统一全省认识的新思路、新观点，交中共云南省第六次代表大会讨论，全体代表给予高度评价，说该文"刷新了对云南省情的认识"；1998 年，他撰写的《东南亚金融危机对中国云南省经济的影响》在《世界经济》1998 年第 11 期刊出，获云南省政府经济技术研究中心、中国人民银行云南省分行、中国社会科学院腾藤副院长、世界经济政治研究所所长谷源洋等的高度评价当，当时的云南省省长曾批示："省政府办公厅以参阅件发全省各地、各部参阅，抄报国务院发展研究中心、国务院研究室。"同年，他在《小城镇建设在中国城市化进程中的地位和作用》中，对中国发展小城镇建设的有利条件、问题与对策做了全面论述，香港树仁大学邀请他在国际会议上发言。他是中国百县市经济社会调查的常务编委，他主编和主著的《中国国情丛书·百县市经济社会调查》中的"通海卷""路南卷""曲靖市卷"，北京大学经济学院副院长、云南大学副校长曹和平教授在云南财经大学召开的国际学术讨论会上说"这些书培育了一代社会学青年学人"。"通海卷"在1992年由中国大百科全书出版社出版后，中共中央宣传部认为，"这样的调查对进一步认识国情、拓展和深化社会主义初级阶段的理论研究，以及形成科学决策，都有重要意义"。作为一本质量高、价值大的调查成果，"具有较高的社会研究价值和保存价值"，此书获中国社会科学院科研二等奖，他个人被中国社会科学院评为"中国百县市调查先进个人"。

2004年9月，中国西南民族研究学会会长何耀华主持组织权威专家和有影响的学者76人，针对国际国内舆论对中国在怒江、澜沧江、金沙江（简称"三江"）建坝发电存在的广泛争议，以科学发展观为指导，组织对"三江"水能资源与环境保护进行专题研究，并邀请美国权威水坝专家来中国传播美国在水坝水电建设方面的经验和教训，自10月11日起，初步成果陆续上报国家有关部委及云南省委、省政府和省委中心学习组作为学习参考资料。最终成果《"三江"水能开发与环境保护》，2006年由社会科学文献出版社公开出版。由于专题研究坚持实事求是的科学态度，"三江"水能资源开发与环境保护的研究成果陆续上网后，全国有40多家网站转载，多家报刊刊发，引起全社会的广泛关注。时任中共云南省委副书记、常务副省长秦光荣说："'三江'水能资源开发与生态环境保护，是一个事关云南快速健康发展、事关国家能源安全和生态安全的重大课题，各位专家倾心研究，写出富有科学理论价值和科学决策价值的文章，是对云南工作的支持。"据不完全统计，香港《文汇报》《大公报》，《瞭望》周刊、《中国青年报》《云南日报》等数十家报刊对此次会议发表了报道或评论。作为专题研究和学术研讨会的组织者、领导者，何耀华积极撰文，在《加快水电开发和生态建设，建立金沙江下游生态能源经济区》和《坚持科学发展观，合理开发怒江水电资源》中，他倡导建立金沙江下游生态能源经济区，要求合理开发怒江水电资源，保护好怒江流域的生态环境，对促进"三江"水能资源的科学开发以及边疆民族地区经济社会发展做出了突出贡献。鉴于何耀华在中国西南历史民族学、中国民族宗教学、社会学等学科研究领域做出的突出贡献，1986 年 12 月被授予"国家有突出贡献的专家"称号，1987 年 4 月被授予"云南省劳动模范"称号，1991 年 10 月首批享受国务院政府特殊津贴，1991 年美国版《世界名人录》（*International Book of Honor*）为他立了传。1999 年，国际山地协会聘请他作为该会理事会常委（中心组成员），2007 年 4 月，中共云南省委副书记、云南省省长秦光荣颁发聘书，聘他为云南省文史研究馆馆员。

（原载云南省文史研究馆编《先生之风》，云南人民出版社 2009年版）

何耀华在玉溪市县以上干部大会
作解放思想更新观念报告

《玉溪日报》记者　张凤梅

以专家专题报告的形式强化研讨班的效果，是这次全市县处以上领导干部解放思想、更新观念大讨论的特点。2 月 13 日下午，云南省社会科学院院长何耀华关于《如何开展解放思想大讨论》的专题报告，使研讨班的学习讨论更具有针对性，并使我市近 300 名县处以上领导干部就如何进一步解放思想、更新观念有了更清醒的认识。

在我国实施西部大开发战略和我国即将加入 WTO 的新形势下，如何进一步解放思想、更新观念；如何抓住机遇，求得更大的发展；是这次研讨班必须解决的认识问题。十一届三中全会召开后，全国上下开展了"实践是检验真理的唯一标准"的思想大讨论，通过这次思想解放运动，确立了正确的思想路线，我国的经济获得高速发展。1992 年邓小平南方谈话和党的十四大的召开，全国上下又掀起了第二次解放思想的大讨论，我国经济又一次步入健康、快速发展的轨道。

何耀华在专题报告中指出，改革开放以来的历史充分证明：哪里思想解放，哪里的改革发展步伐就快；哪里封闭守旧，哪里的改革发展步伐就慢。随着结构调整问题、所有制问题、产品质量问题的日渐显现，经济发展缓慢、社会有效需求不足、经济结构不合理、市场占有份额下降等问题日渐突出。这些问题如果得不到解决，迎接西部大开发、扩大开放就有可能成为一句空话，几十年改革开放的成果也将付诸东流。省委要求在全省上下开展新一轮解放思想、更新观念大讨论，目的就是通过解放思想、更新观念，抓住国家实施西部大开发战略和我国即将加入 WTO 的历史机遇，实现调整结构、开拓市场、搞活流通的目标，推动全省社会经济的全面发展。

围绕国家实施西部大开发战略，玉溪市乃至云南省应该如何抓住机遇，研究制定相关的产业发展政策，是机遇来临时能否争取主动的关键。何耀华认为，在国家实施西部大开发过程中，要始终抓住加快基础设施建设这个基础，切实加强生态环境保护和建设，积极调整产业结构，大力发展科技和教育事业。要立足实际，充分发挥云南省集以多气候带和多物种为主要特征的自然优势和毗邻东南亚、南亚等国的区位优势于一身的特殊优势，努力发展特色经济，建设绿色经济大省、民族文化大省。要抓住实施西部大开发的机遇，通过思想大解放，树立新的发展观、资源观，使云南省玉溪市的发展跃上一个新的台阶。

报告会上，何耀华高度评价了玉溪市委、市政府春节刚过就举办大规模的县处以上领导干部研讨班。他认为，这次研讨班对玉溪市在全市范围内开展解放思想、更新观念的大讨论将发挥积极的作用，并将在全省起到不可估量的示范作用。

（原载《玉溪日报》2000 年 2 月 15 日第 1 版）

何耀华在香港谈川藏信仰

香港《文汇报》记者

自然宗教色彩仍浓,观念改变关键在经教科学。云南省社会科学院副院长、西南边疆民族历史研究专家何耀华教授,出席中文大学一个名为《川西南藏族的民间信仰》学术讲座,发表了他对川西南藏族民间信仰的一些看法。欢迎各界莅临参加。

《星岛日报》说:何耀华教授1937年生于云南开远,1964年云南大学历史系中国民族史硕士研究生毕业,毕业后留校任西南边疆民族历史研究所讲师、教授。现任云南省社会科学院副院长、研究员,《云南社会科学》杂志主编。主要著作有《西南少数民族风俗志》《中国西南历史民族学论集》等。

该讲座由中大中国文化研究所与人类学系合办。何教授首先介绍了现今川西南藏族的概况,并提出了川西南藏族民间信仰支配当地民族的命脉。

他指出,川西南藏族人民虽信仰藏传佛教,但其实本身的自然宗教色彩很深厚,甚至与藏传佛教在某些观念上有所抗衡。他又谓,那些对自然物崇拜及神鬼的信仰在文明人的眼里可能是愚昧之举,但其产生及存在却是历史的必然。他认为要改变这些地区的落后观念,关键在于发展经济、文化,以及由政府引进及推行的政治文化和文明。最后,何耀华又鼓励有兴趣做这方面研究的学者亲身进行考察,因为这些地区的民间信仰事实非常丰富。

(原载香港《文汇报》《星岛日报》《华侨日报》1989年3月9日)

何耀华乡长台北会乡亲散记

台湾云南同乡会　杨德宽

　　编者按：1992 年 11 月下旬至 12 月上旬何耀华院长应台湾淡江大学邀请，在台湾做学术交流。应"中央图书馆"汉学研究中心邀请，何院长作了"云南少数民族的文化与民俗研究"和"云南省图书馆及其收藏少数民族资料"的讲演。讲演很受欢迎，台湾的云南乡亲还专门举行餐会就云南家乡的经济、文化、教育的问题与何耀华院长进行了热烈友好的讨论。乡亲杨德宽先生有感，欣然写就这篇"散记"。

　　11 月 28 日，同乡会郭先生来电话说，12 月 1 日上午十点钟有位云南来的先生，在"中央图书馆"演讲，希望我去参加，我说一定会去。

　　12 月 1 日上午九点半钟，在"中央图书馆"走廊遇到申庆壁乡长，一起找到讲演的地方 118 室会议室。不久，讲演的人来了，申乡长和他是旧识，是云南省社会科学院院长何耀华先生。同乡会总干事周尔新、官正启、石炳铭、李国经等乡长先后来到，连同其他的有五十余人，其中有"中研院"院士陈奇禄，政大教授王寿南、唐屹等。

　　"中央图书馆"馆长曾济群主持座谈会。原来这次何院长是应淡江大学邀请来的，"中央图书馆"汉学研究中心，趁机会请他讲演。题目有两个："云南少数民族的文化与民俗研究"及"云南省图书馆及其收藏少数民族资料"。两个小时，一半讲演，一半座谈，题目大，时间短，何先生却能做了有条理、简拢的报告。他说中国少数民族有五十五种，云南省就占了二十五种，其中十五种是云南省独有的，这么多的民族，其文化的多彩多姿，除了是观光旅游的好地方不说外，更是研究人类学、各种少数民族文化的最佳去处，实在是一个文化的宝库。像丽江纳西族的文化就相当高，东巴经是图画文字，在学术研究上价值极高，欧洲人、日本人都有非常好的研究成绩。大理风仪法藏寺收藏的佛经，欧洲人想来研究，没有获得同意。何先生说，大陆的财力、研究方法都不够，希望我们这里的人一起合作，中国人的东西，让外国人研究不放心，还是自己做才好。他也分别把大小凉山的彝族、西双版纳的傣族、泸沽湖摩梭人现在还保存的母系社会等制度做了分析。这些我们乡人以前多少都有些了解，可是都不深入，今日听来觉得更具体外，还不免有着一些新奇。

他说云南省社科院有民族学、宗教学、农村经济学、东南亚等十余个研究所，收藏的资料算是不少，可是经费还是不够，科学的研究设备更待加强，只有三部电脑。这方面有人才及设备，何先生很希望我们给予支援。图书馆方面，云南省图书馆、云南大学图书馆，腾冲和顺乡图书馆的收藏都很丰富。他特别说明，云南大学是得到邵逸夫的捐助，和顺乡图书馆是得到华侨的捐助，才有这种成绩的。

何先生在有限的时间内结束了讲演。申庆壁乡长首先发言指出，一般人对云南多不了解，总认为云南是落后的蛮荒地方，他说，其实云南是个文化深厚的地方，蒋委员长在抗战时说，云南人很厚道，这话说得很切实。他特别举例，如云南少数民族以不同的物件作为赠礼，取其物件不同的性质表达不同的情意，这种以物通人的文化，实在有深远的意义。同乡会周尔新总干事送一批书籍，并请何先生腾出一个时间和我们同乡座谈、餐叙。

何先生一再提到李霖灿、芮逸夫、李拂一几位先生，他们都是对人类学、民族学研究有成就的学者。

他说时间很忙，这次恐怕不能拜访他们了。他特别说明，对少数民族的重视，不是现在才这样，早在国民政府时代就已开始，而且已有了很好的成绩。

政大唐屹教授预定明年寒假就要到云南去做研究。

何先生表示经过这次的访问，获得大家的热忱、亲切接待，以后愿意作双方的桥梁，他当尽其所能为大家服务。

12月2日下午三点钟，何先生在淡江大学城区部做了最后一场讲演。他是11月27日来到台湾，分别在淡江大学、"中央大学"、台湾大学、政治大学、东海大学讲演，今天是第七场，由淡江大学研究学院院长黄天中主持，陆委会文教处长龚鹏程也来了，还有七八位淡江的教授和二十余位学生。我因会场在住处附近之便，也去参加。他今天讲演的主题目是近代人类学发展的情形，淡江中文系的系主任对何先生在学术的成就一再表示敬佩。有些同学问的一些敏感问题，何先生的答复也很诚恳、实在，能答复的就作了答复，有些不好答复的问题，他说这个层面不是他力所能及，希望谅解。

同乡会的座谈、餐会，安排在12月6日下午五点钟，第二天九点钟何先生就要搭机离台飞香港，所以我们同乡会的餐会算是接风，也是饯行。四点半不到，乡长周尔新、官正启、申庆壁、李佛一、张鼎钟、李国经、石炳铭、马崇宽、王文、理事长陶容及夫人、高龄羽球健将刘香谷女士等，陆续来到徐州路的同乡会，小小的会议室都坐满了，何先生五点半钟才到，直说对不起，不好意思。他自淡水来，又是星期天，路上塞车，陪同来的天帝教的李先生说：到的时间本来不太晚，在附近找不到同乡会。同乡会在向隅的一角，是不好找。寒暄后，理事长正式讲话，欢迎何先生，他说何先生来台湾做学术讲演，受到学术界的欢迎，是我们同乡的光荣。云南是一个多民族聚居的地方，山川雄伟，景物优美，将来的前途发展大有远景，大家不能只在经济上注重发展，多彩多姿的文化资源，更要发扬光大，我们在台湾的同乡对故乡有深切的期盼，希望故乡的改革幅度要大，步伐要快，我们也愿意尽力提供协助。何先生介绍了自己，他现年五十五岁，开远人，原任云南大学教授，四年前先调社科院副院长，后任院长。他来台之先，省台办要他到台时一定要来拜访同乡会，今天来到，他说心情又感到激动，又感到亲切，尤其见到敬仰已久的李拂一乡长更是高兴，这也是同乡会特别做的安排。

大家希望故乡好的心都一样，张鼎钟乡长，曾任师范大学图书馆长，现任考试委员，最近先后在国内外参加图书馆学有关的会议。他特别建议，省方对于图书资料要尽量开放，他说许多资料，还要转过好多的地区、管道才能出来，这对学术的研究很不方便，也是我省对外交流的障碍。他说资讯要开放，要交流，资讯是财富，要做合理、有价值的使用，运用多媒体，如文字、影像等工具，对研究可以提供最佳的帮助，像电脑网路等方面，只要各种条件配合，我们可以提供协助。申庆璧乡长原任国大代表，是地方志的专家，他说我们这里的人，总认为我们有钱，大陆穷。申乡长说这种观念不正确，要不得，贫富不能只以金钱衡量，他认为文化才是最大的财富。云南省有丰富的文化资源，应引以为荣。他捐出新台币两百万元在家乡镇雄盖了一所现代化的小学，受到大家一致的敬佩。官正启乡长鉴于省方人才缺乏，特别呼吁应从教育着手才是根本办法。大家要有新的观念，不要只培养自己的儿女，只要看到值得培养的乡人子弟，都要尽心培养，没有人才，一切都谈不上。他说，我们这里一部分同乡，正计划筹募一笔奖学金，对家乡青年考上大陆重点大学的给予经济支援。李国经指出省方开放措施有些地方不合理，他说好不容易才说动商人到昆明投资，结果买的土地规定半年内不使用，就要取消资格，已缴的订金也不退回，吓得商人不但打退堂鼓，还一肚子怨气，建议要改善。

大家的问题很多，都希望何先生回去告诉省方了解、改进，何先生都答应代为转达。时间一下就到了七点，不得不去用餐了。周总干事说，原定在同乡会旁边绍兴街的松鹤楼，是家江浙菜馆，环境、气氛都很好，今天有喜事，场地安排不出来，只好改在忠孝东路的悦宾楼。一面吃，一面聊，两个小时很快过去，我们才不得不在依依之情中结束餐会。

（原载台湾《云南文献》1993 年第 12 期）

文化交流系亲人：
记何耀华的台湾之行

《云南日报》记者

　　和老师您短暂的相处，却留下了许多许多的记忆；亲切、和蔼是我对您最深的认识……喜欢您（演讲）内容包容深厚的民族情感，朴实无华的节俭性格，在您身上，让我真正见识到长者和学者的风范，明天之后，就要别离，虽然我们之间隔着长长一个海峡，却阻隔不了我们与您相亲的心……

　　这是一个叫李政霓的台湾学生写给何耀华的留言。

　　云南省社会科学院院长何耀华应台湾淡江大学的邀请，于1992年11月24日至12月7日到台湾淡江大学担任"淡江讲座"的客座教授，进行了为期十二天的讲学、学术交流活动。

　　何耀华是国家级"有突出贡献专家"、中国民族学会副会长、中国西南民族研究学会会长。对中国少数民族文化、民俗、宗教等的研究有很高的造诣。何院长此次赴台进行交流，也是大陆各省区赴台讲学交流活动中职务最高的学者。

　　何院长此次赴台共演讲了八场，场场爆满。在淡江大学中文系首场演讲的是"中国少数民族文化在中国文化中之地位"，许多台湾学者和学生听了演讲，对大陆的民族团结和多姿多彩的民族文化有了进一步的了解。第二场演讲题目是"近代中国少数文化研究成果和主要方法评析"，前来听讲的学者层次都很高，听了何耀华的演讲，他们认为大陆学者学识渊博，研究方法和研究成果值得借鉴。何耀华还讲了"中国少数民族文化与文化人类学之关系"，指出中国文化同出一源。在台湾"中央图书馆"汉学研究中心演讲了"云南少数民族的历史和文化"。由台湾"中央图书馆"馆长曾济群博士主持，到会听讲的有"大陆委员会文教处"长龚鹏程教授、"财团法人海峡交流基金会"文化服务处处长朱荣智先生、政大民族研究所所长金松教授、淡江大学教授申庆壁，《自立早报》《自立晚报》主任秘书林森鸿、"中国大陆研究所"所长黄天中等许多学者和官员。各大学也纷纷前来邀请何耀华演讲，何耀华应台北中华道教学院的邀请，为该校师生讲了"道教与云南少数民族"。应台湾大学之邀，在台湾大学中文系演讲了"中国西南少数民族的民间信仰和巫术"，通过何院长深入浅出的演讲，学生们纷纷反映，原来似懂非懂的知识一下明白了许多。应台湾政大民族研究所邀请演讲了"云南少数民族的传统文化与现代化建设"，何院长高深的学术造诣和精彩演讲博得了满堂的赞誉。

何耀华的演讲把台湾学子的思绪带到了云南神奇美丽的意境中。很多学者表示他们热爱云南，要研究云南。何院长返滇后短短的两个月已有四批台湾学者来到云南，台湾"清华大学"教授梅广专门带了自己的研究生前来研究独龙语和佤语。

在台湾讲学期间，台湾"中研院"民族研究所专门为何耀华开了学术座谈会，由蒋经国学术交流基金会执行长、"中研院"民族学研究所老所长李亦园教授及现任所长庄英章主持，就许多学术问题进行了广泛诚挚的交流；台北"故宫博物院"院长秦孝仪先生邀请何耀华参观并进行了学术方面的探索，台湾省立图书馆馆长林文睿先生也邀何院长到该馆进行座谈交流。

何耀华短短的十二天台湾之行，做了八场演讲，出席了三个学术座谈会，根本无暇顾及游览观光。大陆学者的治学态度和严谨作风也给台湾同胞留下了很深的印象。

（原载《云南日报》1993 年 5 月 27 日，《统一战线》第 162 期）

一部具有重要史料价值和学术价值的彝族史专著

——读《武定凤氏本末笺证》

中国社科院民族所　詹承绪

我国彝族共有 540 多万人，主要分布在云南、四川、贵州和广西四省（区），其中 300 余万人居住在云南。近几年来，学术界比较重视四川大小凉山和贵州西部彝族历史和现状的研究，先后出版了一批论著。而对云南彝族的历史则研究得十分不够。何耀华教授新著《武定凤氏本末笺证》（云南民族出版社出版）这部具有重要史料价值和学术价值的彝族史专著，正是从一个方面填补了这个空白，很值得学者们一读。

《武定凤氏本末》（以下简称《本末》），记述了武定凤氏彝族祖先自南宋孝宗淳熙年间至清代乾隆末年六百余年的历史。从凤氏祖先阿而被大理国段氏举为罗婺部长开始，罗婺部的社会得到了迅速发展，至其子矣袜时，已"雄冠三十七部"（《镌字岩石刻·凤公世系记》），成为云南三十七部蛮部中最有实力的部落。七传至安慈，因"绰有武略，以功授武德将军，赐龙虎符金牌，兼管云南行中书省参政"（《武定凤氏本末》）。公元 1382 年正月，明王朝军队抵达昆明，罗婺部长商胜"自运米千石，开通道路，至金马山接济大军，乃回本府，招谕人民"（《武定凤氏本末》《太祖洪武实录》卷 155）。次年，商胜又遣人贡马 20 匹，七月亲自入朝进觐。明王朝授予她"中顺大夫、武定军民府土官知府，赐之世袭诰命"（《太祖洪武实录》卷

157，正德《云南志》卷19）。此后，罗婺部一直忠心耿耿，努力加强本部同中央皇朝的关系。明孝宗弘治初年，为褒奖武定土知府阿英的忠诚，特晋中宪大夫，又"赐姓凤，帝宠之甚"。"赠其母索则，妻索国俱为恭人。"（《镌字岩凤英自题世系碑》《武定凤氏本末》）后因功进云南布政司右参政。十八传至凤昭。昭年幼，由其母瞿氏护印袭职。此后凤家族内部因争夺权位发生斗争，不得袭职者怨愤明皇朝未予支持，利用地方官之腐败与过失，煽动多起反对明王朝的战争。沿至清康熙四年（1665年），凤奢卓抗粮拒捕，朝廷命官兵进剿，奢卓兵败逃回东川母家。其娘家以一女仆冒充奢卓，将卓之赘夫鲁鸡一并交付官府。奢卓与鲁鸡所生之独女阿爱冒姓凤，嫁后返回武定袭职，待其前夫死后，另招赘马龙土酋常应运为夫，生子凤如松。阿爱病亡，应运复改姓常，续娶东川土酋禄天祐之妹为妻，生子常守嗣。后凤如松因罪被解送京城，常守嗣则以助剿乌蒙、法戛有功，继任为土舍，其子嗣不再姓凤，凤氏遂绝。

《本末》的价值，不仅仅在于它详细记载了凤氏家族数百年的兴衰史，更重要的是，为研究武定地区彝族封建领主制社会提供了难得的材料。据《本末》记载，凤氏统治地区的土官制度是：以"土官专制，设曲觉三人，分管地方。遮古三人，管理庄田。更资三人，管理喇俣。一应调遣，各领步兵从征。扯墨一人，管六班快手。管家十二人。管庄田租谷"。"凤氏专土时，其富敌国，开十四银厂，获银山租……所畜牛马六畜，皆城而圈之，今永平村前土垣周里余，即凤氏鸭城也。"这正是凤氏领主庄园经济的生动写照。我们从《本末》的记述中，还可以清楚地看到中央封建王朝是最高的土地所有者，凤氏专土的庄田，乃封建王朝封赐的俸禄田。而凤氏领主在占有封建领地的同时，亦占有领地上之生产者。领主与生产者之间的关系，完全是一种主奴关系，而凤氏是大封建领主，其统治下的属民，皆系受其剥削压迫的农奴。

　　《本末》还为研究中央王朝与云南地方、彝族与汉族、白族的相互关系，提供了宝贵的资料。例如，据《本末》记载，凤氏起于易龙里，宋孝宗淳熙年间，由于凤阿而颇能服众，被大理国段氏（白族）"举为罗武部长，即三十七部之一"。从汉文史籍和出土文物来看，早在南诏时期，就有三十七部存在。公元 971 年，大理国主段思平之孙段素顺在位时；与三十七部歃血为盟，会于石城。由此可见，在阿而之前，凤氏祖先不过是易龙里的部族酋长，后阿而在白族段氏的支持下，兼并了邻近部落，才被举为三十七部之一的罗婆部大酋长（罗婆与罗武同音异写）。又如，《本末》记载了凤氏同中央的友好关系。凤氏向中央王朝称臣纳贡，随军出征，助粮献马，并以"四礼正家"，"教民稼穑"，这些记载说明凤氏一方面在政治上紧紧依靠中央王朝的支持，另一方面又将汉族的封建文化、农业技术等在彝族地区传播推广，以促进彝族地区社会经济的发展。中央王朝对凤氏也极为重视，多次加官晋爵，"赐尽忠报国金带"，"倚为捍蔽"，"旋镇云南"。此外，从明代直至清初，中央王朝在云南少数民族中实行改土归流政策，《本末》也详细而系统地提供了武定彝族地区土官制度解体、流官制度建立的情况，弥补了其他汉文史籍记载之不足。

　　从以上略举数点即不难看出，《本末》本身所具有的重要史料价值。现在经作者广泛运用考古学、历史学、民族学、民俗学、宗教学等学科材料笺证后出版的新本，其学术价值显然远远高于原抄本，使本书成为一部别具特色的学术著作。

　　首先，作者对古今有关武定彝族的材料，包括汉文书籍、彝文文献、碑刻、文物、实地调查报告等，进行了比较研究，并将这些研究成果运用于对《本末》的勘误、注释和笺证，从而使本书具有既有重要史料价值，又有较高学术水平的双重优点。

　　其次，作者将一个讹误较多，有些地方尚难读懂之传抄本，整理笺证成一部科学著作，是经过长期努力的结果。据作者在序言中说，

1963 年攻读方国瑜教授的研究生时，就在方老指导下校注《本末》，方老逝世后，尤中教授又两次审读过此书。可见，这本治学严谨的著作的问世，实非易事，不但包含前辈学者的智慧，更饱蘸作者本人的心血。如原抄本有这样一段文字："弄积，一名三保奴，以功升管八百司元帅，加升亚中大夫。自世祖末年征八百大甸不能敢，丧师者屡矣。"谁读后都感到难以理解：武定彝族酋长怎么会跑到傣族地区去管事？既然在那里管事，为何又去征讨？既然去征讨，为什么又说"不能敢"？令人莫名其妙！经作者查阅文献，根据《滇系》《凤公世系》等进行勘误补漏之后，始弄清原本的正文应为："弄积，一名三保奴，以功升兼管八百司元帅，加升亚中大夫。自世祖末年征八百大甸，不能服，丧师者屡矣。而定之者由弄积。其功大，至是凤氏且兼制全滇，势愈大。"此段文字补上一个"兼"字，校正一个"服"字，全文意思便一目了然。作者又根据《元史类编》《经世大典·招捕录》《元史·本纪》《元史·地理志》《元史·董士选传》《元史·张禧传》等进行笺证，说明大德五年至七年间，元将刘深等率兵征八百媳妇，遭贵州水东、水西等地各族人民的反对而被击溃，未能到达八百媳妇境内。八百媳妇之归属设治，是在延祐元年（1314 年），法忽剌丁进行政治招降的结果。八百媳妇承认元朝的统治，主动"献方物""请官守"，为泰定四年（1327 年）。而弄积继袭武定土官总管，则在至正二十四年（1364 年），与招定八百媳妇之年相差三十七年。《本末》谓弄积定八百司显然不准确，"兼制全滇"，更属夸张之词。但弄积因何功兼管八百司元帅，史载无征，系加衔或浮夸，只能存疑。全书类似这样的校注勘误、辨伪存真、征引研究之处甚多，这就使《笺证》较之《本末》原抄本更准确、更科学。

再次，《笺证》一书的另一个特色是以今证古，考评结合。作者不仅对每一个人名、地名、时间和事件，均详尽列出有关资料，而且还运用辩证唯物主义的立场、观点和方法，对资料进行深入的分析与评论，提出自己独到的见解。更可贵的是，作者不满足于从书本到书本的经验式的研究方式；而是亲自深入彝族人民中进行广泛调查，搜集资料，解决疑难。所以，读者可以从书中看到许多尚未出版的老彝文资料，作者亲自搜集调查的第一手资料，以及珍贵的图片。正因为作者在笺证过程中广征博引，古今印证，研读《武定凤氏本末笺证》一书，不但能使读者得到武定地区彝族社会历史的完备资料，而且还可以得到整个彝族社会历史以及西南民族史相关的珍贵材料，同时，更易于对这些资料进行分析、鉴别和使用。

当然，《笺证》也有不足之处。一是在行文中出现错漏在校对时未予校正。如第9页倒数第1行将"遮古"误作"庶古"；第24页第6行，段思平之孙段素顺，漏掉一个"顺"字。二是前后文观照有粗疏之处。如第1页考证凤氏更阿姓为凤姓时间，否定《滇志》正德年间之说，肯定为弘治戊申（1488年），但第86页却记载："凤英，本名阿英……弘治元年承袭。三年奉例赐姓凤。"第308页《武定凤氏世袭表》，也注明阿英系弘治三年（1480年）赐姓凤。因而第1页弘治元年（戊申）之说不够确切。三是有的征引与武定凤氏本身关系不大，似宜精简。

可以预料，《武定凤氏本末笺证》的出版发行，将受到从事中国历史、西南少数民族史，尤其是彝族史研究的学者、专家以及大专院校师生和民族工作者的欢迎。

《武定凤氏本末笺证》翻印版序

中共禄劝彝族苗族自治县委常委、宣传部部长　张丽仙

　　一个偶然的机会，经朋友推荐看到一本封面颇具地方民族特色的书籍。打开一看是云南省社会科学院原院长何耀华先生所著的《武定凤氏本末笺证》。

　　"凤氏"，这个让人熟悉而又陌生的名称，立刻引起了我的极大兴趣。由于时间关系，我仅匆匆粗略地翻阅了书中大体内容，从中也对凤氏历史了解了一二。我当即向朋友询问这书哪儿买的，朋友说，这书印数很少，现已买不到。我说是否借给我看一下，朋友无奈之下只好点点头，并再三叮嘱，要好好保管，千万别丢失，看完后及时归还。

原版

翻印版

大家所熟知,《武定凤氏本末》是清代禄劝知县檀萃所作,它记述了南宋淳熙(1174—1189 年)至清朝乾隆末期六百年间的罗婺部为代表的彝族历史。因其采用古文体记述,对于大多数古文功底不深、民族史知之甚少的人来说,读起来很晦涩、不易理解。但难能可贵的是何耀华先生广查百卷,在浩渺的历史典籍中查阅滥觞于其间的罗婺凤氏史迹,广泛采用考古学、历史学、民族学、民俗学、宗教学以及当代实地调查资料,对《武定凤氏本末》进行了笺证,使大家能够较为容易了解其所记述的史实。

对于该书的价值无须赘述。专家学者们一致的说法是:"《武定凤氏本末》一书是当今具有极高学术价值的专著,该书对禄劝武定地区彝族历史文化研究做出了前所未有的贡献,其学术价值无可估量,将受到从事中国历史、西南少数民族史,尤其是彝族史研究的学者、专家及大专院校师生和民族工作者的欢迎。"

培根说历史使人明智。也就是历史能告诉我们种种不可能,给每个人在时空坐标中点出那让人清醒又令人沮丧的一点。同时,历史告诉我们种种定位,又告诉我们任何一种定位都不是先天的,却是前人选择的结果,或者说大一点,决定着一种文化、一种历史的生命潜能的更新可能。当下,各地在认真挖掘整理地方历史传统文化,寻找可以利用的人文资源,以期为社会经济建设发展服务。在征得作者同意,对原本印数较少、已经难寻的《武定凤氏本末笺证》一书做进一步的翻印已成众望所归。

在各方有识之士的大力支持下,此项工作由禄劝彝族苗族自治县委宣传部文产办、县档案局共同承担。

《武定凤氏本末笺证》的翻印,将为大家提供一份难得而及时的精神食粮。相信禄劝地方民族文化的挖掘及各项文化产业的兴起将迎来一个发展的新机遇。鉴于此,寥寥数笔,是以为序!

2013 年 9 月

《中国西南历史民族学论集》解题

[日] 末成道男

《中国西南历史民族学论集》是 1988 年从作者长达 27 年的历史民族研究中收集了近十年发表的 26 篇论文。这是一部中国民族学复兴之后，实地调查又成为可能而积累起来的研究成果，它充分反映出作者的研究特点。论文中既有作者作为历史学家深厚功底的文献研究，又有作者为寻求新的资料和解释线索而到实地进行的考察。在民族研究方面占主要部分的是作者对葬礼等原始信仰的研究，共有相关论文 15 篇。关于被国外学者屡屡称为"独立罗罗"，常给人在中央王朝统治中半独立印象的四川省凉山彝族，作者论述了历史上其与汉族的密切关系，考察了家支制和奴隶制，以及宗教礼仪活动。而且，作者对记录从宋代至清乾隆年间六百多年历史的《武定凤氏本末》进行了研究，这是一部有关武定彝族土司凤氏的史籍，并出版了《武定凤氏本末笺证》一书。此外作者对四川北部的藏族、羌族以及汉族与少数民族间的关系也进行了研究，这些研究引起学界重视。

（原载末成道男编《中国文化人类学文献解题》，东京大学出版社 1995 年版）

学术著作年表

1973 年

《评二三十年代西方的绥靖主义》,《理论学习》第 2 期

1981 年

《论凉山彝族的家支制度》,《中国社会科学》(中文版)第 2 期,
(英文版)第 4 期
《西南少数民族风俗志》(主编),中国民间文艺出版社

1983 年

《西南民族研究》(主编),四川民族出版社

1986 年

《武定凤氏本末笺证》,云南民族出版社
《西南民族研究彝族专集》(一)(主编),云南人民出版社

1987 年

《西南民族研究彝族专集》(二)(主编),四川民族出版社

1988 年

《中国西南历史民族学论集》,云南人民出版社

1990 年

《通海县经济、社会、生态协调发展系统工程研究》（主编），云南人民出版社

《中国风俗词典》（编委，主撰约 10 万字），上海辞书出版社

1991 年

《中国国情丛书·通海卷》（主编），中国大百科全书出版社，获中国社会科学院国情丛书二等奖，何耀华获"中国百县市调查先进个人奖"

1993 年

《中国原始宗教资料丛编》（120 万字，总主编之一），上海人民出版社

《云南辞典》（172.3 万字，编委会主任），云南人民出版社

1994 年

《亚洲西南大陆桥发展协作系统研究文集》（主编），云南人民出版社

《山区民族经济开发与社会进步》（主编），学林出版社

1995 年

《邓小平经济思想研究》（与王天玺、赵俊臣合作），云南人民出版社

1996 年

《中国国情丛书·路南卷》（主编），中国大百科全书出版社

《中国各民族原始宗教资料集成：考古卷》（133 万字，总主编之

一),"七五"国家哲学社会科学基金重点项目,中国社会科学出版社

《中国各民族原始宗教资料集成:彝族卷·白族卷·基诺族卷》(146万字,总主编之一),国家"七五"跨"八五"社会科学基金重点项目,中国社会科学出版社

1997 年

《中国国情丛书·曲靖市卷》(主编),中国大百科全书出版社

1998 年

《邓小平理论与云南发展》(上、中、下三卷)(与苗启明合作),云南民族出版社

《丽江玉龙雪山区域村寨发展与生态调查》(与杨福泉合作),云南人民出版社

《东南亚金融危机研究》(国家课题,由本人主持和执笔),云南省社会科学院内部出版

《宗教大词典》(副主编),上海辞书出版社

《中国各民族原始宗教资料集成:土家族卷·瑶族卷·壮族卷·黎族卷》(79万字,总主编之一),国家"七五"跨"八五"社会科学基金重点项目,中国社会科学出版社

1999 年

《中国各民族原始宗教资料集成:傣族卷·哈尼族卷·景颇族卷·孟高棉语族群体卷·普米族卷·珞巴族卷·阿昌族卷》(133万字,总主编之一),国家"七五"跨"八五"社会科学基金重点项目,中国社会科学出版社

《中国各民族原始宗教资料集成:鄂伦春族卷·鄂温克族卷·赫哲族卷·达斡尔族卷·锡伯族卷·满族卷·蒙古族卷·藏族卷》(138

万字，总主编之一），国家"七五"跨"八五"社会科学基金重点项目，中国社会科学出版社

2000 年

《中国各民族原始宗教资料集成：纳西族卷·羌族卷·独龙族卷·傈僳族卷·怒族卷》（139 万字，总主编之一），国家"七五"跨"八五"社会科学基金重点项目，中国社会科学出版社

《良好的开端，光明的未来——中印缅孟地区经济合作与发展国际研讨会论文集》（与车志敏合作），云南科学技术出版社

《滇西北地区经济与社会发展研究》（主编、主笔），云南大学出版社

2003 年

《走遍中国——楚雄》21 个专题论述："元谋人·禄丰恐龙·彝族十月太阳历·彝族原始崇拜·黑井古镇·署立里篮球村·彝族三笙·梅葛·彝剧·彝族乐器·插花节·太阳女·彝绣·彝族服饰·彝族火把节·彝药·金沙江生态园·元谋土林·民族小学·楚雄大客厅·赛装节"，2003 年 3 月 28 日至 4 月 3 日 CCTV4 播出，节目主持人为赵洪涛

2006 年

《"三江"水能开发与环境保护》（60 万字，主编），社会科学文献出版社

2009 年

《滇西北生物、文化多样性保护与经济社会可持续协调发展研究》（3 册，共 238 万字），云南省人民政府与美国大自然保护协会重点项目，云南科技出版社

2011 年

《云南通史》（6 卷，总主编），中国社会科学出版社，获优秀成果一等奖，云南省第十八次哲学社会科学优秀成果特等奖

2012 年

《中国各民族原始宗教资料集成：高山族卷·苗族卷·拉祜族卷·仡佬族卷·水族卷·布依族卷·侗族卷·畲族卷》（240 万字，总主编之一），国家社会科学基金重点项目，中国社会科学出版社

2014 年

《中国彝族大百科全书》（主编），2013 年 10 月 18 日国家新闻出版广电总局批准的 "2013—2025 年国家辞书编纂出版规划" 的重点辞书，云南人民出版社。云南省第十九次哲学社会科学优秀成果荣誉奖

《吐蕃史论丛》，生活·读书·新知三联书店

《中国西南民族研究学会建会 30 周年精选学术文库·云南卷》（主编），民族出版社

后　记

　　这个文集，是在云南学界多位领导和师友的提议和助力下编辑的。云南省社会科学院党组的李涛书记、院长任佳、副院长杨正权、院办公室主任常飞、科研处处长任仕暄、副处长袁春生、历史研究所所长杜娟，都为出版这个文集进行了帮助。云南省文史馆王维真馆长说："我馆可给帮助，望尽快出版。"云南民族大学那金华校长说："中国西南民族研究学会总部在我校，您是会长，这本文集若交我校出，我校可给些资助。"2016 年 2 月，我的学生李晓明组织七八位昆明市的学者精英，为我举行拜师宴，敦促我尽早出版个人文集，让后生分享。这样的敦促，我指导的杨福泉、郭净、殷红旗、张实、苏雄娟博士，早些年就提出来了。我之所以现在才考虑，是因为觉得大家的期望仅是对我的激励，而我自觉出版文集的论文数量质量都还不达标。有几位同事说，您已迈入八十高龄的生命历程，出文集再拖就无力而为之了。我接受了同事们的建议我，着力编成了现在的这个集子。所收文章限于笔者学术水平的局限，在立论、资料的参释、文学表达等诸多方面，特别是有的篇局部内容上有重复等等的问题，还望读者原谅和批评指正。在此谨对上述领导和同志们表示崇高的敬意和感谢！

　　自 1963 年 1 月 17 日发表首篇学术评论到现在，我发表的 245 篇大小论文，有 40 多篇已经难以找到了。即使找到的，有的论证引文也需要重新查证，在我的视力下降、精力不逮的情况下，查找、汇集、查证、打字、印校、排版、图照都得请助手和在读博士研究生协助。在文集即将付梓之际，谨对参与帮助我完成上述工作的何大勇、何超、颜振华、刘霞、樊修延、肖丽、曾黎梅、刘鸿彦、张德元、刘湘灵等同志表示谢忱！

中国社会科学出版社曾为我和吕大吉出版过我们共同总主编的《中国各民族原始宗教资料集成》，为我出版过我总主编的《云南通史》，这次又为我出版这个文集，让我对赵剑英社长、原编辑室主任、上述书的责任编辑黄燕生、本书责任编辑郭晓鸿主任表示衷心的感谢！云南省社会科学院为这本文集提供了资助，期望出版之后，能给读者，特别是云南的青年社会科学研究者提供借鉴、参考。